21世纪经济管理新形态教材·金融学系列

金融科技
量化投资的Python实施

The Python Implementation for
Quantitative Investment in Fintech

朱顺泉 ◎ 编著

清华大学出版社
北京

内容简介

本书共5篇23章,内容包括:(1)量化投资基础及Python应用环境;(2)Python程序设计基础;(3)Python金融投资数据获取;(4)Python工具库NumPy数组与矩阵计算;(5)Python工具库SciPy优化与统计;(6)Pandas金融投资数据分析;(7)Python描述性统计;(8)Python相关分析与回归分析;(9)Python金融时间序列的自相关性与平稳性;(10)Python金融时间序列分析的ARIMA模型;(11)Python金融时间序列分析的ARCH与GARCH模型;(12)Python计算资产组合的收益率与风险;(13)Python优化工具在投资组合均值方差模型中的应用;(14)Python应用于存在无风险资产的均值方差模型;(15)Python在资本资产定价模型中的应用;(16)贝塔对冲策略;(17)量化选股策略;(18)量化择时策略;(19)量化选股与量化择时组合策略;(20)量化投资统计套利的协整配对交易策略;(21)基于Python环境的配对交易策略;(22)人工智能机器学习算法量化金融策略;(23)Backtrader量化交易软件介绍。

本书内容新颖、全面,实用性强,融理论、方法、应用于一体,可作为金融科技、金融工程、金融学、投资学、保险学、会计学、财务管理、经济学、财政学、统计学、数量经济学、管理科学与工程、应用数学、计算机应用技术等专业的高年级本科生和研究生的教材或参考书。

本书封面贴有清华大学出版社防伪标签,无标签者不得销售。
版权所有,侵权必究。举报:010-62782989, beiqinquan@tup.tsinghua.edu.cn。

图书在版编目(CIP)数据

金融科技:量化投资的Python实施/朱顺泉编著.—北京:清华大学出版社,2024.2
21世纪经济管理新形态教材.金融学系列
ISBN 978-7-302-65580-0

Ⅰ.①金⋯ Ⅱ.①朱⋯ Ⅲ.①投资—软件工具—程序设计—教材 Ⅳ.①F830.59-39

中国国家版本馆 CIP 数据核字(2024)第 045851 号

责任编辑:	高晓蔚
封面设计:	汉风唐韵
责任校对:	宋玉莲
责任印制:	丛怀宇

出版发行:清华大学出版社
网 址:https://www.tup.com.cn, https://www.wqxuetang.com
地 址:北京清华大学学研大厦A座 邮 编:100084
社 总 机:010-83470000 邮 购:010-62786544
投稿与读者服务:010-62776969, c-service@tup.tsinghua.edu.cn
质量反馈:010-62772015, zhiliang@tup.tsinghua.edu.cn
印 装 者:三河市天利华印刷装订有限公司
经 销:全国新华书店
开 本:185mm×260mm 印 张:21 字 数:446千字
版 次:2024年4月第1版 印 次:2024年4月第1次印刷
定 价:68.00元

产品编号:095627-01

前　言

　　量化投资是指投资者以投资数据为基础，以优化和统计等数学模型为核心，结合现代金融投资理论（金融市场及机构、公司金融、投资学、金融工程等），将自己在金融市场中的实践经验或感悟通过优化、统计等数理模型进行量化，设计出相应的交易规则，最后运用计算机系统自动地按照交易规则进行程序化交易。量化投资在各类金融机构与监管部门中都有广泛的应用。随着信息科技的普及、金融计量方法的蓬勃发展以及金融衍生工具的多样化选择，金融科技与量化投资正在快速发展，掀起一股热潮。金融市场特别是基金和证券行业对金融科技与量化投资人才的需求逐年攀升，但市场上这方面的人才却十分匮乏。金融科技作为一门新兴交叉学科，目前国内尚缺乏相应的教学辅导资料，许多高等学校对这一门学科的建设也缺乏经验，甚至在国内高等教育是一个空白。鉴于此，我们编写了这本《金融科技——量化投资的 Python 实施》，以适应金融科技与量化投资专业创新型人才培养的知识结构要求。

　　本书以 Python 语言、BigQuant 量化投资平台、Backtrader 量化交易软件等为基础，利用我国的实际数据给出金融投资方法与策略的 Python 应用，因而具有很好的实用价值。本书实例与内容丰富，有很强的针对性，书中各章详细地介绍了实例的 Python 具体操作过程，读者只需按照书中介绍的步骤一步一步地实际操作，就能掌握全书的内容。为了帮助读者更加直观地学习本书，我们将书中实例的全部数据文件提供给读者（可扫书末二维码获取）。读者在本地计算机中建立一个 /2glkx/data 目录（其他目录名也可以），将所有数据文件复制到此目录，即可进行操作。部分策略在 BigQuant 量化投资平台下运行，部分策略在 Python-Spyder、Backtrader 量化交易软件等环境下运行。

　　本书共分 5 篇：第 1 篇为量化投资基础与 Python 环境；第 2 篇为 Python 统计分析；第 3 篇为 Python 金融时间序列分析；第 4 篇为 Python 金融投资理论；第 5 篇为 Python 量化投资策略。具体内容是这样安排的：第 1 章介绍量化投资基础及 Python 应用环境；第 2 章介绍 Python 程序设计基础；第 3 章介绍 Python 金融投资数据获取；第 4 章介绍 Python 工具库 NumPy 数组与矩阵计算；第 5 章介绍 Python 工具库 SciPy 优化与统计；第 6 章介绍 Pandas 金融投资数据分析；第 7 章介绍 Python 描述性统计；第 8 章介绍 Python 相关分析与回归分析；第 9 章介绍 Python 金融时间序列的自相关性与平稳性；第 10 章介绍 Python 金融时间序列分析的 ARIMA 模型；第 11 章介绍 Python 金融时间序列分析的 ARCH 与 GARCH 模型；第 12 章介绍 Python 计算资产组合的收益率与风险；第 13 章介绍 Python 优化工具在投资组合均值方差模型中的应用；第14章介绍Python应用于存在无风险资产的均值方差模型；第15章介绍Python在资本资产定价模型中的应用；第16章介绍贝塔对冲策略；第17章介绍量化选股策略；第18章介绍量化择时策略；第19章介绍量化选股与量化择时组合策略；第20章介绍量化投资统计套利的协整配对交易策略；第21章介绍基于Python环境的配对交易策略；第22章介绍人工智能机器学习算法量化金融策略；第23章介绍Backtrader量化交易软件。

本书是2020年广东财经大学投资学专业国家级一流本科专业建设项目、2022年投资学广东省一流课程建设项目、2022年广东财经大学本科生教材建设项目、2022年广东财经大学研究生教材建设项目、2022年广东省研究生教育创新计划项目（金融专硕量化投资案例库建设）、广州华商学院一流专业金融工程项目等阶段性成果。

本书可供金融科技、金融工程、金融学、投资学、保险学、会计学、财务管理、经济学、财政学、统计学、数量经济学、管理科学与工程、应用数学、计算机应用技术等专业的本科高年级学生、研究生以及金融专业硕士、应用统计专业硕士等使用，也适合以下的Python工作者，如有计算机背景的软件工程师、有数据分析背景的数据科学家、金融行业从业者等。

本书的出版，得到了清华大学出版社的大力支持与帮助，在此表示感谢！由于时间和水平所限，书中难免出现一些纰漏，恳请读者谅解并提出宝贵意见。

作　者
2023年10月于广州

目录

第1篇 量化投资基础与 Python 环境

第1章 量化投资基础及 Python 应用环境 ······ 2
- 1.1 量化投资基础 ······ 2
- 1.2 为什么选择 Python 工具 ······ 7
- 1.3 下载安装 Python 执行文件 ······ 10
- 1.4 Python 工具 Anaconda 的下载 ······ 11
- 1.5 Python 的安装 ······ 13
- 1.6 Python 的启动和退出 ······ 15
- 练习题 ······ 16

第2章 Python 程序设计基础 ······ 17
- 2.1 Python 基本知识 ······ 17
- 2.2 Python 数据结构 ······ 18
- 2.3 Python 函数 ······ 22
- 2.4 几个常用函数 ······ 24
- 2.5 Python 条件与循环 ······ 26
- 2.6 Python 类与对象 ······ 28
- 练习题 ······ 29

第3章 Python 金融投资数据获取 ······ 30
- 3.1 金融投资数据获取的 Tushare 模块 ······ 30
- 3.2 金融投资数据获取的 Baostock 模块 ······ 33
- 3.3 金融投资数据获取的 Yfinance 模块 ······ 33
- 3.4 Pandas_datareader 获取金融投资数据 ······ 34
- 3.5 Quandl 财经数据接口 ······ 34
- 练习题 ······ 35

第 4 章　Python 工具库 NumPy 数组与矩阵计算 ······ 36

  4.1　NumPy 概述 ······ 36
  4.2　NumPy 数组对象 ······ 37
  4.3　创建数组 ······ 38
  4.4　数组操作 ······ 38
  4.5　数组元素访问 ······ 42
  4.6　矩阵操作 ······ 43
  4.7　缺失值处理 ······ 46
  练习题 ······ 46

第 5 章　Python 工具库 SciPy 优化与统计 ······ 47

  5.1　SciPy 概述 ······ 47
  5.2　scipy.optimize 优化方法 ······ 47
  5.3　scipy.optimize 的 minimize 工具在投资组合资产配置中的应用 ······ 48
  5.4　scipy.stats 的统计方法 ······ 56
  练习题 ······ 61

第 6 章　Pandas 金融投资数据分析 ······ 62

  6.1　Pandas 数据对象基础知识 ······ 62
  6.2　Pandas 获取金融投资数据 ······ 64
  6.3　Pandas 金融投资数据分析 ······ 64
  练习题 ······ 68

第 2 篇　Python 统计分析

第 7 章　Python 描述性统计 ······ 70

  7.1　描述性统计的 Python 工具 ······ 70
  7.2　数据集中趋势的度量 ······ 71
  7.3　数据离散状况的度量 ······ 75
  7.4　峰度、偏度与正态性检验 ······ 77
  7.5　异常数据处理 ······ 82
  练习题 ······ 87

第 8 章　Python 相关分析与回归分析 ······ 88

  8.1　Python 相关分析 ······ 88

8.2　Python 一元线性回归分析的 Statsmodels 应用 ················· 92
8.3　Python 多元线性回归分析 ················· 97
练习题 ················· 103

第 3 篇　Python 金融时间序列分析

第 9 章　Python 金融时间序列的自相关性与平稳性 ················· 106

9.1　引言 ················· 106
9.2　自相关性 ················· 106
9.3　平稳性 ················· 109
9.4　白噪声和随机游走 ················· 111
9.5　Python 模拟白噪声和平稳性检验 ················· 112
9.6　沪深 300 近三年来数据的平稳性检验分析 ················· 115
练习题 ················· 119

第 10 章　Python 金融时间序列分析的 ARIMA 模型 ················· 120

10.1　引言 ················· 120
10.2　AR 模型 ················· 120
10.3　MA 模型 ················· 124
10.4　ARMA 模型 ················· 127
10.5　ARIMA 模型 ················· 130
10.6　结语 ················· 132
练习题 ················· 133

第 11 章　Python 金融时间序列分析的 ARCH 与 GARCH 模型 ················· 134

11.1　引言 ················· 134
11.2　股票收益率时间序列特点 ················· 134
11.3　ARCH 模型 ················· 136
11.4　GARCH 模型 ················· 140
11.5　结语 ················· 144
练习题 ················· 145

第 4 篇　Python 金融投资理论

第 12 章　Python 计算资产组合的收益率与风险 ················· 148

12.1　持有期收益率 ················· 148

12.2 单项资产的期望收益率 ·· 149
12.3 单项资产的风险 ··· 149
12.4 单项资产的期望收益和风险的估计 ································ 150
12.5 单项资产之间的协方差与相关系数 ································ 151
12.6 Python 计算资产组合的期望收益和风险 ························ 154
练习题 ··· 157

第 13 章 Python 优化工具在投资组合均值方差模型中的应用 ········· 158

13.1 资产组合的可行集 ·· 158
13.2 有效边界与有效组合 ··· 162
13.3 Python 应用于标准均值方差模型 ··································· 163
13.4 两基金分离定理 ··· 167
13.5 Python 绘制资产组合的有效边界 ··································· 168
13.6 Python 应用于 Markowitz 投资组合优化 ·························· 171
练习题 ··· 179

第 14 章 Python 应用于存在无风险资产的均值方差模型 ················ 180

14.1 存在无风险资产的均值方差模型及其 Python 应用 ··········· 180
14.2 无风险资产对最小方差组合的影响 ································ 182
14.3 Python 应用于存在无风险资产的两基金分离定理 ··········· 184
14.4 预期收益率与贝塔关系式 ··· 185
14.5 Python 应用于一个无风险资产和两个风险资产的组合 ····· 186
14.6 Python 应用于默顿定理 ·· 188
14.7 Python 应用于布莱克-利特曼(Black-Litterman)模型 ········ 189
练习题 ··· 191

第 15 章 Python 在资本资产定价模型中的应用 ······························ 192

15.1 资本资产定价模型假设 ·· 192
15.2 Python 应用于资本市场线 ·· 192
15.3 Python 应用于证券市场线 ·· 195
15.4 Python 应用于价格型资本资产定价模型 ························ 197
15.5 Python 应用于资本资产定价模型 CAPM 实际数据 ·········· 198
练习题 ··· 201

第 5 篇　Python 量化投资策略

第 16 章　贝塔对冲策略 ········· 204
16.1　贝塔对冲模型 ········· 204
16.2　贝塔对冲策略 ········· 204
16.3　市场风险对冲策略案例 ········· 205
16.4　市场风险对冲的进一步分析 ········· 208
练习题 ········· 210

第 17 章　量化选股策略 ········· 211
17.1　小市值的量化选股策略 ········· 211
17.2　基本面财务指标的量化选股策略 ········· 213
练习题 ········· 217

第 18 章　量化择时策略 ········· 218
18.1　Talib 技术分析工具库在量化择时中的应用 ········· 218
18.2　海龟量化择时策略 ········· 222
18.3　金叉死叉双均线量化择时策略 ········· 224
18.4　基于 Python 环境的量化择时策略 ········· 227
练习题 ········· 234

第 19 章　量化选股与量化择时组合策略 ········· 235
19.1　量化纯选股策略 ········· 235
19.2　量化选股与量化择时组合策略 ········· 237
练习题 ········· 240

第 20 章　量化投资统计套利的协整配对交易策略 ········· 241
20.1　协整基本知识 ········· 241
20.2　平稳性检验及其实例 ········· 243
20.3　基于 Bigquant 平台的协整配对交易策略 ········· 245
练习题 ········· 252

第 21 章　基于 Python 环境的配对交易策略 ········· 253
21.1　策略介绍 ········· 253

21.2 策略相关方法 ··· 253

21.3 策略的步骤 ··· 254

21.4 策略的演示 ··· 255

练习题 ··· 265

第 22 章 人工智能机器学习算法量化金融策略 ································· 266

22.1 引言 ··· 266

22.2 机器学习算法分类 ··· 266

22.3 常见的机器学习算法及其 Python 代码与实例 ························· 267

22.4 广义线性模型 Logistic 回归多分类及其 Python 应用 ················ 284

22.5 支持向量机 SVM 在商业银行信用评级中的应用 ···················· 288

练习题 ··· 291

第 23 章 Backtrader 量化交易软件介绍 ·· 292

23.1 Backtrader 简单框架 ·· 292

23.2 Backtrader 数据预处理 ··· 292

23.3 Backtrader 策略编程 ·· 294

23.4 Backtrader 执行买入 ·· 297

23.5 Backtrader 执行卖出 ·· 299

23.6 Backtrader 经纪人与订单数量控制 ····································· 302

23.7 Backtrader 简单均线策略 ·· 306

23.8 Backtrader 画图函数 ·· 310

23.9 Backtrader 回测结果 ·· 316

练习题 ··· 323

附录 数据资源 ·· 324

第1篇

量化投资基础与Python环境

第1章　量化投资基础及Python应用环境
第2章　Python程序设计基础
第3章　Python金融投资数据存取
第4章　Python工具库NumPy数组与矩阵计算
第5章　Python工具库SciPy优化与统计
第6章　Pandas金融投资数据分析

第 1 章

量化投资基础及 Python 应用环境

1.1 量化投资基础

1.1.1 量化投资的概念

量化就是把"定量"指标数据化。例如,你想要一只"好的股票",没有具体的标准,我没办法给你介绍。但如果你想要一只当前价格在 10～20 元、12 个月的平均收益率在 10%以上、标准差(风险)在 10%以下的股票,那么就具体化了。这就是量化。

那么什么是量化投资呢？就是把投资计划通过数据和计算模型来验证和落实。投资者综合运用金融知识(主要是投资组合、资产定价、基础分析、技术分析等)、数理知识(优化、统计与计量、数学)、计算机知识(数据库技术,人工智能技术,计算机高级语言 Python、R、Matlab、Stata 等),将自己在金融市场中的一些实践经验或者感悟,通过数理模型进行具体的量化,设计出相应的交易规则,最后运用计算机系统自动地按照交易规则进行程序化交易。比如,你可以设定将选定的几只波动中股票在下跌 5%的时候买入,在上涨 10%的时候卖出。观察这一方法在过去两年中执行的结果是涨还是跌,以此来调整你的策略。

量化投资的最大好处在于,可以在决策过程中避免主观臆断和情绪影响,而且能够发现复杂的数据规律,快速抓住交易机会。

价值投资和趋势投资(技术分析)是引领过去一个世纪的投资方法,随着计算机技术的发展,已有的投资方法和计算机技术相融合,产生了量化投资。

简单来说,量化投资与传统投资方法之间的关系比较类似于西医与中医的关系。量化投资与传统投资最鲜明的区别就是模型的应用,这就类似于医学上对仪器的应用。中医主要通过望、闻、问、切等医疗手段,很大程度上借助中医长期积累的经验进行诊断,定性的程度大一些。而西医主要借助现代仪器,首先要病人去化验、拍片子、做 B 超等,依靠医学仪器进行检验,对各项检查结果依据详细的数据评价标准进行诊断,进而对症下药。具体的比较如表 1-1 所示。

表 1-1　传统投资和量化投资的区别

投资策略	处理信息的能力	认知偏差	风险控制能力
传统投资	低	大	低
量化投资	高	无	高

医生治疗病人的疾病，投资者治疗市场的疾病。市场的疾病是什么？就是错误定价和估值。没病或病得比较轻，市场是有效或弱有效的；病得越严重，市场越无效。投资者用资金投资于低估的证券，直到把它的价格抬升到合理的价格水平上。

传统(定性)投资和量化投资的具体做法有些差异。传统(定性)投资更像中医，更多地依靠经验和感觉判断病在哪里；定量投资更像西医，依靠模型判断。模型对于定量投资基金经理的作用就像 CT 机对于医生的作用。投资基金经理在投资运作之前，先用模型对整个市场进行一次全面的检查和扫描，然后根据检查和扫描结果做出投资决策。

1.1.2　量化投资的优势

量化投资的优势在于纪律性、系统性、及时性、准确性和分散化。

(1) 纪律性：严格执行投资策略，不因投资者情绪的变化而随意更改。这样可以克服人性的弱点，如贪婪、恐惧、侥幸心理，也可以克服认知偏差。

(2) 系统性：量化投资的系统性特征包括多层次的量化模型、多角度的观察及海量数据的观察等。多层次模型包括大类资产配置模型、行业选择模型、精选个股模型等。多角度观察主要包括对宏观周期、市场结构、估值、成长、盈利质量、市场情绪等多个角度分析。此外，海量数据的处理能力能够更好地在资本市场中捕捉到更多的投资机会，拓展更大的投资空间。

(3) 及时性：及时快速地跟踪市场变化，不断发现能够提供超额收益的新的统计模型，寻找新的交易机会。

(4) 准确性：准确客观地评价交易机会，克服主观情绪偏差，从而盈利。

(5) 分散化：在控制风险的条件下，量化投资可以充当分散化投资的工具。这表现为两个方面：一是量化投资不断地从历史中挖掘有望在未来重复的历史规律并且加以利用，这些历史规律都是较大概率取胜的策略；二是依靠筛选出股票组合来取胜，而不是一只或几只股票取胜，从投资组合的理念来看，也是捕捉大概率获胜的股票，而不是押宝到单个股票。

1.1.3　量化投资的历史和未来

1. 量化投资的历史与现状

提起量化投资，就不得不提量化投资的标杆——华尔街传奇人物詹姆斯·西蒙斯

(James Simons)。这位慧眼独具的投资巨擘，有着一份足以支撑其赫赫名声的光鲜履历：20 岁时获得学士学位，23 岁时在加州大学伯克利分校博士毕业，24 岁时成为哈佛大学数学系最年轻的教授，37 岁时与中国数学家陈省身联合发表了著名论文《典型群和几何不变式》，并开创了著名的陈—西蒙斯理论，40 岁时运用基本面分析法设立了私人投资基金，43 岁时与普林斯顿大学数学家勒费尔（Henry Laufer）重新开发了交易策略并由此从基本面分析转向数量分析，45 岁时正式成立了文艺复兴科技公司，最终笑傲江湖，成为勇执牛耳的投资霸主。

这段看似青云直上的成名之路，再次为世人印证了一个道理——当代的技术创新，其实大多源自跨越学科的资源整合，而非从无到有的发明创造。具体说来，即使睿智如西蒙斯，在最初之时，他也没有直接想到运用量化方法投资，而是和众多投资者一样着眼于外汇市场，但野心勃勃的西蒙斯并不甘于只是简单因循传统的投资策略。随着经验的不断累积，他开始思考，为何不运用他最为熟悉的数学方法来搭建投资模型，从而能够科学精准地预测货币市场的走势变动？这一大胆的跨学科尝试，最终彻底改变了他的人生走向。

通过将数学理论巧妙融合到投资的实战之中，西蒙斯从一个天资卓越的数学家摇身一变，成了投资界中首屈一指的"模型先生"。由其运作的大奖章基金（Medallion）在 1989—2009 的 20 年间，平均年收益率为 35%，若算上 44% 的收益提成，则该基金实际的年化收益率可高达 60%，比同期标普 500 指数年均回报率高出 20 多个百分点，即使相较金融大鳄索罗斯和股神巴菲特的操盘表现，也要遥遥领先十几个百分点。最为难能可贵的是，纵然是在次贷危机全面爆发的 2008 年，该基金的投资回报率仍可稳稳保持在 80% 左右的惊人水准。西蒙斯通过将数学模型和投资策略相结合，逐步走上神坛，开创了由他扛旗的量化时代，他的骤富神话更让世人对于量化投资有了最为直观而浅显的认识：这能赚钱，而且能赚很多钱。

但金融行业瞬息万变，老天也没有一味垂青这位叱咤风云的"模型先生"。自 2012 年以来，由西蒙斯掌印的文艺复兴科技公司可谓祸事不断，厄运缠身。其麾下的"文艺复兴机构期货基金"（RIFF）在 2011 年仅实现盈利率增长 1.84%，到 2012 年，更是破天荒地亏损了 3.17%，这一亏损幅度甚至超过了同年巴克莱 CTA 指数的平均降幅（1.59%）。RIFF 主要通过全球范围的期货和远期交易来实现绝对收益，虽属于文艺复兴公司旗下规模较小的基金产品，但作为公司的明星"印钞机"，其回报率竟会一下暴跌至行业平均水平，难免让众人始料不及。到 2012 年底，RIFF 的资产规模已缩减至 7.88 亿美元，远远低于 2011 年的 40 亿美元。到 2012 年 10 月底，文艺复兴公司最终宣布正式关闭 RIFF，一代"文艺"明星 RIFF 就此陨落。

量化投资在海外的发展已有 30 多年的历史，其投资业绩稳定，市场规模和份额不断扩大，得到越来越多投资者认可。国外量化投资的兴起和发展主要分为三个阶段。

第一阶段(1971—1977年)：1971年，世界上第一只被动量化基金由巴克莱国际投资管理公司发行，1977年世界上第一只主动量化基金也是巴克莱国际投资管理公司发行，发行规模达到70亿美元，是美国量化投资的开端。

第二阶段(1977—1995年)：从1977年到1995年，量化投资在海外经历一个缓慢的发展期，其中受到诸多因素的影响，随着信息技术和计算机技术方面取得巨大进步，量化投资才迎来了其高速发展的时代。

第三阶段(1995至今)：从1995年到现在，量化投资技术逐渐趋于成熟，同时被大家所接受。在全部的投资中，量化投资大约占比30%，指数类投资全部采用定量技术，主动投资中，约有20%～30%采用定量技术。

事实上，互联网的发展，使得新概念在世界范围的传播速度非常快，作为一个概念，量化投资并不算新，国内投资者早有耳闻。但是，真正的量化基金在国内发展还处于初级阶段。

我国改革开放40多年，证券市场成立30多年，各种新的金融产品不断涌现，为量化投资提供了相当广阔的前景。

因为我国A股的种种特殊性，在我国A股市场使用量化策略，好比盲人摸象。市场上最早的几只量化基金，业绩一度饱受诟病。人们对量化基金的争议主要集中于两点：一是A股市场是否有量化基金生存的土壤；二是基金的量化策略是否可以接受市场长期的检验。

2. 量化投资的未来

相较于海外成熟市场，A股市场的发展历史较短，投资者队伍参差不齐，投资理念还不够成熟，留给主动投资发掘市场非有效性，产生阿尔法的潜力和空间也更大。投资理念多元化，也创造出多元分散的阿尔法机会。

量化投资的技术和方法在国内几乎没有竞争者。中医治疗中医擅长的疾病，西医治疗西医擅长的疾病。如果把证券市场看作一个病人的话，每个投资者就是医生，定性投资者挖掘定性投资的机会，治疗定性投资的疾病。证券市场上定性投资者太多了，机会太少，竞争太激烈；量化投资者太少了，机会很多，竞争很少。这给量化投资创造了良好的发展机遇——当其他人都摆西瓜摊的时候，我们摆了一个苹果摊。

总的看来，量化投资和定性投资的差别真的有如中医和西医的差别，互有长短、各有千秋。2021年1月经国务院同意，中国证券监督委员会也正式批准设立广州期货交易所，至此，我国已有大连、郑州、上海、广州等四家期货交易所。由此可见，量化投资国内市场发展潜力逐渐显现。目前已有北京大学汇丰商学院、上海交通大学安泰管理学院投入数百万元开设了专业的量化投资实验室，并开办了量化投资高级研修班，为国内量化投资的市场发展提供了优良的学术和实践应用环境。

1.1.4 量化投资的应用与流程

1. 量化投资应用

量化投资一般应用于科学分析、市场监测、交易执行。

科学分析主要运用计算机技术对历史数据进行处理,最终得出一个科学的结论。比如:投资者如果想要知道每股收益这个财务数据是否可以作为投资参考,其可以通过对历史数据进行分析处理,分别买入较高每股收益的股票并持有一段时间和买入较低每股收益的股票并持有一段时间,如果买入较高的每股收益的股票的获利能力远大于买入较低每股收益的股票的获利能力,那么证明了过去一段时间内,股票的每股收益数据确实会影响股价的涨跌,反之,则不然。

市场监测主要运用计算机程序,实时对整个市场进行监控,包括个股价格波动、市场消息、突发事件等。目前中国股市的上市公司高达5500多家,如果人为去监测整个市场的动态,其会消耗大量的人力物力,并且最终效果达不到预期,而量化投资的市场监测功能可以较好地解决这个问题,通过计算机程序,实时对所有上市股票进行监测。

交易执行主要运用计算机程序,完成精确的、及时的交易工作。一般而言,多账户、多策略的交易执行需要计算机程序实现。人为无法同时操作多个账户,会导致交易不精确,过于迟缓的情况发生。不仅如此,计算机程序还能实现算法交易,能有效降低交易成本。

2. 量化投资流程

一般而言,量化投资的流程为:数据—研发与回测—交易执行。如图1-1所示。

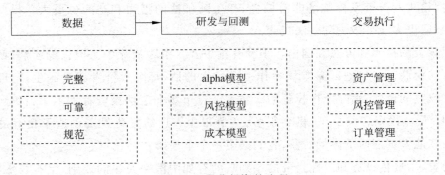

图1-1 量化投资的流程

1) 数据:量化投资需要对大量的数据进行分析与研究,这些数据应当是完整、可靠、规范的数据,使得最终的分析和研究结论是正确的、可靠的。

2) 研发与回测:量化投资在研发策略的过程需要考虑alpha模型、风控模型、成本模型。alpha模型是策略的投资逻辑实现,风控模型作用是控制风险,成本模型能最大化收益。

3) 交易执行:交易执行需要考虑资产管理、订单管理、风控管理。资产管理主要有资金使用、资金分配等。订单管理主要是对订单进行再处理,真实交易中存在未完成的订单。风控管理主要是控制账户的风险以及外部风险:比如网络中断、计算机故障等。

使用量化策略是进行量化投资的有效方式。

通过客观准确的交易规则构建策略,并在历史数据上进行回测,当回测结果通过评估审核后才可以称得上是一个可进行实盘交易的量化策略,许多私募在实盘之前还有一个模拟交易阶段。

3. 量化投资基础

量化投资的基础知识包括:数学与统计、计算机和金融学。

数学与统计方面,包括微积分,线性代数,优化理论,概率统计基础,线性回归等知识点。

计算机方面,主要有两点:一是会编程;二是会作数据分析。

金融学方面,主要是金融市场、公司金融、投资学等,要是能够通过 CFA 那就最好,知识面更广。

4. 如何在量化平台中设计量化策略

首先我们要设定一些初始值,比如你的本金、回测的时间区间等。

我们要选择股票,可以自定义一定的股票池,也可以定义一个选股范围,通过买卖条件来筛选;

设定买卖的条件,在什么情况下买入卖出,是策略中最为关键的部分;

在上述的基础上,我们可以加入一些更为复杂的规避风险的机制,或者增加交易费等细节,使得历史回测的结果更加接近于真实交易的情况;

这样就可以形成一个完整的策略。

1.2 为什么选择 Python 工具

Python 是面向对象的脚本语言,自 1991 年诞生至今,已经逐渐被广泛应用于处理系统管理任务、大数据和 Web 编程等方面,目前已经成为最受欢迎的程序设计语言之一。那么,Python 为什么能够在众多的语言当中脱颖而出呢?简单来说,有以下原因:

(1) Python 可以在多种计算机操作系统中运行(Unix/linux、Windows、MacOS、Ubuntu,等等)。

(2) Python 能够实现交互式命令输出。对于非专业程序员而言,都希望边编写程序,边查看结果。

(3) Python 是开源免费的,有很多强大易用的标准库。对于非专业的程序员而言,使用这些库可以免去自己编写的烦恼。

（4）Python 是一种解析性的、面向对象的编程语言。

（5）Python 是可以连接多种语言的胶水语言。

Python 有两个版本，Python2.X 和 Python3.X，因此有人称 Python 为双管枪。但目前一般使用 Python3.X，因为 Python2.X 在 2020 年已经停止维护。目前 Python3.X 最新版本是 3.10。

表 1-2 是 Python 与其他数据分析语言对比。

表 1-2 Python 与其他数据分析语言对比

软件名称	费用	处理逻辑	版本更新	编程难度	应用场景
Python	免费	内存计算	快	易	广
R	免费	内存计算	快	难	中
Matlab		内存计算	中	中	广
Stata		内存计算	中	易	窄
SAS		非内存计算	慢	中	窄
SPSS		内存计算	中	易	窄
Excel		内存计算	中	难	窄

Python 的主要工具库如表 1-3 所示。

表 1-3 Python 的主要工具库

模块名称	简介	网址
Matplotlib	Matplotlib 可能是 Python 2D 绘图领域使用最广泛的库。它能让使用者很轻松地将数据图形化，并且提供多样化的输出格式。	http://matplotlib.org/1.5.1/
NumPy	NumPy 系统是 Python 的一种开源的数值计算扩展。NumPy（Numeric Python）提供了许多高级的数值编程工具，如：矩阵数据类型、矢量处理，以及精密的运算库。专为进行严格的数字处理而产生。	http://www.numpy.org/
SciPy	SciPy 是一款方便、易于使用、专为科学和工程设计的 Python 工具包。它包括统计、优化、整合、线性代数模块、傅里叶变换、信号和图像处理、常微分方程求解器等。	http://www.scipy.org/
Pandas	Python Data Analysis Library 或 Pandas 是基于 NumPy 的一种工具，该工具是为了解决数据分析任务而创建的。Pandas 纳入了大量库和一些标准的数据模型，提供了高效地操作大型数据集所需的工具。Pandas 提供了大量能使我们快速便捷地处理数据的函数和方法。	http://pandas.pydata.org/pandas-docs/version/0.19.2/
Seaborn	该模块是一个统计数据可视化库。	http://web.stanford.edu/~mwaskom/software/seaborn/

续表

模块名称	简 介	网 址
Sklearn	Scikit-Learn 是基于 Python 的机器学习模块,基于 BSD 开源许可证。Scikit-Learn 的基本功能主要分为 6 个部分:分类、回归、聚类、数据降维、模型选择、数据预处理。Scikit-Learn 中的机器学习模型非常丰富,包括 SVM、决策树、GBDT、KNN 等,可以根据问题的类型选择合适的模型。	http://scikit-learn.org/0.17/
Statsmodels	Statsmodels 是一个 Python 包,提供一些互补 Scipy 统计计算的功能,包括描述性统计和统计模型估计和推断。	http://statsmodels.sourceforge.net/
TA-Lib	技术分析指标库。	http://mrjbq7.github.io/ta-lib/funcs.html
Theano	Python 深度学习库。	http://deeplearning.net/software/theano/
Tensorflow	谷歌基于 DistBelief 进行研发的第二代人工智能学习系统。	https://www.tensorflow.org
Keras	高阶神经网络开发库,可运行在 TensorFlow 或 Theano 上。	https://keras.io

目前国内外主流的量化投资平台、软件与数据资源如下。

1. 国内主要的量化投资平台

东部地区:优矿(https://uqer.datayes.com/)上海;芒果(http://quant.10jqka.com.cn/platform/html/home.html)杭州;果仁网(http://www.guorn.com/),杭州

南部地区:米筐(http://www.ricequant.com/),深圳

西部地区:人工智能量化(https://bigquant.com/),成都

北部地区:聚宽(http://www.joinquant.com/),北京;量化京东平台(http://quant.jd.com/),北京

2. 国外主要的量化投资平台

量化交易软件 https://www.backtrader.com;quantopian(https://www.quantopian.com/);quantpedia(http://www.quantpedia.com/)

3. 国内外量化投资主要的数据来源

Tushare 是一个免费、开源的 Python 财经数据接口包。主要实现对股票等金融数据从数据采集、清洗加工到数据存储的过程,能够为金融分析人员提供快速、整洁和多样的便于分析的数据,为他们在数据获取方面极大地减轻工作量,使他们更加专注于策略和模型的研究与实现上。考虑到 Python Pandas 包在金融量化分析中体现出的优势,Tushare 返回的绝大部分的数据格式都是 Pandas DataFrame 类型,非常便于用 Pandas/NumPy/

Matplotlib 进行数据分析和可视化。当然，如果你习惯了用 Excel 或者关系型数据库做分析，也可以通过 Tushare 的数据存储功能将数据全部保存到本地后进行分析。从 0.2.5 版本开始，Tushare 同时兼容 Python 2.x 和 Python 3.x，对部分代码进行了重构，并优化了一些算法，确保数据获取的高效和稳定。Tushare 财经数据接口网站为 http://www.tushare.org/。

证券宝 BaoStock.com 是一个免费、开源的证券数据平台（无须注册）。提供大量准确、完整的证券历史行情数据、上市公司财务数据等。通过 Python API 获取证券数据信息，满足量化交易投资者、数量金融爱好者、计量经济从业者数据需求。

返回的数据格式：

Pandas DataFrame 类型，以便于用 Pandas/NumPy/Matplotlib 进行数据分析和可视化。

同时支持通过 BaoStock 的数据存储功能，将数据全部保存到本地后进行分析。

支持语言：目前版本 BaoStock.com 只支持 Python3.5 及以上（暂不支持 Python 2.x）。

持续更新：BaoStock 还在不断地完善和优化，后续将逐步增加港股、期货、外汇和基金等方面的金融数据，为成为一个免费金融数据平台努力。

分享优化：通过微信、网站博客或者知乎文章等方式分享给大家，使它能在大家的使用过程中逐步得到改进与提升，从而更好地提供服务。

证券宝 BaoStock.com 从发布到现在，已经帮助很多用户在数据方面减轻了工作量，同时也得到很多用户的反馈。它将一如既往地以免费、开源的形式分享出来，给有需要的朋友带来更多帮助。

国内证券宝财经数据接口网站为 http://baostock.com/baostock/index.php。

国外财经数据接口网站为 https://data.nasdaq.com/（部分免费）。

使用 Yfinance 工具获取财经数据（获取数据不稳定）。

使用 pandas_datareader 工具获取财经数据（获取数据不稳定）。

1.3 下载安装 Python 执行文件

可以在网站 https://www.python.org/downloads/下载 Python 执行文件。如图 1-2 所示，目前最新版是 Python3.10.0。

在图 1-2 中点击 Download Python3.10.0，即可下载相应的 Python 执行文件，可选择你所需要的下载目录。如图 1-3 所示。

双击已下载目录中的 python-3.10.0-amd64.exe 执行文件，按照相应提示操作即可安装 Python。

Python 自身环境内置很多函数和模块，不过这些函数和模块功能有限，Python 的强大

第 1 章 量化投资基础及 Python 应用环境 11

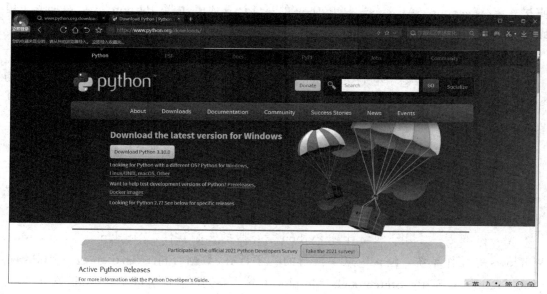

图 1-2 网站：https://www.python.org/downloads/下载 Python3.10.0

图 1-3 下载的 python-3.10.0-amd64.exe 执行文件

功能更多地是通过第三方库或者其他模块来实现。如果函数库或者模块没有内置于 Python 环境中，则需要先下载安装该函数库或模块，然后才能使用。一般通过 pip 指令来安装包，安装指令为：pip install name(如 numpy)。

1.4　Python 工具 Anaconda 的下载

前几年做量化投资，主要使用的工具是 Matlab，现在主要使用的工具是 Python，几乎所有的量化投资平台都使用 Python 工具做平台。

Python 执行文件需要安装许多库，安装起来比较复杂。如果专注于科学计算功能，可直接安装 Anaconda。Anaconda 是 Python 的科学计算环境，内置 Python 安装程序，其主要功能如下：

(1) 安装简单，下载 Anaconda 的.exe 执行文件，双击执行文件，即可。

(2) 配置众多科学计算包，Anaconda 集合了 400 个以上的科学计算与数据分析功能的包，如 NumPy、Pandas、SciPy、Matplotlib 和 iPython，安装 Anaconda，这些包都被成功安装。

(3) 支持多种操作系统，兼容 Python 多种版本，2.X 和 3.X 版本可相互切换。

在网站 https://www.anaconda.com/download/或者 https://mirrors.tuna.tsinghua.edu.cn/help/anaconda/可下载 Anaconda。但在这两个网站下载的速度较慢，建议读者在网站 https://repo.anaconda.com/archive/下载，这个网站下载的速度较快。

Anaconda 是一个用于科学计算 Python 发行版的套装软件，支持 Unix、Linux、Mac、Windows 等操作系统，包含了众多流行的科学计算、数据分析的 Python 包。其中包括 Pandas、NumPy、SciPy、Statsmodels、Matplotlib 等一系列的程序包以及 iPython 交互环境。界面如图 1-4 所示。

图 1-4　Anaconda 安装包界面

在图 1-4 所示界面中点击 Download，即可下载 Anaconda，出现图 1-5 所示的界面。

在图 1-5 所示界面中点击下载 Anaconda3-2021.05-Windows-x86_64.exe，即可得到用 Python 做量化投资的套装软件工具。

Anaconda3-2021.05-Windows-x86_64.exe 工具中提供了 Python 做量化投资的丰富资源，包括 Pandas、NumPy、SciPy、Statsmodels、Matplotlib 等一系列的程序包以及 Python 用户开发工作环境。要了解 Python 的其他程序包，可到 https://anaconda.org 网站去搜索你所需要的程序包进行安装。

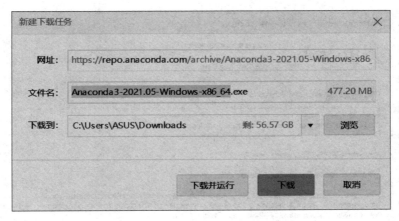

图 1-5　Anaconda 安装包下载界面

1.5　Python 的安装

Python 在 Windows 环境中安装有很多版本。如：(1) Anaconda2-2.4.1-Windows-x86.exe(32 位)版本；(2) 最新的 Anaconda3-2021.05-Windows-x86_64.exe。本书使用的 Anaconda3-2021.05-Windows-x86_64.exe 版本。

双击已下载的 Anaconda3-2021.05-Windows-x86_64.exe 应用程序，即可得到如图 1-6 界面。

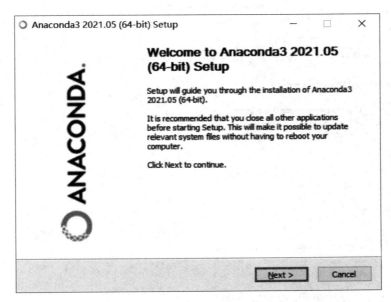

图 1-6　安装界面

在图 1-6 中点击 Next 按钮，得到如图 1-7 所示的界面。

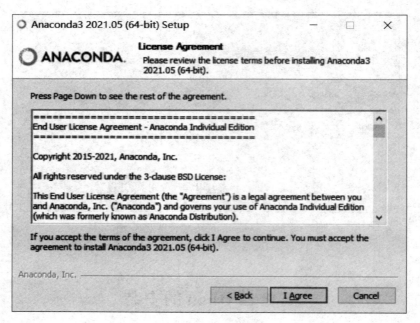

图 1-7 安装界面

在图 1-7 中点击 I Agree 按钮,得到如图 1-8 所示界面。

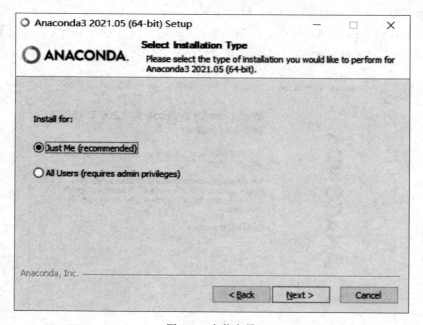

图 1-8 安装向导

点击图 1-8 中 Next 按钮,得到如图 1-9 所示界面。

点击图 1-9 中 Next 按钮,即可完成 Python 套装软件的安装,得到如图 1-10 所示的界面。

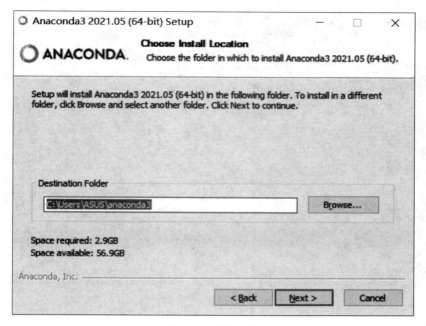

图 1-9　安装向导

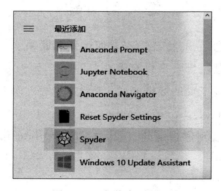

图 1-10　安装完后界面

1.6　Python 的启动和退出

1. Python 工具的启动

点击图 1-10 中 Spyder 图标,即可启动 Python 的用户界面。最后得到如图 1-11 所示的界面。

2. Python 的退出

在图 1-11 中点击 Python 的用户界面中的"File"下的"Quit"菜单,即可退出 Python。

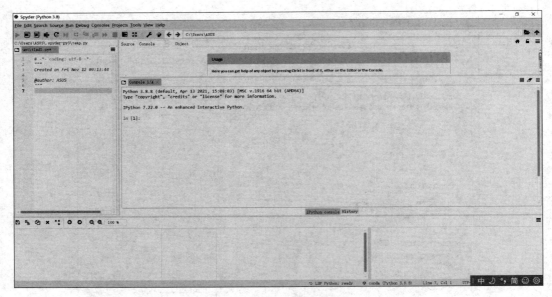

图 1-11　Python 的用户界面

练 习 题

1. 简述量化投资的概念，它与传统投资有何区别和联系。

2. 简述国内外主要的量化投资平台有哪些。

3. 简述国内外量化投资主要的数据来源。

4. 在网址 https://mirrors.tuna.tsinghua.edu.cn/help/anaconda/ 下载最新 Python 工具到你指定的目录，并安装到你指定的目录，并启动 Python 和退出 Python。

第 2 章

Python 程序设计基础

2.1 Python 基本知识

在正式介绍 Python 之前,了解下面两个基本操作对后面的学习是有好处的。

1. 基本的输入输出

可以在 Python 中使用＋、－、*、/直接进行四则运算。

```
1＋3*3
10
```

2. 导入模块

使用 import 可以导入模块,导入之后,就可以使用这个模块下面的函数了。比如导入 math 模块,然后使用 math 模块下面的 sqrt 函数:

```
import math
math.sqrt(9)
3.0
```

注意:上面的语句直接输入 sqrt(9)是会报错的,那么有什么办法可以不用每次都带前缀呢？解决办法是:用"from 模块 import 函数"的格式先把函数给"拿"出来。

```
from math import sqrt
sqrt(9)
3.0
```

这样每次使用 sqrt 函数的时候就不用再加 math 前缀了。然而"math 模块下面有很多函数,可不可以写一个语句,math 下面所有函数都可以直接使用？"有个办法可以一下把所有函数都给"拿"出来:

```
from math import *
print (sqrt(9))
print (floor(32.9))
3.0
32.0
```

2.2 Python 数据结构

1. 容器

Python 中有一种名为容器的数据结构,顾名思义,容器,就是装数据的器具,它主要包括**序列和词典**,其中序列又主要包括**列表、元组、字符串**等。

列表的基本形式比如:[1,3,6,10]或者['yes','no','OK']

元组的基本形式比如:(1,3,6,10)或者('yes','no','OK')

字符串的基本形式比如:'hello'

以上几种属于序列,序列中的每一个元素都被分配一个序号——即元素的位置,也称为"索引",第一个索引,即第一个元素的位置是 0,第二个是 1,依次类推。列表和元组的区别主要在于,列表可以修改,而元组不能(注意列表用中[]方括号而元组用()圆括号)。序列的这个特点,使得我们可以利用索引来访问序列中的某个或某几个元素,比如:

```
a = [1,3,6,10]
a[2]
6
b = (1,3,6,10)
b[2]
6
c = 'hello'
c[0:3]
'hel'
```

与序列对应的"字典"则不一样,它是一个无序的容器,它的基本形式比如:d = {7: 'seven',8:'eight',9:'nine'}

这是一个"键—值"映射的结构,因此字典不能通过索引来访问其中的元素,而要根据键来访问其中的元素:

```
d = {7:'seven',8:'eight',9:'nine'}
d[8]
'eight'
```

2. 序列的一些通用操作

除了上面说到的索引,列表、元组、字符串等这些序列还有一些共同的操作。

(1) 索引(补充上面)

序列的最后一个元素的索引,也可以是-1,倒数第二个也可以用-2,依次类推:

```
a = [1,3,6,10]
print (a[3])
print (a[-1])
```

```
10
10
```

(2) 分片

使用分片操作来访问一定范围内的元素,它的格式为:

a[开始索引:结束索引:步长]

那么访问的是,从开始索引号的那个元素,到结束索引号-1的那个元素,每间隔步长个元素访问一次,步长可以忽略,默认步长为1。

```
c = 'hello'
c[0:3]
'hel'
```

这个就好像把一个序列给分成几片几片的,所以叫作"分片"。

(3) 序列相加

即两种序列合并在一起,两种相同类型的序列才能相加。

```
[1,2,3] + [4,5,6]
[1, 2, 3, 4, 5, 6]
'hello,' + 'world!'
'hello,world!'
```

(4) 成员资格

为了检查一个值是否在序列中,可以用 in 运算符。

```
a = 'hello'
print ('o' in a)
True
print ('t' in a)
False
```

3. 列表操作

以上是序列共有的一些操作,列表也有一些自己独有的操作,这是其他序列所没有的。

(1) List 函数

可以通过 list(序列)函数把一个序列转换成一个列表:

```
list('hello')
['h', 'e', 'l', 'l', 'o']
```

(2) 元素赋值、删除

元素删除——del a[索引号]
元素赋值——a[索引号] = 值

```
a
'hello'
b = list(a)
```

```
b
['h', 'e', 'l', 'l', 'o']
del b[2]
b
['h', 'e', 'l', 'o']
b[2] = 't'
b
['h', 'e', 't', 'o']
```

(3) 分片赋值——a[开始索引号：结束索引号]=list(值)

为列表的某一范围内的元素赋值,即在开始索引号到结束索引号-1的区间几个元素赋值,比如,利用上面语句,如何把hello变成heyyo?

```
b = list('hello')
b
['h', 'e', 'l', 'l', 'o']
b[2:4] = list('yy')
b
['h', 'e', 'y', 'y', 'o']
```

注意：虽然"ll"处于"hello"这个单词的第2、3号索引的位置,但赋值时是用b[2:4]而不是b[2:3],另外注意list()用小括号。

(4) 列表方法

上面说过list函数,函数在很多语言中都有,比如excel里面的if函数、vlookup函数,SQL里面的count函数,以及各种语言中都有的sqrt函数等等,Python中也有很多函数。

Python中的方法,是一个"与某些对象有紧密联系的"函数,所以列表方法,就是属于列表的函数,它可以对列表实现一些比较深入的操作,方法这样调用：

对象.方法(参数)

那么列表方法的调用就是：

列表.方法(参数)

常用的列表方法有这么几种,以a=['h','e','l','l','o']为例：

```
a = ['h','e','l','l','o']
a
['h', 'e', 'l', 'l', 'o']
```

给列表a的n索引位置插入一个元素m：a.insert(n,m)

```
a.insert(2,'t')
a
['h', 'e', 't', 'l', 'l', 'o']
```

给列表的最后添加元素m：a.append(m)

```
a.append('q')
a
['h', 'e', 't', 'l', 'l', 'o', 'q']
```

返回 a 列表中,元素 m 第一次出现的索引位置:a.index(m)

```
a.index('e')
1
```

删除 a 中的第一个 m 元素:a.remove(m)

```
a.remove('e')
a
['h', 't', 'l', 'l', 'o', 'q']
```

将列表 a 从大到小排列:a.sort()

```
a.sort()
a
['h', 'l', 'l', 'o', 'q', 't']
```

4．字典操作

（1）dict 函数

dict 函数可以通过关键字参数来创建字典,格式为:

dict(参数1＝值1,参数2＝值2,…)＝{参数1:值1,参数2＝值2,…}

比如,如何创建一个名字 name 为 jiayounet,年龄 age 为 27 的字典?

```
dict(name = 'jiayounet', age = 27)
{'age': 27, 'name': 'jiayounet'}
```

（2）基本操作

字典的基本行为与列表在很多地方都相似,以序列 a＝[1,3,6,10]、字典 f＝{'age':27,'name':'shushuo'}为例,如表 2-1 所示。

表 2-1 列表与字典的基本操作

功能	列表操作		字典操作	
	格式	例子	格式	例子
求长度	len(列表)	len(a) 4	len(字典)	len(f) 2
找到某位置上的值	列表[索引号]	a[1] 3	字典[键]	f['age'] 27
元素赋值	列表[索引]＝值	a[2]＝1 a [1,3,1,10]	字典[键]＝值	f['age']＝28 f {'age':28,'name':'shushuo'}

续表

功能	列表操作		字典操作	
	格式	例子	格式	例子
元素删除	del 列表[索引]	del a[1] a [1,6,10]	del 字典[键]	del f['name'] f {'age': 28}
成员资格	元素 in 列表	1 in a True	键 in 字典	'age' in f True

2.3 Python 函数

1. 定义函数

介绍列表方法的时候已经大概说过函数,学过数学的人都知道函数,给一个参数返回一个值。函数也可以自己定义。用如下的格式:

def 函数名(参数): 输入函数代码

函数代码中,return 表示返回的值。比如,定义一个平方函数 square(x),输入参数 x,返回 x 的平方:

```
def square(x): return x * x
square(9)
81
```

又比如:如果我们要定义一个两数相加的函数,如下即可:

```
def add_2int(x, y):
    return x + y
print(add_2int(2, 2))
```

输出结果为:4

2. Python 中函数的参数定义和可变参数

在 Python 中,经常会看到 func(*args, **kwargs)这样的函数定义,这个 * 和 ** 让人有点费解。其实只要把函数参数定义搞清楚了,就不难理解了。

先说说函数定义,我们都知道,下面的代码定义了一个函数 funcA:

```
def funcA():
    pass
```

显然,函数 funcA 没有参数(即什么也没做!)。

下面这个函数 funcB 就有两个参数了,

```
def funcB(a, b):
    print (a)
    print (b)
```

调用的时候,我们需要使用函数名,加上圆括号括起来的参数列表,比如调用 funcB(100,99)的结果是:

```
100
99
```

很明显,参数的顺序和个数要和函数定义中一致,如果执行 funcB(100),Python 会报错的:

```
TypeError: funcB() missing 1 required positional argument: 'b'
```

我们可以在函数定义中使用参数默认值,比如

```
def funcC(a, b = 0):
    print (a)
    print (b)
```

在函数 funcC 的定义中,参数 b 有默认值,是一个可选参数,如果我们调用 funcC(100),b 会自动赋值为 0。

我们要定义一个函数的时候,必须要预先定义这个函数需要多少个参数(或者说可以接受多少个参数)。一般情况下这是没问题的,但是也有在定义函数的时候,不能知道参数个数的情况,在 Python 里,带 * 的参数就是用来接受可变数量参数的。看一个例子:

```
def funcD(a, b, *c):
    print (a)
    print (b)
    print ("length of c is: %d" % len(c))
    print (c)
```

调用 funcD(1,2,3,4,5,6)结果是

```
1
2
length of c is: 4
(3, 4, 5, 6)
```

由上可见,前面两个参数被 a、b 接受了,剩下的 4 个参数全部被 c 接受了,c 在这里是一个 tuple。我们在调用 funcD 的时候,至少要传递 2 个参数,2 个以上的参数,都放到 c 里了,如果只有两个参数,那么 c 就是一个 empty tuple。

上面的例子里,调用函数的时候,传递的参数都是根据位置来跟函数定义里的参数表匹配的,比如 funcB(100,99)和 funcB(99,100)的执行结果是不一样的。在 Python 里,还支持一种用关键字参数(keyword argument)调用函数的办法,也就是在调用函数的时候,

明确指定参数值赋给那个形参。比如还是上面的funcB(a,b)例子,我们通过这两种方式调用funcB(a=100,b=99)和funcB(b=99,a=100)的结果跟funcB(100,99)都是一样的,因为我们在使用关键字参数调用的时候,指定了把100赋值给a,99赋值给b。也就是说,关键字参数可以让我们在调用函数的时候打乱参数传递的顺序!

另外,在函数调用中,可以混合使用基于位置匹配的参数和关键字参数,前提是先给出固定位置的参数,比如

```
def funcE(a, b, c):
    print (a)
    print (b)
    print (c)
```

调用funcE(100,99,98)和调用funcE(100,c=98,b=99)的结果是一样的。

如果一个函数定义中的最后一个形参有**(双星号)前缀,所有正常形参之外的其他的关键字参数都将被放置在一个字典中传递给函数,比如:

```
def funcF(a, **b):
    print (a)
    for x in b:
        print (x + ":" + str(b[x]))
```

调用funcF(100,c='你好',b=200)的执行结果

```
100
c:你好
b:200
```

可以看到,b是一个dict对象实例,它接受了关键字参数b和c。

2.4 几个常用函数

1. lambda 函数(又称匿名函数)

这是一个小型函数,可以理解为简单的暂时性的使用的函数,它比def定义的函数要简单得多。下面介绍一个例子,大家对lambda有一个直观的认识了。

```
# 实现加法功能:
sum = lambda x,y: x + y
print(sum(1,2))
```

输出结果为:3

从上可见,lambda后面跟随的是参数,":"后就是要求参数实现的运算。

2. map 函数

使用map函数需要两个东西,一个是函数,一个是列表。map的功能就是将列表的元

素依次传入函数,最后返回一个列表。我们可以用list()或者for循环来查看内容。下面举一个例子:

```
def names(a):
    return a.title()
l = ['xixi','didi','dada']
s = ['dudu','qiqi','dingding']
print(list(map(names,l)))
```

将l列表的每个元素都依次扔进names函数,然后输出。输出结果为:

['Xixi', 'Didi', 'Dada']

当然用for也可以遍历元素。

```
for i in map(names,s):
    print(i)
```

输出结果为:

Dudu
Qiqi
Dingding

下面我们把map与lambda结合起来,看看代码会变成什么样。

```
print(list(map(lambda x: x.title(),l )))
```

输出结果为:

['Xixi', 'Didi', 'Dada']

3. reduce 函数(减少函数)

这个函数与map很相似,只不过引入了一个累加的概念。所以它需要一个函数和一个列表。它还有另外一个参数——初始值。reduce函数在functools里,所以我们需要进行导入。下面举例说明。

```
from functools import reduce
def add(x,y):
    a = x + y
    return a
z = [1,2,3,4,5,6]
print(reduce(add,z))
```

输出结果为:21

运算的过程是先传入1和2做加法,随后传入3,再与1+2做加法……依此类推:1+2+3+4+5+6=21。

我们再添加一个默认值:20

```
print(reduce(add,z,20))
```

结果为：41

我们可以把默认值理解为第一个数。20+1+2+3+4+5+6=41

最后，我们引入 lambda 看看语句的变化。

```
print(reduce(lambda x,y: x + y,z,20))
```

上面用 lambda 实现 add() 的功能，结果保持不变：41

4. filter 函数（又称过滤函数）

这个函数就简单很多了，功能就是过滤。

```
print(list(filter(lambda x: x<5,z)))
```

输出结果为：[1, 2, 3, 4]

5. enumerate 函数（又称枚举函数）

这里需要给大家介绍索引的概念。一般看到 index 就是控制索引的参数，通过 True&False 对其控制。索引可以理解为书的页码，它告诉你这个东西在哪里！要记住的是索引一般是从 0 开始的。我们具体看一下 enumerate 是怎么用的。

```
for i,j in enumerate(l): # l 为前面定义的列表。
    print(i,j)
```

输出结果为：

```
0 xixi
1 didi
2 dada
```

我们做一个小的优化。将索引从 1 开始。

```
for i,j in enumerate(l): # l 为前面定义的列表。
    print(i + 1,j)
```

输出结果为：

```
1 xixi
2 didi
3 dada
```

2.5 Python 条件与循环

注意 Python 是用缩进来标识出哪一段属于本循环。

1. if 语句

注意一是缩进，二是条件后面有冒号：

```
j = 2.67
if j < 3:
    print ('j < 3')
j < 3
```

对于多条件,注意的是 elseif 要写成 elif,标准格式为:

```
if 条件 1:
  执行语句 1
elif 条件 2:
  执行语句 2
else:
  执行语句 3
```

注意 if…elif…else 三个是并列的,不能有缩进:

```
t = 3
if t < 3:
  print ('t < 3')
elif t == 3:
  print ('t = 3')
else:
  print ('t > 3')
t = 3
```

2. while true/break 语句

该语句的格式为
while true 即条件为真:
执行语句
if 中断语句条件: break
例如:

```
a = 3
while a < 10:
  a = a + 1
  print (a)
  if a == 8: break
4
5
6
7
8
```

虽然 while 后面的条件是 a<10,即 a 小于 10 的时候一直执行,但是 if 条件中规定了 a 为 8 时就 break 掉,因此,输出只能输到 8。

3. for 语句

例如,可以遍历一个序列/字典等。

```
a = [1,2,3,4,5]
for i in a:
    print (i)
1
2
3
4
5
```

4. 列表推导式：轻量级循环

列表推导式，是利用其他列表来创建一个新列表的方法，工作方式类似于 for 循环，格式为：

[输出值 for 条件]

当满足条件时，输出一个值，最终形成一个列表：

```
[x * x for x in range(10)]
[0, 1, 4, 9, 16, 25, 36, 49, 64, 81]
[x * x for x in range(10) if x % 3 == 0]
[0, 9, 36, 81]
```

如上的例子就是利用序列[0,1,2,3,4,5,6,7,8,9]，生成了一个新的序列。

2.6 Python 类与对象

1. 类与对象

类是一个抽象的概念，它不存在于现实中的时间/空间里，类只是为所有的对象定义了抽象的属性与行为。就好像"Person(人)"这个类，它虽然可以包含很多个体，但它本身不存在于现实世界上。

而对象，是类的一个具体。它是一个实实在在存在的东西。如果上面说的"人"是一个抽象的类，那么你自己，就是这个类里一个具体的对象。

一个类的对象，也叫一个类的实例。比如，类好比一个模具，对象就是用这个模具造出来的具有相同属性和方法的具体事物，俗话说："他俩真像，好像一个模子刻出来的"，就是指的这个意思。

那么用这个模具造一个具体事物，就叫类的实例化。

2. 定义一个类

下面看一个具体的类：

```
class boy:
    gender = 'male'
```

```
    interest = 'girl'
    def say(self):
        return 'i am a boy'
```

上面的语句定义了一个类 boy,我们来根据这儿童类的模型构造一个具体的对象:

```
peter = boy()
```

现在来看看 peter 这个具体的实例有哪些属性和方法。

"什么叫属性和方法?"

它们都是"类"的两种表现,静态的叫属性,动态的叫方法。比如"人"类的属性有姓名、性别、身高、年龄、体重等等,"人"类的方法有走、跑、跳等等。

```
peter.gender
'male'
peter.interest
'girl'
peter.say()
'i am a boy'
```

这里 gender 和 interest 是 peter 的属性,而 say 是他的方法。

如果再实例化另一个对象比如 sam:

```
sam = boy()
sam.gender
'male'
sam.interest
'girl'
sam.say()
'i am a boy'
```

那么 sam 和 peter 有一样的属性和方法,可以说,"他们真是一个模子刻出来的!"

在本章中,我们学习了 Python 的基本知识、操作、几种主要的容器类型、函数、循环和条件、类等,这样我们对 Python 有了一个大致的了解。

练 习 题

对本章中的例题在 Python 环境中再操作一遍。

第 3 章

Python 金融投资数据获取

金融投资数据是我们做量化投资分析的基础,因此,本章我们介绍获取金融投资数据的四个工具:Tushare、Baostock、Yfinance 和 Pandas_datareader。

3.1 金融投资数据获取的 Tushare 模块

1. Tushare 安装与数据区获取

Tushare 是一个免费、开源的 Python 财经数据接口包。主要实现对股票等金融数据从数据采集、清洗加工到数据存储的过程,其安装使用如下。

首先使用 pip 安装第三方依赖库 Tushare 下载股市数据(国内)。

```
pip install tushare
```

然后在 tushare.pro 注册用户,注意获取你自己的 token。使用 daily 函数获取日线数据。

```
# 导入 tushare 库
import tushare as ts
# 设置 token
ts.set_token('your token here')
# 初始化 pro 接口
pro = ts.pro_api()
# 获取日线数据
df = pro.daily(ts_code = '000001.SZ', start_date = '20210701', end_date = '20210718')
df.head()
     ts_code trade_date   open   high  ...  change  pct_chg       vol     amount
0  000001.SZ   20210716  21.41  21.82  ...   -0.28  -1.2951  573002.61  1230180.813
1  000001.SZ   20210715  20.72  21.72  ...    0.86   4.1426  956003.05  2040266.258
2  000001.SZ   20210714  21.00  21.00  ...   -0.36  -1.7045  847950.55  1755810.875
3  000001.SZ   20210713  21.15  21.34  ...   -0.04  -0.1890  657613.95  1382029.130
4  000001.SZ   20210712  21.50  21.50  ...   -0.11  -0.5172  877901.02  1859059.510
```

2. Tushare 财经网站数据保存与读取

Tushare 提供的数据存储模块主要是引导用户将数据保存在本地磁盘或数据库服务器上,便于后期的量化分析和回测使用,在以文件格式保存在电脑磁盘的方式上,调用的是 Pandas 本身自带的方法,保存为 csv 格式或保存为 Excel 格式。以下是常用的参数和说明,另外,通过实例展示操作的方法。

（1）保存为 csv 数据文件

Pandas 的 DataFrame 和 Series 对象提供了直接保存 csv 文件格式的方法，通过参数设定，轻松将数据内容保存在本地磁盘。

常用参数说明：

* path_or_buf：csv 文件存放路径或者 StringIO 对象
* sep：文件内容分隔符，默认为，逗号
* na_rep：在遇到 NaN 值时保存为某字符，默认为' '空字符
* float_format：float 类型的格式
* columns：需要保存的列，默认为 None
* header：是否保存 columns 名，默认为 True
* index：是否保存 index，默认为 True
* mode：创建新文件还是追加到现有文件，默认为新建
* encoding：文件编码格式
* date_format：日期格式

注：在设定 path 时，如果目录不存在，程序会提示 IOError，请先确保目录已经存在于磁盘中。

调用方法：

```
import tushare as ts
df = ts.get_k_data('000875')  #从网上取数据
#直接保存
df.to_csv('F:/2glkx/data/000875.csv')
#选择数据保存
df.to_csv('F:/2glkx/data/000875.csv',columns = ['open','high','low','close'])
```

（2）读取 csv 数据文件

```
import pandas as pd
import numpy as np
df = pd.read_csv('F:/2glkx/data/000875.csv')
df.head()
   Unnamed: 0  open  high  low   close
0           0  9.78  9.95  9.78  9.89
1           1  9.79  9.83  9.71  9.71
2           2  9.91  9.94  9.77  9.80
3           3  9.61  9.93  9.60  9.86
4           4  9.61  9.75  9.41  9.70
```

追加数据的方式：

某些时候，可能需要将一些同类数据保存在一个大文件中，这时候就需要将数据追加在同一个文件里，简单举例如下。

```
import tushare as ts
import os
```

```
filename = 'F:/2glkx/data/bigfile.csv'
for code in ['600000', '000980', '000981']:
    df = ts.get_k_data(code,'2016-01-01','2016-10-1')
    if os.path.exists(filename):
        df.to_csv(filename, mode = 'a', header = None)
    else:
        df.to_csv(filename)
```

注：如果是不考虑 header，直接 df.to_csv(filename, mode＝'a')即可，否则，每次循环都会把 columns 名称也 append 进去。

（3）保存为 Excel 文件

Pandas 将数据保存为 MicroSoft Excel 文件格式。

常用参数说明：

* excel_writer：文件路径或者 ExcelWriter 对象
* sheet_name：sheet 名称，默认为 Sheet1
* sep：文件内容分隔符，默认为逗号
* na_rep：在遇到 NaN 值时保存为某字符，默认为空字符
* float_format：float 类型的格式
* columns：需要保存的列，默认为 None
* header：是否保存 columns 名，默认为 True
* index：是否保存 index，默认为 True
* encoding：文件编码格式
* startrow：在数据的头部留出 startrow 行空行
* startcol：在数据的左边留出 startcol 列空列

调用方法：

```
import tushare as ts
df = ts.get_hist_data('000875') #直接保存
df.to_excel('F:/2glkx/data/000875.xls')
#设定数据位置(从第 3 行,第 6 列开始插入数据)
df.to_excel('F:/2glkx/data/000875.xls', startrow = 2,startcol = 5)
```

（4）读取 Excel 数据文件

```
import pandas as pd
import numpy as np
df = pd.read_excel('F:/2glkx/data/000875.xls')
df.head()
        date    open   high  close    low     volume  price_change  p_change  \
0  2016-09-30   9.78   9.95   9.89   9.78  131285.98          0.18      1.85
1  2016-09-29   9.79   9.83   9.71   9.71   98927.06         -0.09     -0.92
2  2016-09-28   9.91   9.94   9.80   9.77   91305.71         -0.06     -0.61
3  2016-09-27   9.61   9.93   9.86   9.60  172743.69          0.16      1.65
4  2016-09-26   9.61   9.75   9.70   9.41  196297.12          0.09      0.94
     ma5    ma10    ma20     v_ma5     v_ma10     v_ma20  turnover
0  9.792   9.791   9.951  138111.91  119221.06  164760.83      0.51
```

```
1  9.736  9.789  9.992   143008.49  116914.86  177486.79  0.38
2  9.756  9.808  10.036  146922.54  119919.89  199339.76  0.35
3  9.760  9.809  10.103  144481.56  130811.11  237806.81  0.67
4  9.756  9.845  10.167  123659.19  131849.10  309501.15  0.76
```

3.2 金融投资数据获取的 Baostock 模块

证券宝（BaoStock.com）是一个免费、开源的证券数据平台（无须注册）。提供大量准确、完整的证券历史行情数据、上市公司财务数据等。其安装使用如下。

首先使用 pip 安装第三方依赖库 baostock 下载股市数据（国内）。

```
pip install baostock
```

然后使用 query_history_k_data_plus 函数获取日线数据。

```
import baostock as bs
import pandas as pd
# 登录系统
lg = bs.login()
# 获取沪深A股历史K线数据
rs_result = bs.query_history_k_data_plus("sh.600000",
                        fields = "date,open,high,low,close,preclose,volume,amount,adjustflag",
                        start_date = '2020-07-01',
                        end_date = '2020-12-31',
                        frequency = "d",
                        adjustflag = "3")
df_result = rs_result.get_data()
bs.logout()
# 登出系统
df_result.head()
         date        open     high    ...   volume      amount        adjustflag
0  2020-07-01  10.5900  10.7600  ...  36690710   390832225.0000       3
1  2020-07-02  10.7300  11.0500  ...  60951268   663308323.0000       3
2  2020-07-03  11.0800  11.2600  ...  82238477   916157920.0000       3
3  2020-07-06  11.3000  12.3100  ...  149558001  1776417981.0000      3
4  2020-07-07  12.4500  12.6900  ...  131469759  1621839646.0000      3
```

证券宝获取数据的存取方法与 Tushare 类似。

3.3 金融投资数据获取的 Yfinance 模块

Yfinance 模块获取数据不够稳定，有时可以，有时不可以。

Yfinance 的老版本是 fix_yahoo_finance，二者都可以使用，推荐使用新版本。

首先使用 pip 安装第三方依赖库 fix_yahoo_finance 下载 yahoo 股市数据（国外）。

```
pip install fix_yahoo_finance
```

如果发生报错：ModuleNotFoundError：No module named 'yfinance'，则需要事先安装 'yfinance'，最新版本已经将 fix_yahoo_finance 调整为 'yfinance'。

```
## 安装 yfinance
pip install yfinance
## 获取 MSFTs 数据
## import yfinance as yf
import fix_yahoo_finance as yf
msft   = yf.download("MSFT", start = "2000 - 01 - 01")
msft.head()
                Open       High       Low       Close     Adj Close    Volume
Date
1999 - 12 - 31  58.75000   58.8750   58.1250   58.37500  36.991508   12517600
2000 - 01 - 03  58.68750   59.3125   56.0000   58.28125  36.932102   53228400
2000 - 01 - 04  56.78125   58.5625   56.1250   56.31250  35.684532   54119000
2000 - 01 - 05  55.56250   58.1875   54.6875   56.90625  36.060772   64059000
2000 - 01 - 06  56.09375   56.9375   54.1875   55.00000  34.852810   54976600
```

3.4　Pandas_datareader 获取金融投资数据

首先使用 pip 安装第三方依赖库 pandas_datareader。

```
pip install pandas_datareader
# 调用 pandas_datareader
from pandas_datareader import data as pdr
import fix_yahoo_finance as yf
# 获取数据
data = pdr.get_data_yahoo("SPY", start = "2017 - 01 - 01", end = "2017 - 04 - 30")
#打印
print(data.head())
                High           Low       ...   Volume        Adj Close
Date                                     ...
2017 - 01 - 03  225.830002   223.880005  ...   91366500.0   207.534515
2017 - 01 - 04  226.750000   225.610001  ...   78744400.0   208.769211
2017 - 01 - 05  226.580002   225.479996  ...   78379000.0   208.603333
2017 - 01 - 06  227.750000   225.899994  ...   71559900.0   209.349670
2017 - 01 - 09  227.070007   226.419998  ...   46939700.0   208.658646
```

3.5　Quandl 财经数据接口

1. Quandl 包的安装

可以从 PyPI 或 GitHub 下载 Quandl 包。注意：Quandl 包有些是收费的。
Quandl 包的安装因系统而异。在大多数系统中，下面的命令将启动安装：

```
pip install quandl
import quandl
```

在某些系统上,可能需要以下命令:

```
pip3 install quandl
import quandl
```

此外,还可以在 Python3.x 网站上找到 Python 模块的详细安装说明。Quandl 模块是免费的,但是必须拥有 Quandl API 密钥才能下载数据。要获得自己的 API 密钥,需要创建一个免费的 Quandl 账户并设置 API 密钥。

导入 Quandl 模块后,可以使用以下命令设置 API 密钥:

```
quandl.ApiConfig.api_key = "YOURAPIKEY"
```

2. Quandl 使用

Quandl 上的大多数数据集都可以在 Python 中直接使用 Quandl 模块。

使用 Quandl 模块获取财经数据是非常容易的。例如,要想从 FRED 得到美国 GDP,只需如下命令:

```
import quandl
mydata = quandl.get("FRED/GDP")
mydata.tail()
```

得到如下结果:

```
              Value
Date
2020 - 04 - 01   19477.444
2020 - 07 - 01   21138.574
2020 - 10 - 01   21477.597
2021 - 01 - 01   22038.226
2021 - 04 - 01   22722.581
```

Quandl 包可以免费使用,并授予对所有免费数据集的访问权限。用户只需为访问 Quandl 的优质数据产品付费。

练 习 题

1. 按照本章的实例,获取 Tushare 上的财经数据。
2. 按照本章的实例,应用 Python-Pandas 的方法存取 csv,Excel 格式数据。
3. 按照本章的实例,获取证券宝上的财经数据。
4. 按照本章的实例,获取 Quandl 上的财经数据。

第 4 章

Python 工具库 NumPy 数组与矩阵计算

从本章开始,我们将介绍 Python 在量化金融投资分析中最广泛使用的几个重要的工具库(Library):(1)NumPy;(2)SciPy;(3)Pandas。本章先介绍 NumPy 基础知识。

4.1 NumPy 概述

量化金融投资分析的工作涉及大量的数值运算,一个高效方便的科学计算工具是必不可少的。Python 语言一开始并不是设计为科学计算使用的语言,随着越来越多的人发现 Python 的易用性,逐渐出现了关于 Python 的大量外部扩展,NumPy(Numeric Python)就是其中之一。NumPy 提供了大量的数值编程工具,可以方便地处理**数组**、**矩阵**等运算,极大地便利了人们在数值计算方面的工作。另一方面,Python 是免费的,相比于花费高额费用的 Matlab,NumPy 的出现使 Python 得到了更多人的青睐。

我们可以简单看一下如何开始使用 NumPy:

```
import numpy
numpy.version.full_version
'1.20.1'
```

我们使用了"import"命令导入了 NumPy,并使用 numpy.version.full_version 查出了量化实验室里使用的 NumPy 版本为 1.20.1。在后面的介绍中,我们将大量使用 NumPy 中的函数,每次都添加 NumPy 在函数前作为前缀比较费劲,在第 2 章开始的介绍中,我们提及了引入外部扩展模块时的小技巧,可以使用"from numpy import *"解决这一问题。

Python 的外部扩展成千上万,在使用中很可能会 import 好几个外部扩展模块,如果某个模块包含的属性和方法与另一个模块同名,就必须使用 import module 来避免名字的冲突。即所谓的名字空间(namespace)混淆了,所以这前缀最好还是带上。

那么有没有简单的办法呢?有的,我们可以在 import 扩展模块时添加模块在程序中的别名,调用时就不必写成全名了,例如,我们使用"np"作为别名并调用 version.full_version 函数:

```
import numpy as np
np.version.full_version
'1.20.1'
```

4.2 NumPy 数组对象

NumPy 中的基本对象是同类型的多维数组(homogeneous multidimensional array),这和 C++ 中的数组是一致的,例如字符型和数值型就不可共存于同一个数组中。先看例子:

```
a = np.arange(20)
```

这里我们生成了一个一维数组 a,从 0 开始,步长为 1,长度为 20。Python 中的计数是从 0 开始的,R 和 Matlab 的使用者需要小心。可以使用 print 查看:

```
print(a)
[ 0  1  2  3  4  5  6  7  8  9 10 11 12 13 14 15 16 17 18 19]
```

我们可以通过"type"函数查看 a 的类型,这里显示 a 是一个 array:

```
type(a)
numpy.ndarray
```

通过函数"reshape",我们可以重新构造一下这个数组,例如,我们可以构造一个 4×5 的二维数组,其中"reshape"的参数表示各维度的大小,且按各维顺序排列(两维时就是按行排列,这和 R 中按列是不同的):

```
a = a.reshape(4, 5)
print(a)
[[ 0  1  2  3  4]
 [ 5  6  7  8  9]
 [10 11 12 13 14]
 [15 16 17 18 19]]
```

构造更高维的也没问题:

```
a = a.reshape(2, 2, 5)
print(a)
[[[ 0  1  2  3  4]
  [ 5  6  7  8  9]]

 [[10 11 12 13 14]
  [15 16 17 18 19]]]
```

既然 a 是 array,我们还可以调用 array 的函数进一步查看 a 的相关属性:"ndim"查看维度;"shape"查看各维度的大小;"size"查看元素个数,等于各维度大小的乘积;"dtype"可查看元素类型;"dsize"查看元素占位(bytes)大小。

```
a.ndim
3
a.shape
(2, 2, 5)
```

```
a.size
20
a.dtype
dtype('int64')
```

4.3 创建数组

数组的创建可通过转换列表实现,高维数组可通过转换嵌套列表实现:

```
raw = [0,1,2,3,4]
a = np.array(raw)
a
array([0, 1, 2, 3, 4])

raw = [[0,1,2,3,4], [5,6,7,8,9]]
b = np.array(raw)
b
array([[0, 1, 2, 3, 4],
       [5, 6, 7, 8, 9]])
```

一些特殊的数组由特别定制的命令生成,如 $4×5$ 的全零矩阵:

```
d = (4, 5)
np.zeros(d)
array([[ 0.,  0.,  0.,  0.,  0.],
       [ 0.,  0.,  0.,  0.,  0.],
       [ 0.,  0.,  0.,  0.,  0.],
       [ 0.,  0.,  0.,  0.,  0.]])
```

默认生成的类型是浮点型,可以通过指定类型改为整型:

```
d = (4, 5)
np.ones(d, dtype = int)
array([[1, 1, 1, 1, 1],
       [1, 1, 1, 1, 1],
       [1, 1, 1, 1, 1],
       [1, 1, 1, 1, 1]])
```

[0,1)区间的随机数数组:

```
np.random.rand(5)
array([ 0.06005608, 0.4479634 , 0.42202299, 0.16803542, 0.05508347])
```

4.4 数组操作

简单的四则运算已经介绍过了,全部的'+'、'-'、'*'、'/'运算都是基于全部的数组元素的,以加法为例:

```
a = np.array([[1.0, 2], [2, 4]])
print ("a:")
print (a)
b = np.array([[3.2, 1.5], [2.5, 4]])
print ("b:")
print (b)
print ("a + b:")
print (a + b)
a:
[[ 1.  2.]
 [ 2.  4.]]
b:
[[ 3.2  1.5]
 [ 2.5  4. ]]
a + b:
[[ 4.2  3.5]
 [ 4.5  8. ]]
```

这里可以发现，a 中虽然仅有一个元素是浮点数，其余均为整数，在处理中 Python 会自动将整数转换为浮点数（因为数组是同质的），并且，两个二维数组相加要求各维度大小相同。当然，NumPy 里这些运算符也可以对标量和数组操作，结果是数组的全部元素对应这个标量进行运算，还是一个数组：

```
print ("3 * a:")
print (3 * a)
print ("b + 1.8:")
print (b + 1.8)
3 * a:
[[  3.   6.]
 [  6.  12.]]
b + 1.8:
[[ 5.   3.3]
 [ 4.3  5.8]]
```

类似 C++，'＋＝'、'－＝'、'＊＝'、'/＝'操作符在 NumPy 中同样支持：

```
a /= 2
print (a)
[[ 0.5  1. ]
 [ 1.   2. ]]
```

开根号求指数也很容易：

```
print ("a:")
print (a)
print ("np.exp(a):")
print (np.exp(a))
print ("np.sqrt(a):")
print (np.sqrt(a))
print ("np.square(a):")
```

```
print (np.square(a))
print ("np.power(a, 3):")
print (np.power(a, 3))
a:
[[0.5 1. ]
 [1.  2. ]]
np.exp(a):
[[1.64872127 2.71828183]
 [2.71828183 7.3890561 ]]
np.sqrt(a):
[[0.70710678 1.        ]
 [1.         1.41421356]]
np.square(a):
[[0.25 1. ]
 [1.   4. ]]
np.power(a, 3):
[[0.125 1. ]
 [1.    8. ]]
```

需要知道二维数组的最大最小值怎么办？想计算全部元素的和、按行求和、按列求和怎么办？for 循环吗？不，NumPy 的 ndarray 类已经做好函数了：

```
a = np.arange(20).reshape(4,5)
print ("a:")
print (a)
print ("sum of all elements in a: " + str(a.sum()))
print ("maximum element in a: " + str(a.max()))
print ("minimum element in a: " + str(a.min()))
print ("maximum element in each row of a: " + str(a.max(axis = 1)))
print ("minimum element in each column of a: " + str(a.min(axis = 0)))
a:
[[ 0  1  2  3  4]
 [ 5  6  7  8  9]
 [10 11 12 13 14]
 [15 16 17 18 19]]
sum of all elements in a: 190
maximum element in a: 19
minimum element in a: 0
maximum element in each row of a: [ 4  9 14 19]
minimum element in each column of a: [0 1 2 3 4]
```

科学计算中大量使用到矩阵运算，除了数组，NumPy 同时提供了矩阵对象（matrix）。矩阵对象和数组主要有两点差别：一是矩阵是二维的，而数组可以是任意正整数维；二是矩阵的 '*' 操作符进行的是矩阵乘法，乘号左侧的矩阵列和乘号右侧的矩阵行要相等，而在数组中 '*' 操作符进行的是每一元素的对应相乘，乘号两侧的数组每一维大小需要一致。数组可以通过 asmatrix 或者 mat 转换为矩阵，或者直接生成也可以：

```
a = np.arange(20).reshape(4, 5)
a = np.asmatrix(a)
```

```
print (type(a))
b = np.matrix('1.0 2.0; 3.0 4.0')
print (type(b))
<class 'numpy.matrixlib.defmatrix.matrix'>
<class 'numpy.matrixlib.defmatrix.matrix'>
```

再来看一下矩阵的乘法,这使用 arange 生成另一个矩阵 b,arange 函数还可以通过 arange(起始,终止,步长)的方式调用生成等差数列,注意含头不含尾。

```
b = np.arange(2, 45, 3).reshape(5, 3)
b = np.mat(b)
print (b)
[[ 2  5  8]
 [11 14 17]
 [20 23 26]
 [29 32 35]
 [38 41 44]]
```

有人要问了,arange 指定的是步长,如果想指定生成的一维数组的长度怎么办?好办,"linspace"就可以做到:

```
np.linspace(0, 2, 9)
array([ 0.  ,  0.25,  0.5 ,  0.75,  1.  ,  1.25,  1.5 ,  1.75,  2.  ])
```

回到我们前面的问题,矩阵 a 和 b 做矩阵乘法:

```
print ("matrix a:")
print (a)
print ("matrix b:")
print (b)
c = a * b
print ("matrix c:")
print (c)
matrix a:
[[ 0  1  2  3  4]
 [ 5  6  7  8  9]
 [10 11 12 13 14]
 [15 16 17 18 19]]
matrix b:
[[ 2  5  8]
 [11 14 17]
 [20 23 26]
 [29 32 35]
 [38 41 44]]
matrix c:
[[ 290  320  350]
 [ 790  895 1000]
 [1290 1470 1650]
 [1790 2045 2300]]
```

4.5 数组元素访问

数组和矩阵元素的访问可通过下标进行,以下均以二维数组(或矩阵)为例:

```
a = np.array([[3.2, 1.5], [2.5, 4]])
print (a[0][1])
print (a[0, 1])
1.5
1.5
```

可以通过下标访问来修改数组元素的值:

```
b = a
a[0][1] = 2.0
print ("a:")
print (a)
print ("b:")
print (b)
a:
[[ 3.2  2. ]
 [ 2.5  4. ]]
b:
[[ 3.2  2. ]
 [ 2.5  4. ]]
```

现在问题来了,明明改的是 a[0][1],怎么连 b[0][1] 也跟着变了? 这个陷阱在 Python 编程中很容易碰上,其原因在于 Python 不是真正将 a 复制一份给 b,而是将 b 指到了 a 对应数据的内存地址上。想要真正地复制一份 a 给 b,可以使用 copy:

```
a = np.array([[3.2, 1.5], [2.5, 4]])
b = a.copy()
a[0][1] = 2.0
print ("a:")
print (a)
print ("b:")
print (b)
a:
[[ 3.2  2. ]
 [ 2.5  4. ]]
b:
[[ 3.2  1.5]
 [ 2.5  4. ]]
```

若对 a 重新赋值,即将 a 指到其他地址上,b 仍在原来的地址上:

```
a = np.array([[3.2, 1.5], [2.5, 4]])
b = a
```

```
a = np.array([[2, 1], [9, 3]])
print ("a:")
print (a)
print ("b:")
print (b)
a:
[[2 1]
 [9 3]]
b:
[[ 3.2  1.5]
 [ 2.5  4. ]]
```

利用':'可以访问到某一维的全部数据,例如取矩阵中的指定列:

```
a = np.arange(20).reshape(4, 5)
print ("a:")
print (a)
print ("the 2nd and 4th column of a:")
print (a[:,[1,3]])
a:
[[ 0  1  2  3  4]
 [ 5  6  7  8  9]
 [10 11 12 13 14]
 [15 16 17 18 19]]
the 2nd and 4th column of a:
[[ 1  3]
 [ 6  8]
 [11 13]
 [16 18]]
```

稍微复杂一些,我们尝试取出满足某些条件的元素,这在数据的处理中十分常见,通常用在单行单列上。下面这个例子是将第一列大于5的元素(10和15)对应的第三列元素(12和17)取出来:

```
a[:, 2][a[:, 0] > 5]
array([12, 17])
```

可使用 where 函数查找特定值在数组中的位置:

```
loc = numpy.where(a == 11)
print (loc)
print (a[loc[0][0], loc[1][0]])
(array([2]), array([1]))
11
```

4.6 矩阵操作

还是拿矩阵(或二维数组)作为例子,首先来看矩阵转置:

```python
a = np.random.rand(2,4)
print ("a:")
print (a)
a = np.transpose(a)
print ("a is an array, by using transpose(a):")
print (a)
b = np.random.rand(2,4)
b = np.mat(b)
print ("b:")
print (b)
print ("b is a matrix, by using b.T:")
print (b.T)
```

```
a:
[[0.76580251 0.78005944 0.77557145 0.0109718 ]
 [0.8263874  0.13787955 0.03407315 0.90357016]]
a is an array, by using transpose(a):
[[0.76580251 0.8263874 ]
 [0.78005944 0.13787955]
 [0.77557145 0.03407315]
 [0.0109718  0.90357016]]
b:
[[0.17384165 0.34738921 0.14290001 0.88623396]
 [0.09684652 0.9942556  0.49274822 0.63235607]]
b is a matrix, by using b.T:
[[0.17384165 0.09684652]
 [0.34738921 0.9942556 ]
 [0.14290001 0.49274822]
 [0.88623396 0.63235607]]
```

矩阵求逆：

```python
import numpy.linalg as nlg
a = np.random.rand(2,2)
a = np.mat(a)
print ("a:")
print (a)
ia = nlg.inv(a)
print ("inverse of a:")
print (ia)
print ("a * inv(a)")
print (a * ia)
```

```
a:
[[0.05419038 0.57601757]
 [0.68232133 0.99271764]]
inverse of a:
[[-2.92635643  1.69799815]
 [ 2.01136288 -0.15974367]]
a * inv(a)
[[ 1.00000000e+00  6.44454590e-18]
 [-8.60283623e-17  1.00000000e+00]]
```

求特征值和特征向量：

```
a = np.random.rand(3,3)
eig_value, eig_vector = nlg.eig(a)
print ("eigen value:")
print (eig_value)
print ("eigen vector:")
print (eig_vector)
eigen value:
[ 1.70289278 -0.20180921 -0.10074442]
eigen vector:
[[-0.61523442 -0.21615367  0.15474919]
 [-0.59097092 -0.70875596 -0.85385678]
 [-0.52176621  0.67152258  0.49697212]]
```

按列拼接两个向量成一个矩阵：

```
a = np.array((1,2,3))
b = np.array((2,3,4))
print (np.column_stack((a,b)))
[[1 2]
 [2 3]
 [3 4]]
```

在循环处理某些数据得到结果后，将结果拼接成一个矩阵是十分有用的，可以通过 vstack 和 hstack 完成：

```
a = np.random.rand(2,2)
b = np.random.rand(2,2)
print ("a:")
print (a)
print ("b:")
print (b)
c = np.hstack([a,b])
d = np.vstack([a,b])
print ("horizontal stacking a and b:")
print (c)
print ("vertical stacking a and b:")
print (d)
a:
[[0.09429374 0.45250761]
 [0.09473922 0.99258834]]
b:
[[0.95528012 0.47546505]
 [0.7211378  0.27975564]]
horizontal stacking a and b:
[[0.09429374 0.45250761 0.95528012 0.47546505]
 [0.09473922 0.99258834 0.7211378  0.27975564]]
vertical stacking a and b:
[[0.09429374 0.45250761]
```

```
[0.09473922 0.99258834]
[0.95528012 0.47546505]
[0.7211378  0.27975564]]
```

4.7 缺失值处理

缺失值在分析中也是信息的一种,NumPy 提供 nan 作为缺失值的记录,通过 isnan 判定。

```
a = np.random.rand(2,2)
a[0, 1] = np.nan
print (np.isnan(a))
[[False  True]
 [False False]]
```

nan_to_num 可用来将 nan 替换成 0,在后面会介绍到的更高级的模块 Pandas 时,我们将看到 Pandas 提供能指定 nan 替换值的函数。

```
print (np.nan_to_num(a))
[[0.60215868 0.        ]
 [0.21752901 0.54991968]]
```

NumPy 还有很多的函数,想详细了解可参考链接 http://wiki.scipy.org/numpy_Example_List 和 http://docs.scipy.org/doc/numpy。

练 习 题

对本章中例题数据,使用 Python 重新操作一遍。

第 5 章

Python 工具库 SciPy 优化与统计

上一章介绍了 NumPy 工具,本章着重介绍另一个金融科技中量化投资常用的重要工具库 SciPy。

5.1 SciPy 概述

NumPy 替我们搞定了数组(向量)和矩阵的相关操作,基本上算是一个高级的科学计算器。SciPy 基于 NumPy 提供了更为丰富和高级的功能扩展,在优化、统计、插值、数值积分、时频转换等方面提供了大量的可用函数,基本上覆盖了科学计算相关的问题。

例如,我们要求解联立线性方程组:$x+2y+3z=10, 2x+5y+z=8, 2x+3y+8z=5$。可以用如下的 Python 代码求解。

```
import numpy as np
import scipy as sp
A = np.mat('[1 2 3;2 5 1;2 3 8]')
B = np.mat('[10;8;5]')
A.I * B
np.linalg.solve(A,B)
matrix([[-83.],
        [ 33.],
        [  9.]])
```

在量化金融投资分析中,应用最广泛的是优化、统计等相关技术。因此,本章我们重点介绍 SciPy 中的优化和统计模块,其他模块在随后系列文章中用到时再做详述。

首先我们导入优化和统计相关的模块,我们使用的是 SciPy 里面的统计和优化部分。

```
import numpy as np
import scipy.optimize as opt
import scipy.stats as stats
```

5.2 scipy.optimize 优化方法

在金融领域,许多问题需要用到优化算法来解决,比如给定目标函数选择最佳资产组合。可以使用 SciPy 模块包含的名为 scipy.optimize 的优化子模块来解决优化问题(求最小值)。假设计算满足方程 y＝3＋x^2 并且使 y 取最小值的 x 值。显然 x＝0,y 最小。

```
import scipy.optimize as opt
def myf(x):
    return 3 + x ** 2
opt.fmin(myf,5)    ＃5 是初始值
```

得到如下结果：

```
Optimization terminated successfully.
         Current function value: 3.000000
         Iterations: 20
         Function evaluations: 40
Out[11]: array([0.])
```

更进一步,我们假设考虑的问题全部是凸优化问题,即目标函数是凸函数,其自变量的可行集是凸集。(详细定义可参考斯坦福大学 Stephen Boyd 教授的教材 convex optimization,下载链接：http://stanford.edu/~boyd/cvxbook)

5.3 scipy.optimize 的 minimize 工具在投资组合资产配置中的应用

5.3.1 scipy.optimize 的 minimize 工具在线性投资组合资产配置中的应用

在金融领域,无论是定价还是资产配置,求最优值都是一项最基础的工作。同时在求解最优值的过程中,需要面临诸多的约束条件,包括资金的约束、权重的约束、风险暴露的约束等,所以许多金融问题抽象而言就是求解带约束的最大值或最小值。

例：假定一家投资机构拟配置 5 只 A 股股票,分别是工商银行、中国国航、长江电力、上海医药和永辉超市,表 5-1 列出了 2020 年 12 月 31 日这 5 只股票的相关信息。

表 5-1 2020 年 12 月 31 日这 5 只股票的相关信息

证券代码	证券简称	2019 年至 2020 年平均年化收益率	2020 年 12 月 31 日收盘价(元/股)	2020 年 12 月 31 日市盈率
601398	工商银行	5.4703％	4.99	5.6961
601111	中国国航	5.3580％	7.49	16.9758
600900	长江电力	21.6717％	19.16	20.2258
601607	上海医药	4.9761％	19.20	13.3713
601933	永辉超市	8.6041％	7.18	43.6949

数据来源：同花顺。

该投资机构的资金为 1 亿元，以 2020 年 12 月 31 日的收盘价投资，希望实现投资组合收益率的最大化，同时要求整个投资组合的平均市盈率不超过 15 倍。此外每只股票不允许卖空，计算应配置每只股票的投资比例和股数。列出模型；并给出结果及其分析。

（1）设第 i 只股票的股价为 P_i，年化收益率为 R_i，市盈率为 γ_i。在组合投资中的个股票的投资比例为 w_i，$i=1,\cdots,5$，则构建模型为：

$$\max\left(\sum_{i=1}^{5} w_i R_i\right); \quad \text{s.t.} \quad \sum_{i=1}^{5} w_i = 1; \quad \sum_{i=1}^{5} w_i \gamma_i \leqslant 15; \quad w_i \geqslant 0; \quad 10^7 w_i / P_i.$$

（2）$w_1 = 36\%$，$w_3 = 64\%$，$w_2 = w_4 = w_5 = 0$，投资组合的收益率 15.84%。

（3）工行股数 700768，长江电力股数 334204。

改变条件后，$w_1 = 1.55\%$，$w_3 = 98.45\%$，$w_2 = w_4 = w_5 = 0$，投资组合的收益率 21.42%；这时工行股数 31143，长江电力股数 513809。

对于求最优解，需要完成以下三步：

（1）通过 def 定义一个求解最大值或最小值的函数（目标函数）

（2）约束条件以字典的格式输入，变量的边界值以元组的格式输入，具体如下：

```
cons = ({'type':'eq', 'fun':lambda w: np.sum(w) - 1},{'type':'ineq', 'fun':lambda w: 15 - np.sum(w * PE)})
```

'eq'代表约束条件是一个等于 0 的等式，'ineq'代表约束条件是一个大于等于 0 的不等式。

```
bnds = tuple((0,1) for x in range(noa))
```

变量的边界值就是猜想的可能的最小值与最大值。

（3）通过 SciPy 的子模块 optimize 中的 minimize 函数求最优值。要注意的是，在子模块 optimize 只有求最小值的函数 minimize，因此求最大值则需要在定义函数时加上负号进而转为求最小值。函数 minimize 的格式以及主要参数如下：

```
minimize(fun,x0,method,bounds,constraints)
```

相关参数的含义及输入法如下。

fun：输入在第 1 步中的自定义函数；x0：表示初始的猜想值，以列表格式输入；method：代表最优化方法，通常是输入 'SLSQP'，具体是指序贯最小二乘规划；bounds：输入第 2 步中设定的边界值；constraints：输入第 2 步中设定的约束条件。

下面以上面例题演示如何运用 SciPy 求解最优值，一共分三步。

第 1 步：计算每只股票的最优配置权重。具体代码如下：

```
import numpy as np
import scipy.optimize as sco
R = np.array([0.0547,0.0536,0.2167,0.0498,0.0860])
P = np.array([4.99,7.49,19.16,19.2,7.18])
```

```
PE = np.array([5.6961,16.9758,20.2258,13.3713,43.6949])
def f(w):
    w = np.array(w)                #定义求最优值函数
    return - np.sum(R * w)         #需要加负号
cons = ({'type':'eq', 'fun':lambda w: np.sum(w) - 1},{'type':'ineq', 'fun':lambda w: 15 - np.sum(w * PE)})
noa = 5
bnds = tuple((0,1) for x in range(noa))
w0 = [0.20,0.20,0.20,0.20,0.20]
res = sco.minimize(fun = f, x0 = w0, method = 'SLSQP', bounds = bnds, constraints = cons)
res
```

运行结果如下：

```
     fun: - 0.15843454374272922
     jac: array([- 0.0547, - 0.0536, - 0.2167, - 0.0498, - 0.086 ])
 message: 'Optimization terminated successfully'
    nfev: 30
     nit: 5
    njev: 5
  status: 0
 success: True
       x: array([3.59663310e - 01, 0.00000000e + 00, 6.40336690e - 01, 0.00000000e + 00,
       8.20524204e - 16])
```

注意，最优化结果输出主要是"x"后面的一个数组，该数组就是最终得到的投资组合中每只股票的最优权重。为了更清晰地查看结果，可以用如下代码：

```
res['x'].round(2)
array([0.36, 0.0, 0.64, 0.0, 0.0])
```

根据上面结果可知，工商银行的权重是36%，长江电力的权重是64%，其余三只股票不配置资产。

第2步：根据每只股票的最优配置权重，计算得到该投资组合的最高期望收益率。具体代码如下：

```
- f(res['x']).round(4)
0.1584
```

第3步：当投资组合期望收益率最高时，计算每只股票的股票数量。注意计算股票数量时需要向下取整，用 int 函数。代码如下：

```
Shares = 10000000 * res['x']/P
for i in range(5):
    print (int(Shares[i],))
```

得到如下结果：

```
720768
```

0
334204
0
0

注意,以上的计算结果暂未考虑 A 股票的交易规则,即购买的股票数量必须是 100 的整数倍。

延伸分析:该投资机构看好 A 股市场,导致风险的偏好有所提升,因此如果把整个投资组合的平均市盈率不超过 15 倍改为不超过 20 倍,其他条件不变,结果如何?

则构建模型:

$$\max\left(\sum_{i=1}^{5} w_i R_i\right)$$

$$\text{s. t.} \sum_{i=1}^{5} w_i = 1; \quad \sum_{i=1}^{5} w_i \gamma_i \leqslant 20; \quad w_i \geqslant 0; \quad 10^7 w_i / P_i$$

条件改为:

```
cons = ({'type':'eq', 'fun':lambda w: np.sum(w) - 1},{'type':'ineq', 'fun':lambda w: 20 - np.sum(w * PE)})
noa = 5
bnds = tuple((0,1) for x in range(noa))
w0 = [0.20,0.20,0.20,0.20,0.20]
res = sco.minimize(fun = f, x0 = w0, method = 'SLSQP', bounds = bnds, constraints = cons)
res
```

结果如下:

```
     fun: - 0.21418242563276801
     jac: array([ - 0.0547, - 0.0536, - 0.2167, - 0.0498, - 0.086 ])
 message: 'Optimization terminated successfully'
    nfev: 24
     nit: 4
    njev: 4
  status: 0
 success: True
       x: array([0.01554058, 0.        , 0.98445942, 0.        , 0.        ])
```

最优权重为:工商银行的权重下降至 1.55%,长江电力的权重上升至 98.45%。目标函数组合的最优收益率结果为 21.41%。

每只股票配置的最优股票数代码:

```
Shares = 10000000 * res['x']/P
for i in range(5):
    print (int(Shares[i]))
```

结果如下:

```
31143
0
513809
0
0
```

5.3.2 scipy.optimize 的 minimize 工具在非线性投资组合资产配置中的应用

下面介绍 opt.minimize 工具在量化投资组合资产配置中的应用。

投资组合优化就是要解决如下问题：

$$\min \sigma_P^2 = X^\mathrm{T} P X$$

s.t. $\begin{cases} \vec{1}^\mathrm{T} X = 1 \\ E(r_P) = \vec{e}^\mathrm{T} X = \mu_0 \end{cases}$, $\vec{1}^\mathrm{T}$ 为向量 $\vec{1} = \begin{bmatrix} 1 \\ \cdots \\ 1 \end{bmatrix}$ 的转置，$\vec{e}^\mathrm{T}$ 为向量 $\vec{e} = \begin{bmatrix} E(r_1) \\ \cdots \\ E(r_n) \end{bmatrix}$ 的转置。

注意这里的 $\mu = E(r_P) = \mu_0$ 例如 $\mu_0 = 0.13$。

1. 获取数据到 df

我们先给出下列三个资产股票1、股票2、债券在过去20年年化收益率数据表。

s1	s2	b
0.00	0.07	0.06
0.04	0.13	0.07
0.13	0.14	0.05
0.19	0.43	0.04
-0.15	0.67	0.07
-0.27	0.64	0.08
0.37	0.00	0.06
0.24	-0.22	0.04
-0.07	0.18	0.05
0.07	0.31	0.07
0.19	0.59	0.1
0.33	0.99	0.11
-0.05	-0.25	0.15
0.22	0.04	0.11
0.23	-0.11	0.09
0.06	-0.15	0.10
0.32	-0.12	0.08
0.19	0.16	0.06
0.05	0.22	0.05
0.17	-0.02	0.07

```
import pandas as pd
import numpy as np
df = pd.read_excel('F:/2glkx/tzsy.xls')
df.head()
```

2. 计算不同证券的均值、协方差和相关系数

计算投资资产的协方差是构建资产组合过程的核心部分。运用 Pandas 内置方法生产协方差矩阵。

```
R = df.mean()
print(R)
```

输出结果为：

```
s1    0.1130
s2    0.1850
b     0.0755
dtype: float64
df.cov()    #计算协方差
```

输出结果为：

```
          s1         s2          b
s1   0.027433  -0.010768  -0.000133
s2  -0.010768   0.110153  -0.000124
b   -0.000133  -0.000124   0.000773
df.corr()   #计算相关系数
```

输出结果为：

```
          s1         s2          b
s1   1.000000  -0.195894  -0.028908
s2  -0.195894   1.000000  -0.013400
b   -0.028908  -0.013400   1.000000
```

从上可见，各证券之间的相关系数不太大，可以做投资组合。

3. 给不同资产随机分配初始权重

假设不允许建立空头头寸，所有的权重系数均在 0~1 之间。

```
noa = 3
weights = np.random.random(noa)
weights /= np.sum(weights)
x = weights
```

输出结果为：

array([0.23274847, 0.05264993, 0.7146016])

4. 计算组合预期收益、组合方差和组合标准差

```
np.sum(df.mean() * weights)
```

输出结果为：

0.09954033961994116

```
np.dot(weights.T, np.dot(df.cov(),weights))
```

输出结果为：

0.0033470506714164843

```
np.sqrt(np.dot(weights.T, np.dot(df.cov(),weights)))
```

输出结果为：

0.057853700585325435

5. 用蒙特卡洛模拟产生大量随机组合

现在，我们最想知道的是给定的一个股票池（投资组合）如何找到风险和收益平衡的位置。下面通过一次蒙特卡洛模拟，产生大量随机的权重向量，并记录随机组合的预期收益和方差。

```
port_df = []
port_variance = []
for p in range(5000):
    weights = np.random.random(noa)
    weights /= np.sum(weights)
    port_df.append(np.sum(df.mean() * weights))
    port_variance.append(np.sqrt(np.dot(weights.T, np.dot(df.cov(), weights))))
port_df = np.array(port_df)
port_variance = np.array(port_variance)
#无风险利率设定为1.5%
risk_free = 0.015
plt.figure(figsize = (8,4))
plt.scatter(port_variance, port_df, c = (port_df - risk_free)/port_variance, marker = 'o')
plt.grid(True)
plt.xlabel('volatility')
plt.ylabel('expected return')
plt.colorbar(label = 'Sharpe ratio')
```

得到如图 5-1 所示的图形。

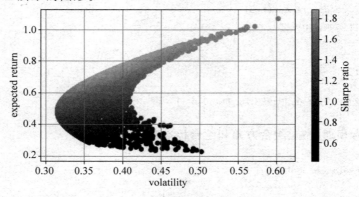

图 5-1 蒙特卡洛模拟产生大量随机组合

6. 建立 statistics 函数

建立 statistics 函数来记录重要的投资组合统计数据(收益、方差和夏普比)。通过对约束最优问题的求解,得到最优解。其中约束是权重总和为 1。

```
def statistics(weights):
    weights = np.array(weights)
    port_df = np.sum(df.mean() * weights)
    port_variance = np.sqrt(np.dot(weights.T, np.dot(df.cov(),weights)))
    return np.array([port_df, port_variance, (port_df - risk_free)/port_variance])
#最优化投资组合的推导是一个约束最优化问题
import scipy.optimize as sco
```

7. 标准差风险最小的最优资产组合

下面我们通过风险最小来选出最优资产组合。

```
def min_variance(weights):
    return statistics(weights)[1]
#初始权重为等权重 1./noa
cons = ({'type':'eq', 'fun':lambda x: np.sum(x) - 1})
#我们还将参数值(权重)限制在 0 和 1 之间。这些值以多个元组组成的一个元组形式提供给最小化函数
bnds = tuple((0,1) for x in range(noa))
optv = sco.minimize(min_variance, noa * [1./noa,], method = 'SLSQP', bounds = bnds, constraints = cons)
optv
```

得到如下结果:

```
     fun: 0.02703779135034773
     jac: array([0.0262073 , 0.02867849, 0.02704901])
 message: 'Optimization terminated successfully'
    nfev: 34
     nit: 8
    njev: 8
  status: 0
 success: True
       x: array([0.03570797, 0.01117468, 0.95311736])
```

标准差最小的最优组合权重向量及组合的统计数据分别为:

```
optv['x'].round(2)
```

得到如下结果:

```
array([0.04, 0.01, 0.95])
#得到的预期收益率、波动率和夏普指数
statistics(optv['x']).round(4)
```

得到如下结果:

```
array([0.0781, 0.027 , 2.3324])
```

在上面的方差最小化模型中,如果我们再加上一个条件:$\mu = E(r_P) = \mu_0$,例如 $\mu_0 = 0.13$。那么结果如何呢?

我们只要在 cons 中作如下设置:

```
cons = ({'type':'ineq','fun':lambda x:statistics(x)[0]-0.13},{'type':'eq','fun':lambda x:np.sum(x)-1})
bnds = tuple((0,1) for x in range(noa))
optv = sco.minimize(min_variance, noa * [1./noa,], method = 'SLSQP', bounds = bnds, constraints = cons)
optv
```

得到如下结果:

```
     fun: 0.12275195703611233
     jac: array([8.44986681e-02, 2.46473421e-01, 1.91429630e-04])
 message: 'Optimization terminated successfully'
    nfev: 20
     nit: 5
    njev: 5
  status: 0
 success: True
       x: array([0.50624466, 0.32434544, 0.16940991])
optv['x'].round(2)
array([0.51, 0.32, 0.17])
```

此时,标准差最小为:0.12275195703611233。

5.4 scipy.stats 的统计方法

1. 生成随机数

我们从生成随机数开始,这样方便后面的介绍。生成 n 个随机数可用 rv_continuous.rvs(size=n)或 rv_discrete.rvs(size=n),其中 rv_continuous 表示连续型的随机分布,如均匀分布(uniform)、正态分布(norm)、贝塔分布(beta)等;rv_discrete 表示离散型的随机分布,如伯努利分布(bernoulli)、几何分布(geom)、泊松分布(poisson)等。我们生成 10 个[0,1]区间上的随机数和 10 个服从参数 a=4,b=2 的贝塔分布随机数:

```
import scipy.stats as stats
rv_unif = stats.uniform.rvs(size=10)
print (rv_unif)
rv_beta = stats.beta.rvs(size=10, a=4, b=2)
print (rv_beta)
```

得到如下结果:

```
[0.35003072 0.85310004 0.16599723 0.27789975 0.95078684 0.41869804
 0.21538762 0.81494888 0.69726817 0.08778725]
[0.81022147 0.37418921 0.85836168 0.58924569 0.48906851 0.5319565
 0.64112063 0.77815956 0.8600738  0.63703762]
```

在每个随机分布的生成函数里,都内置了默认的参数,如均匀分布的上下界默认是 0 和 1。可是一旦需要修改这些参数,每次生成随机都要敲这么老长一串有点麻烦,能不能简单点?SciPy 里头有一个 Freezing 的功能,可以提供简便版本的命令。scipy.stats 支持定义出某个具体的分布的对象,我们可以做如下的定义,让 beta 直接指代具体参数 a=4 和 b=2 的贝塔分布。为让结果具有可比性,这里指定了随机数的生成种子,由 NumPy 提供。

```
np.random.seed(seed = 2015)
rv_beta = stats.beta.rvs(size = 10, a = 4, b = 2)
print ("method 1:")
print (rv_beta)
np.random.seed(seed = 2015)
beta = stats.beta(a = 4, b = 2)
print ("method 2:")
print (beta.rvs(size = 10))
```

得到如下结果:

```
method 1:
[0.43857338 0.9411551  0.75116671 0.92002864 0.62030521 0.56585548
 0.41843548 0.5953096  0.88983036 0.94675351]
method 2:
[0.43857338 0.9411551  0.75116671 0.92002864 0.62030521 0.56585548
 0.41843548 0.5953096  0.88983036 0.94675351]
```

2. 假设检验

现在我们生成一组数据,并查看相关的统计量(相关分布的参数可以在这里查到:http://docs.scipy.org/doc/scipy/reference/stats.html):

```
norm_dist = stats.norm(loc = 0.5, scale = 2)
n = 200
dat = norm_dist.rvs(size = n)
print ("mean of data is: " + str(np.mean(dat)))
print ("median of data is: " + str(np.median(dat)))
print ("standard deviation of data is: " + str(np.std(dat)))
```

得到如下结果:

```
mean of data is: 0.7051951380685283
median of data is: 0.658167882933473
standard deviation of data is: 2.0896700690524734
```

假设这个数据是我们获取到的实际的某些数据,如股票日涨跌幅,我们对数据进行简单的分析。最简单的是检验这一组数据是否服从假设的分布,如正态分布。这个问题是典型的单样本假设检验问题,最为常见的解决方案是采用 K-S 检验(Kolmogorov-Smirnov test)。单样本 K-S 检验的原假设是给定的数据来自和原假设分布相同的分布,在 SciPy 中提供了 kstest 函数,参数分别是数据、拟检验的分布名称和对应的参数:

```
mu = np.mean(dat)
sigma = np.std(dat)
stat_val, p_val = stats.kstest(dat, 'norm', (mu, sigma))
print ('KS-statistic D = %6.3f p-value = %6.4f' % (stat_val, p_val))
```

得到如下结果:

```
KS-statistic D =   0.045 p-value = 0.8025
```

假设检验的 p-value 值很大(在原假设下,p-value 是服从[0,1]区间上的正态分布的随机变量,可参考 http://en.wikipedia.org/wiki/P-value),因此我们接受原假设,即该数据通过了正态性的检验。在正态性的前提下,我们可进一步检验这组数据的均值是不是 0。典型的方法是 t 检验(t-test),其中单样本的 t 检验函数为 ttest_1samp:

```
stat_val, p_val = stats.ttest_1samp(dat, 0)
print ('One-sample t-statistic D = %6.3f, p-value = %6.4f' % (stat_val, p_val))
```

得到如下结果:

```
One-sample t-statistic D =   4.761, p-value = 0.0000
```

我们看到 p-value<0.05,即给定显著性水平 0.05 的前提下,我们应拒绝原假设:数据的均值为 0。我们再生成一组数据,尝试一下双样本的 t 检验(ttest_ind):

```
norm_dist2 = stats.norm(loc=-0.2, scale=1.2)
dat2 = norm_dist2.rvs(size=30)
stat_val, p_val = stats.ttest_ind(dat, dat2, equal_var=False)
print ('Two-sample t-statistic D = %6.3f, p-value = %6.4f' % (stat_val, p_val))
```

得到如下结果:

```
Two-sample t-statistic D =   4.844, p-value = 0.0000
```

注意,这里我们生成的第二组数据样本大小、方差和第一组均不相等,在运用 t 检验时需要使用 Welch's t-test,即指定 ttest_ind 中的 equal_var=False。我们同样得到了比较小的 p-value,在显著性水平 0.05 的前提下拒绝原假设,即认为两组数据均值不等。

Stats 还提供其他大量的假设检验函数,如 bartlett 和 levene 用于检验方差是否相等;anderson_ksamp 用于进行 Anderson-Darling 的 K-样本检验等。

3. 其他函数

有时需要知道某数值在一个分布中的分位,或者给定了一个分布,求某分位上的数值。这可以通过 cdf 和 ppf 函数完成:

```
g_dist = stats.gamma(a = 2)
print ("quantiles of 2, 4 and 5:")
print (g_dist.cdf([2, 4, 5]))
print ("Values of 25%, 50% and 90%:")
print (g_dist.pdf([0.25, 0.5, 0.95]))
```

得到如下结果：

```
quantiles of 2, 4 and 5:
[ 0.59399415   0.90842181   0.95957232]
Values of 25%, 50% and 90%:
[ 0.1947002    0.30326533   0.36740397]
```

对于一个给定的分布，可以用 moment 很方便地查看分布的矩信息，例如我们查看 $N(0,1)$ 的六阶原点矩：

```
stats.norm.moment(6, loc = 0, scale = 1)
```

得到如下结果：

```
15.000000000895124
```

describe 函数提供对数据集的统计描述分析，包括数据样本大小、极值、均值、方差、偏度和峰度：

```
norm_dist = stats.norm(loc = 0, scale = 1.8)  # 正态分布的期望和标准差
dat = norm_dist.rvs(size = 100)
info = stats.describe(dat)
print ("Data size is: " + str(info[0]))
print ("Minimum value is: " + str(info[1][0]))
print ("Maximum value is: " + str(info[1][1]))
print ("Arithmetic mean is: " + str(info[2]))
print ("Unbiased variance is: " + str(info[3]))
print ("Biased skewness is: " + str(info[4]))
print ("Biased kurtosis is: " + str(info[5]))
```

得到如下结果：

```
Data size is: 100
Minimum value is: -4.41884319577
Maximum value is: 5.71520945675
Arithmetic mean is: 0.165282446834
Unbiased variance is: 3.60309718776
Biased skewness is: 0.278066378117
Biased kurtosis is: 0.408791537079
```

当我们知道一组数据服从某些分布的时候，可以调用 fit 函数来得到对应分布参数的极大似然估计（MLE，maximum-likelihood estimation）。以下代码示例了假设数据服从正态分布，用极大似然估计分布参数：

```python
norm_dist = stats.norm(loc = 0, scale = 1.8)
dat = norm_dist.rvs(size = 100)
mu, sigma = stats.norm.fit(dat)
print ("MLE of data mean:" + str(mu))
print ("MLE of data standard deviation:" + str(sigma))
```

得到如下结果:

```
MLE of data mean: -0.126592501904
MLE of data standard deviation:1.74446062629
```

pearsonr 和 spearmanr 可以计算 Pearson 和 Spearman 相关系数,这两个相关系数度量了两组数据的相互线性关联程度:

```python
norm_dist = stats.norm()
dat1 = norm_dist.rvs(size = 100)
exp_dist = stats.expon()
dat2 = exp_dist.rvs(size = 100)
cor, pval = stats.pearsonr(dat1, dat2)
print ("Pearson correlation coefficient: " + str(cor))
cor, pval = stats.spearmanr(dat1, dat2)
print ("Spearman's rank correlation coefficient: " + str(cor))
```

得到如下结果:

```
Pearson correlation coefficient: 0.2169294268686662
Spearman's rank correlation coefficient: 0.2697029702970297
```

其中的 p-value 表示原假设(两组数据不相关)下,相关系数的显著性。

最后,在分析金融数据中使用频繁的线性回归在 SciPy 中也有提供,我们来看一个例子:

```python
x = stats.chi2.rvs(3, size = 50)
y = 2.5 + 1.2 * x + stats.norm.rvs(size = 50, loc = 0, scale = 1.5)
slope, intercept, r_value, p_value, std_err = stats.linregress(x, y)
print ("Slope of fitted model is:" , slope)
print ("Intercept of fitted model is:", intercept)
print ("R-squared:", r_value ** 2)
```

得到如下结果:

```
Slope of fitted model is: 1.2409219811915655
Intercept of fitted model is: 2.2666268680498134
R-squared: 0.6161452889505731
```

在前面的链接中,可以查到大部分 stat 中的函数,本节仅仅作简单介绍,挖掘更多功能的最好方法还是直接读原始的文档。另外,StatsModels(http://statsmodels.sourceforge.net)模块提供了更为专业,更多的统计相关函数。若在 SciPy 没有满足统计的需求,可以采用 StatsModels。

本章进一步的知识，望参考如下的相关网站与书籍。

基础优化网站：http://docs.scipy.org/doc/scipy/reference/tutorial/optimize.html

进阶优化网站：http://cvxopt.org

基础统计网站：http://docs.scipy.org/doc/scipy/reference/tutorial/stats.html

进阶统计网站：http://www.statsmodels.org/stable/index.html

凸优化书籍：Boyd S. and Vandenberghe L. Convex optimization. Cambridge university press，2004.

练 习 题

对本章中的例题，使用 Python 重新操作一遍。

第 6 章

Pandas 金融投资数据分析

本章我们将介绍量化金融投资中最重要的工具库 Pandas。Pandas 是基于 NumPy 的一种工具,该工具是为解决数据分析任务而创建的。Pandas 纳入了大量库和一些标准的数据模型,提供了高效操作大型数据集所需的工具,提供了大量能使我们快速便捷地处理数据的函数和方法。你很快就会发现,它是使 Python 成为强大而高效的数据分析环境的重要因素。

6.1 Pandas 数据对象基础知识

Pandas 主要有两种数据对象:Series 和 DataFrame。

注:后面代码使用 Pandas 版本 0.20.1,通过 import pandas as pd 引入。

6.1.1 Series 对象

Series 是一种带有索引的序列对象。

简单创建如下:

```
# 通过传入一个序列给 pd.Series 初始化一个 Series 对象,比如 list
import pandas as pd
s1 = pd.Series(list("1234"))
print(s1)
0    1
1    2
2    3
3    4
dtype:object
```

6.1.2 DataFrame 对象

类似于数据库 table 有行列的数据对象。

创建方式如下:

通过传入一个 NumPy 的二维数组或者 dict 对象给 pd.DataFrame 初始化一个 DataFrame 对象
通过 NumPy 二维数组
```
import pandas as pd
import numpy as np
df1 = pd.DataFrame(np.random.randn(6,4))
print(df1)
          0         1         2         3
0  0.902513 -0.990727 -0.291877 -0.702613
1  0.632800 -0.262710  1.137277 -1.493364
2 -0.266187 -0.576530  0.688649 -1.509618
3 -1.078031 -0.128859  0.405154  0.227968
4  0.201999  0.008473  3.828179 -1.528060
5  0.546279 -1.143734  1.184047  0.364284
```

通过 dict 字典
```
df2 = pd.DataFrame({ 'A' : 1.,
'B' : pd.Timestamp('20130102'),
'C' :pd.Series(1,index = list(range(4)),dtype = 'float32'),
'D' : np.array([3] * 4,dtype = 'int32'),
'E' : pd.Categorical(["test","train","test","train"]),
'F' : 'foo' })
print(df2)
     A          B    C  D      E    F
0  1.0 2013-01-02  1.0  3   test  foo
1  1.0 2013-01-02  1.0  3  train  foo
2  1.0 2013-01-02  1.0  3   test  foo
3  1.0 2013-01-02  1.0  3  train  foo
```

6.1.3 索引

不管是 Series 对象还是 DataFrame 对象,都有一个相对应的索引,Series 的索引类似于每个元素,DataFrame 的索引对应着每一行。

查看:在创建对象的时候,每个对象都会初始化一个起始值为 0,自增的索引列表,DataFrame 同理。

```
# 打印对象的时候,第一列就是索引
print(s1)
0    1
1    2
2    3
3    4
dtype: object

# 或者只查看索引, DataFrame 同理
print(s1.index)
RangeIndex(start = 0, stop = 4, step = 1)
```

6.2 Pandas 获取金融投资数据

```python
# pandas Library
import pandas as pd
import warnings
warnings.filterwarnings("ignore")
# 获取中国平安股票数据
import baostock as bs
# 登录系统
lg = bs.login()
# 获取沪深 A 股历史 K 线数据
df = bs.query_history_k_data_plus("sh.601318",
                    fields = "date,open,high,low,close,volume",
                    start_date = '2018-01-01',
                    end_date = '2021-03-31',
                    frequency = "d",
                    adjustflag = "3")
dataset = df.get_data()
# dataset.to_csv('F:/2glkx/601318.csv')
# 登出系统
bs.logout()
login success!
logout success!
<baostock.data.resultset.ResultData at 0x28d05a44ac8>
```

6.3 Pandas 金融投资数据分析

```
# 查前 5 条记录数据
dataset.head()
        date         open     high     low      close    volume
0   2018-01-02   70.2100  72.8000  70.1800  72.5900  123616317
1   2018-01-03   73.4000  73.9000  70.1100  70.9700  179405492
2   2018-01-04   71.0200  72.2000  70.5500  71.1800  106115784
3   2018-01-05   71.5900  71.8800  70.4500  70.8900   77207581
4   2018-01-08   70.7900  70.7900  69.3200  70.0100  122872953

# 查看尾部数据
dataset.tail()
          date         open     high     low      close    volume
783   2021-03-25   79.2300  79.6600  78.9900  79.2000   43650615
784   2021-03-26   79.5800  80.3000  79.5600  80.0100   45348477
785   2021-03-29   80.0000  80.1000  78.8000  79.1300   63234490
786   2021-03-30   79.2000  79.3700  78.6000  79.3700   51106025
787   2021-03-31   79.5000  79.5500  78.5800  78.7000   48358484

# 查看行数列数
```

```
dataset.shape
(788, 6)
```

提取数据：

```
# iloc[]
print(dataset.iloc[0][1])
70.2100
# iat[]
print(dataset.iat[0,1])
70.2100
```

#at 的使用方法与 loc 类似,但是比 loc 有更快的访问数据的速度,而且只能访问单个元素,不能访问多个元素。iat 与 iloc 类似。

```
# loc[]
print(dataset.loc[0]['high'])
72.8000


# iloc[]
print(dataset.iloc[0])
date       2018-01-02
open           70.2100
high           72.8000
low            70.1800
close          72.5900
volume       123616317
Name: 0, dtype: object
```

重置索引：

```
df = dataset.reset_index()
df.head()
   index       date      open     high      low    close     volume
0      0  2018-01-02  70.2100  72.8000  70.1800  72.5900  123616317
1      1  2018-01-03  73.4000  73.9000  70.1100  70.9700  179405492
2      2  2018-01-04  71.0200  72.2000  70.5500  71.1800  106115784
3      3  2018-01-05  71.5900  71.8800  70.4500  70.8900   77207581
4      4  2018-01-08  70.7900  70.7900  69.3200  70.0100  122872953
```

删除列：

```
# 删除数据
new_df = df.drop(['date'], axis = 1)
new_df.head()
   index     open     high      low    close     volume
0      0  70.2100  72.8000  70.1800  72.5900  123616317
1      1  73.4000  73.9000  70.1100  70.9700  179405492
2      2  71.0200  72.2000  70.5500  71.1800  106115784
3      3  71.5900  71.8800  70.4500  70.8900   77207581
4      4  70.7900  70.7900  69.3200  70.0100  122872953
```

添加列:

```
# 添加日期
new_column = df['date']
new_df['date'] = new_column
new_df.head()
   index   open     high      low    close     volume       date
0      0  70.2100  72.8000  70.1800  72.5900  123616317  2018-01-02
1      1  73.4000  73.9000  70.1100  70.9700  179405492  2018-01-03
2      2  71.0200  72.2000  70.5500  71.1800  106115784  2018-01-04
3      3  71.5900  71.8800  70.4500  70.8900   77207581  2018-01-05
4      4  70.7900  70.7900  69.3200  70.0100  122872953  2018-01-08
```

移动列:

```
# 将 date 移动至第一列
cols = list(new_df)
cols.insert(1, cols.pop(cols.index('date')))
cols
['date', 'index', 'open', 'high', 'low', 'close', 'volume']
# loc 是 DataFrame 有索引标记的值的
new_df = new_df.loc[:, cols]
new_df.head()
   index       date     open     high      low    close     volume
0      0  2018-01-02  70.2100  72.8000  70.1800  72.5900  123616317
1      1  2018-01-03  73.4000  73.9000  70.1100  70.9700  179405492
2      2  2018-01-04  71.0200  72.2000  70.5500  71.1800  106115784
3      3  2018-01-05  71.5900  71.8800  70.4500  70.8900   77207581
4      4  2018-01-08  70.7900  70.7900  69.3200  70.0100  122872953
```

删除列:

```
del new_df['close']
new_df.head()
   index       date     open     high      low     volume
0      0  2018-01-02  70.2100  72.8000  70.1800  123616317
1      1  2018-01-03  73.4000  73.9000  70.1100  179405492
2      2  2018-01-04  71.0200  72.2000  70.5500  106115784
3      3  2018-01-05  71.5900  71.8800  70.4500   77207581
4      4  2018-01-08  70.7900  70.7900  69.3200  122872953
```

重命名列:

```
new_df = new_df.rename(index = str,
                       columns = {'low':'Low'})
new_df.head()
   index       date     open     high      Low     volume
0      0  2018-01-02  70.2100  72.8000  70.1800  123616317
1      1  2018-01-03  73.4000  73.9000  70.1100  179405492
2      2  2018-01-04  71.0200  72.2000  70.5500  106115784
3      3  2018-01-05  71.5900  71.8800  70.4500   77207581
4      4  2018-01-08  70.7900  70.7900  69.3200  122872953
```

列名改为大写：

```
new_df.rename(str.upper, axis = 'columns')
     INDEX      DATE      OPEN     HIGH      LOW   VOLUME
0        0  2018-01-02  70.2100  72.8000  70.1800  123616317
1        1  2018-01-03  73.4000  73.9000  70.1100  179405492
2        2  2018-01-04  71.0200  72.2000  70.5500  106115784
3        3  2018-01-05  71.5900  71.8800  70.4500   77207581
4        4  2018-01-08  70.7900  70.7900  69.3200  122872953
..     ...         ...      ...      ...      ...        ...
783    783  2021-03-25  79.2300  79.6600  78.9900   43650615
784    784  2021-03-26  79.5800  80.3000  79.5600   45348477
785    785  2021-03-29  80.0000  80.1000  78.8000   63234490
786    786  2021-03-30  79.2000  79.3700  78.6000   51106025
787    787  2021-03-31  79.5000  79.5500  78.5800   48358484
[788 rows x 6 columns]
```

列名改为小写：

```
# column name to lower case
new_df.rename(str.lower, axis = 'columns')
     index      date      open     high      low   volume
0        0  2018-01-02  70.2100  72.8000  70.1800  123616317
1        1  2018-01-03  73.4000  73.9000  70.1100  179405492
2        2  2018-01-04  71.0200  72.2000  70.5500  106115784
3        3  2018-01-05  71.5900  71.8800  70.4500   77207581
4        4  2018-01-08  70.7900  70.7900  69.3200  122872953
..     ...         ...      ...      ...      ...        ...
783    783  2021-03-25  79.2300  79.6600  78.9900   43650615
784    784  2021-03-26  79.5800  80.3000  79.5600   45348477
785    785  2021-03-29  80.0000  80.1000  78.8000   63234490
786    786  2021-03-30  79.2000  79.3700  78.6000   51106025
787    787  2021-03-31  79.5000  79.5500  78.5800   48358484
[788 rows x 6 columns]
```

选择多个列：

```
new_df[new_df.columns[1:5]]
          date      open     high      low
0   2018-01-02  70.2100  72.8000  70.1800
1   2018-01-03  73.4000  73.9000  70.1100
2   2018-01-04  71.0200  72.2000  70.5500
3   2018-01-05  71.5900  71.8800  70.4500
4   2018-01-08  70.7900  70.7900  69.3200
..         ...      ...      ...      ...
783 2021-03-25  79.2300  79.6600  78.9900
784 2021-03-26  79.5800  80.3000  79.5600
785 2021-03-29  80.0000  80.1000  78.8000
786 2021-03-30  79.2000  79.3700  78.6000
787 2021-03-31  79.5000  79.5500  78.5800
[788 rows x 4 columns]
```

选择多个行：

```
new_df[1:4]
   index        date      open      high       Low     volume
1      1  2018-01-03   73.4000   73.9000   70.1100  179405492
2      2  2018-01-04   71.0200   72.2000   70.5500  106115784
3      3  2018-01-05   71.5900   71.8800   70.4500   77207581
```

创建 DataFrame：

```
stock_df = pd.DataFrame([[123.50, 145.35, 165.50],
                         [152.35, 154.67, 160.35],
                         [201.25, 236.54, 254.69]],
                        columns = ['IBM', 'Apple', 'Tesla'])
stock_df
       IBM   Apple   Tesla
0   123.50  145.35  165.50
1   152.35  154.67  160.35
2   201.25  236.54  254.69
```

替换数据：

```
stock_df = stock_df.replace([201.25, 145.35], [888, 888])
stock_df
       IBM   Apple   Tesla
0   123.50  888.00  165.50
1   152.35  154.67  160.35
2   888.00  236.54  254.69
stock_df = stock_df.replace([165.50, 160.35], ['NaN', 'NaN'])
stock_df
       IBM   Apple   Tesla
0   123.50  888.00     NaN
1   152.35  154.67     NaN
2   888.00  236.54  254.69
```

获取数据框数据：

```
for index, row in stock_df.iterrows() :
...     print(row['IBM'], row['Apple'])
123.5 888.0
152.35 154.67
888.0 236.54
```

练 习 题

对本章中例题，使用 Python 重新操作一遍。

第2篇

Python统计分析

第7章 Python描述性统计
第8章 Python相关分析与回归分析

第 7 章

Python 描述性统计

7.1 描述性统计的 Python 工具

Python 中的 Pandas 常用的统计方法如表 7-1 所示。

表 7-1 Pandas 中常用的统计方法

函数名称	作　用
count	非 NA 值的数量
describe	针对 Series 或 DataFrame 的列计算汇总统计
min, max	最小值和最大值
argmin, argmax	最小值和最大值的索引位置(整数)
idxmin, idxmax	最小值和最大值的索引值
quantile	样本分位数(0 到 1)
sum	求和
mean	均值(一阶矩)
median	中位数
mad	根据均值计算平均绝对离差
var	方差(二阶矩)
std	标准差
skew	样本值的偏度(三阶矩)
kurt	样本值的峰度(四阶矩)
cumsum	样本值的累计和
cummin, cummax	样本值的累计最小值和累计最大值
cumprod	样本值的累计积
diff	计算一阶差分(对时间序列很有用)
pct_change	计算百分数变化

Python 中 NumPy 和 SciPy 常用的统计方法如表 7-2 所示。

表 7-2 NumPy 和 SciPy 中常用的统计方法

程 序 包	方　法	说　明
numpy	array	创造一组数
numpy.random	normal	创造一组服从正态分布的定量数

续表

程 序 包	方 法	说 明
numpy.random	randint	创造一组服从均匀分布的定性数
numpy	mean	计算均值
numpy	median	计算中位数
scipy.stats	mode	计算众数
numpy	ptp	计算极差
numpy	var	计算方差
numpy	std	计算标准差
numpy	cov	计算协方差
numpy	corrcoef	计算相关系数

7.2 数据集中趋势的度量

1. 算术平均值

算术平均值非常频繁地用于描述一组数据，即"平均值"。它被定义为观测的总和除以观测个数：

$$\mu = \frac{1}{n}\sum_{i=1}^{n}x_i$$

这里 $x_1,\cdots,x_n$ 是我们的观测值。

```python
# 两个常用的统计包
import scipy.stats as stats
import numpy as np
# 我们拿两个数据集来举例
x1 = [1, 2, 2, 3, 4, 5, 5, 7]
x2 = x1 + [100]
print('x1 的平均值:', sum(x1), '/', len(x1), '=', np.mean(x1))
print('x2 的平均值:', sum(x2), '/', len(x2), '=', np.mean(x2))
x1 的平均值: 29 / 8 = 3.625
x2 的平均值: 129 / 9 = 14.333333333333334
```

2. 加权算术平均值

我们还可以定义一个加权算术平均值，加权算术平均值计算定义为

$$\sum_{i=1}^{n}w_i x_i$$

这里 $\sum_{i=1}^{n}w_i = 1$。在通常的算术平均值计算中，对所有的 i 都有 $w_i = 1/n$，$\sum_{i=1}^{n}w_i = 1$。

3. 中位数

顾名思义，一组数据的中位数是当以递增或递减顺序排列时出现在数据中间位置的数

字。当我们有奇数 n 个数据点时,中位数就是位置 $(n+1)/2$ 的值。当我们有偶数的数据点时,数据分成两半,中间位置没有任何数据点;所以我们将中位数定义为位置 $n/2$ 和 $(n+2)/2$ 中的两个数值的平均值。

数据中位数不容易受极端数值的影响。它告诉我们处于中间位置的数据。

```
print('x1 的中位数:', np.median(x1))
print('x2 的中位数:', np.median(x2))
x1 的中位数: 3.5
x2 的中位数: 4.0
```

4. 众数

众数是数据集里出现次数最多的数据点。它可以应用于非数值数据,与平均值和中位数不同。

```
# SciPy 具有内置的求众数功能,但它只返回一个值,即使两个值出现相同的次数,也是只返回一个值。
print('One mode of x1:', stats.mode(x1)[0][0])

# 因此我们自定义一个求众数的函数
def mode(l):
    # 统计列表中每个元素出现的次数
    counts = {}
    for e in l:
        if e in counts:
            counts[e] += 1
        else:
            counts[e] = 1
    
    # 返回出现次数最多的元素
    maxcount = 0
    modes = {}
    for (key, value) in counts.items():
        if value > maxcount:
            maxcount = value
            modes = {key}
        elif value == maxcount:
            modes.add(key)
    
    if maxcount > 1 or len(l) == 1:
        return list(modes)
    return 'No mode'
print('All of the modes of x1:', mode(x1))
One mode of x1: 2
All of the modes of x1: [2, 5]
```

可以看出,我们自定义的 mode 函数更加合理。

对于可能呈现不同数值的数据，比如收益率数据，也许收益率数据没有哪个数据点会出现超过一次。在这种情形下，我们可以使用 bin 值，正如我们构建直方图一样，这个时候我们统计哪个 bin 里数据点出现次数最多。

```
import scipy.stats as stats
import numpy as np
# 获取收益率数据并计算出 mode
start = '2014-01-01'
end = '2015-01-01'
pricing = D.history_data('000002.SZA', fields=['close'], start_date=start, end_date=end)['close']
returns = pricing.pct_change()[1:]
print('收益率众数:', stats.mode(returns))
# 由于所有的收益率都是不同的,所以我们使用频率分布来变相计算 mode
hist, bins = np.histogram(returns, 20)  # 将数据分成 20 个 bin
maxfreq = max(hist)
# 找出哪个 bin 里面出现的数据点次数最大,这个 bin 就当作计算出来的 mode
print('Mode of bins:', [(bins[i], bins[i+1]) for i, j in enumerate(hist) if j == maxfreq])
收益率众数: ModeResult(mode=array([ 0.], dtype=float32), count=array([7]))
Mode of bins: [(-0.0030533790588378878, 0.0055080294609069907)]
```

确实如此，在收益率数据中，很多数据点都不一样，因此计算众数的方式就显得有失偏颇。我们此时转化了思路，不是计算众数，而是将数据分成很多个组（bin），然后找出数据点最多的组（bin）来代替收益率数据的众数（mode）。

5. 几何平均值

虽然算术平均值使用加法，但几何平均值使用乘法：

$$G = \sqrt[n]{x_1 \cdots x_n}$$

上式等价于

$$\ln G = \frac{1}{n}\sum_{i=1}^{n} \ln x_i$$

几何平均值总是小于或等于算术平均值（当使用非负观测值时），当所有观测值都相同时，两者相等。

```
# 使用 SciPy 包中的 gmean 函数来计算几何平均值
print('x1 几何平均值:', stats.gmean(x1))
print('x2 几何平均值:', stats.gmean(x2))
x1 几何平均值: 3.0941040249774403
x2 几何平均值: 4.552534587620071
```

如果在计算几何平均值的时候遇到负数的观测值，怎么办呢？在资产收益率这个例子中其实很好解决，因为收益率最低为-1，因此我们可以+1将其转化为正数。因此我们可以这样来计算几何收益率：

$$R_G = \sqrt[T]{(1+R_1)\cdots(1+R_T)} - 1$$

```
# 在每个元素上增加 1 来计算几何平均值
import scipy.stats as stats
import numpy as np
ratios = returns + np.ones(len(returns))
R_G = stats.gmean(ratios) - 1
print('收益率的几何平均值:', R_G)
收益率的几何平均值: 0.00249162454468
```

几何平均收益率是将各个单个期间的收益率乘积,然后开 n 次方,因此几何平均收益率使用了复利的思想,从而克服了算术平均收益率有时会出现的上偏倾向。我们来看下面的例子:

```
T = len(returns)
init_price = pricing[0]
final_price = pricing[T]
print('最初价格:', init_price)
print('最终价格:', final_price)
print('通过几何平均收益率计算的最终价格:', init_price * (1 + R_G) ** T)
最初价格: 933.813
最终价格: 1713.82
通过几何平均收益率计算的最终价格: 1713.81465868
```

从上例可以看出,几何收益率的优势在于体现了复利的思想,我们知道初始资金和几何收益率,很容易计算出最终资金。

6. 调和平均值

调和平均值(harmonic mean)又称倒数平均数,是总体各统计变量倒数的算术平均数的倒数。调和平均值是平均值的一种。

$$H = \frac{n}{\sum_{i=1}^{n} 1/x_i}$$

调和平均值恒小于等于算术平均值,当所有观测值相等的时候,两者相等。

应用:调和平均值可以用在相同距离但速度不同时,平均速度的计算;如一段路程,前半段时速 60 公里,后半段时速 30 公里〔两段距离相等〕,则其平均速度为两者的调和平均值时速 40 公里。在现实中很多例子,需要使用调和平均值。

```
# 我们可以使用现成的函数来计算调和平均值
print('x1 的调和平均值:', stats.hmean(x1))
print('x2 的调和平均值:', stats.hmean(x2))

x1 的调和平均值: 2.55902513328
x2 的调和平均值: 2.86972365624
```

7. 点估计的欺骗性

平均值的计算隐藏了大量的信息,因为它们将整个数据分布整合成一个数字。因此,常常使用"点估计"或使用一个数字的指标,往往具有欺骗性。我们应该小心地确保不会通过平均值来丢失数据分布的关键信息,在使用平均值的时候也应该保持警惕。

7.3 数据离散状况的度量

本节我们将讨论如何使用离散度来描述一组数据。

离散度能够更好地测量一个数据分布。这在金融方面尤其重要,因为风险的主要测量方法之一是看历史上收益率的数据分布特征。如果收益率紧挨着平均值,那么我们就不用特别担心风险。如果收益率很多数据点远离平均值,那风险就不小。具有低离散度的数据围绕平均值聚集,而高离散度的数据表明有许多非常大且非常小的数据点。

让我们生成一个随机整数先来看看。

```
import numpy as np
np.random.seed(121)
# 生成20个小于100的随机整数
X = np.random.randint(100, size = 20)
# Sort them
X = np.sort(X)
print('X: %s' % (X))
mu = np.mean(X)
print('X的平均值:', mu)
X: [ 3  8 34 39 46 52 52 52 54 57 60 65 66 75 83 85 88 94 95 96]
X的平均值: 60.2
```

1. Range(范围)

Range(范围)是数据集中最大值和最小值之间的差异。毫不奇怪,它对异常值非常敏感。我们使用 NumPy 的 ptp 的函数来计算 Range。

```
print('Range of X: %s' % (np.ptp(X)))
Range of X: 93
```

2. MAD(平均绝对偏差)

平均绝对偏差是数据点距离算术平均值的偏差。我们使用偏差的绝对值,这使得比平均值大5的数据点和比平均值小5的数据点对 MAD 均贡献5,否则偏差总和为0。

$$MAD = \frac{\sum_{i=1}^{n} |X_i - \mu|}{n}$$

这里 n 是数据点的个数,μ 是其平均值。

```
abs_dispersion = [np.abs(mu - x) for x in X]
MAD = np.sum(abs_dispersion)/len(abs_dispersion)
```

```
print('X 的平均绝对偏差:', MAD)
X 的平均绝对偏差: 20.52
```

3. 方差和标准差

数据离散程度的度量最常用的指标就是方差和标准差。在金融市场更是如此,诺贝尔经济学奖得主马科维茨创造性地将投资的风险定义为收益率的方差,因此为现代金融工程的大厦做了坚实奠基。量化投资更是如此,对于风险的度量大多时候是通过方差、标准差来完成。

方差 σ^2 的定义如下: $\sigma^2 = \dfrac{\sum_{i=1}^{n}(X_i-\mu)^2}{n}$

标准差的定义为方差的平方根: σ。标准差的运用更为广泛,因为它和观测值在同一个数据维度,可以进行加减运算。

```
print('X 的方差:', np.var(X))
print('X 的标准差:', np.std(X))
X 的方差: 670.16
X 的标准差: 25.887448696231154
```

解释标准差的一种方式是切比雪夫不等式。它告诉我们,对于任意的值 $k(k>1)$,平均值的 k 个标准差(即在 k 倍标准偏差的距离内)的样本比例至少为 $1-1/k^2$。我们来检查一下这个定理是否正确。

```
k = 1.25  # 随便举的一个 k 值
dist = k * np.std(X)
l = [x for x in X if abs(x - mu) <= dist]
print('k 值', k, '在 k 倍标准差距离内的样本为:', l)
print('验证', float(len(l))/len(X), '>', 1 - 1/k**2)
k 值 1.25 在 k 倍标准差距离内的样本为: [34, 39, 46, 52, 52, 52, 54, 57, 60, 65, 66, 75, 83, 85, 88]
验证 0.75 > 0.36
```

4. 下偏方差和下偏标准差

虽然方差和标准差告诉我们收益率是如何波动的,但它们并不区分向上的偏差和向下的偏差。通常情况下,在金融市场投资中,我们更加担心向下的偏差。因此下偏方差更多是在金融市场上的应用。

下偏方差是目标导向,认为只有负的收益才是投资真正的风险。下偏方差的定义与方差类似,唯一的区别在于下偏方差仅适用低于均值的收益率样本。

下偏方差的定义如下:

$$\dfrac{\sum_{X_i<\mu}(X_i-\mu)^2}{n_{\text{less}}}$$

这里 n_{less} 表示小于均值的数据样本的数量。

下偏标准差就是下偏方差的平方根。

```
# 没有现成的计算下偏方差的函数,因此我们手动计算:
lows = [e for e in X if e <= mu]
semivar = np.sum( (lows - mu) ** 2 ) / len(lows)
print('X 的下偏方差:', semivar)
print('X 的下偏标准差:', np.sqrt(semivar))
```

得到如下结果:

X 的下偏方差: 689.5127272727273
X 的下偏标准差: 26.258574357202395

5. 目标下偏方差

另外一个相关的是目标下偏方差,是仅关注低于某一目标的样本,定义如下:

$$\frac{\sum_{X_i<B}(X_i-B)^2}{n_B}$$

```
# 目标下偏方差和目标下偏标准差的 Python 代码
B = 19 # 目标为 19
lows_B = [e for e in X if e <= B]
semivar_B = sum(map(lambda x: (x - B) ** 2, lows_B))/len(lows_B)
print('X 的目标下偏方差:', semivar_B)
print('X 的目标下偏标准差:', np.sqrt(semivar_B))
```

得到如下结果:

X 的目标下偏方差: 188.5
X 的目标下偏标准差: 13.729530217745982

最后,要提醒读者注意的是:所有这些计算将给出样本统计,即数据的标准差。这是否反映了目前真正的标准差呢? 其实还需要做出更多的努力来确定这一点,比如绘制出数据样本直方图、概率密度图,这样更能全面了解数据分布状况。这在金融方面尤其是,因为所有金融数据都是时间序列数据,平均值和方差可能随时间而变化。因此,金融数据方差、标准差有许多不同的技巧和微妙之处。

7.4 峰度、偏度与正态性检验

本节介绍峰度和偏度以及如何运用这两个统计指标进行数据的正态性检验。

峰度和偏度这两个统计指标,在统计学上是非常重要的指标。在金融市场上,我们并不需要对其有深入了解,本文只是科普一些相关知识,重点是让大家明白峰度、偏度是什么以及通过这两个指标如何做到数据的正态性检验。

之所以金融市场上正态性检验如此重要，这是因为很多模型假设就是数据服从正态分布，因此我们在使用模型前应该对数据进行正态性检验，否则前面假设都没有满足，模型预测结果没有意义。

先做好如下的准备工作。

```
import matplotlib.pyplot as plt
import numpy as np
import scipy.stats as stats
```

有时候，平均值和方差不足以描述数据分布。当我们计算方差时，我们对平均值的偏差进行了平方。在偏差很大的情况下，我们不知道它们是积极的还是消极的。这里涉及分布的偏斜度和对称性。如果一个分布中，均值的一侧的部分是另一侧的镜子，则分布是对称的。例如，正态分布是对称的。平均值 μ 和标准差 σ 的正态分布定义为：

$$f(x)=\frac{1}{\sigma\sqrt{2\pi}}e^{-\frac{(x-\mu)^2}{2\sigma^2}}$$

我们可以绘制它来确认它是对称的：

```
xs = np.linspace(-6,6, 300)
normal = stats.norm.pdf(xs)
plt.plot(xs, normal);
```

得到如图 7-1 所示的图形。

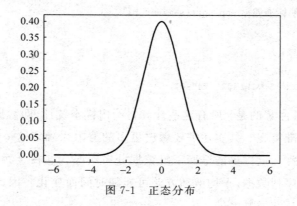

图 7-1　正态分布

1. 偏度

偏度是描述数据分布形态的一个常用统计量，其描述的是某总体取值分布的对称性。这个统计量同样需要与正态分布相比较，偏度为 0 表示其数据分布形态与正态分布的偏斜程度相同；偏度大于 0 表示其数据分布形态与正态分布相比为正偏或右偏，即有一条长尾巴拖在右边，数据右端有较多的极端值；偏度小于 0 表示其数据分布形态与正态分布相比为负偏或左偏，即有一条长尾拖在左边，数据左端有较多的极端值。偏度的绝对值数值越大表示其分布形态的偏斜程度越大。

例如,分布可以具有许多小的正数和数个大的负值,这种情况是偏度为负,但仍然具有 0 的平均值,反之亦然(正偏度)。对称分布的偏度 0。正偏度分布中,平均值＞中值＞众数。负偏度刚好相反,平均值＜中位数＜众数。在一个完全对称的分布中,即偏度为 0,此时平均值＝中位数＝众数。

偏度的计算公式为

$$S_K = \frac{n}{(n-1)(n-2)} \frac{\sum_{i=1}^{n}(X_i - \mu)^3}{\sigma^3}$$

这里 n 是所有观测值的个数,μ 是平均值,σ 是标准差。

偏度的正负符号描述了数据分布的偏斜方向。

我们可以绘制一个正偏度和负偏度的分布,看看其形状。

对于单峰分布,负偏度通常表示尾部在左侧较大(长尾巴拖在左边),而正偏度表示尾部在右侧较大(长尾巴拖在右边)。

```
# 产生数据
xs2 = np.linspace(stats.lognorm.ppf(0.01, .7, loc = -.1), stats.lognorm.ppf(0.99, .7, loc = -.1), 150)
# 偏度＞0
lognormal = stats.lognorm.pdf(xs2, .7)
plt.plot(xs2, lognormal, label = 'Skew > 0')
# 偏度＜0
plt.plot(xs2, lognormal[::-1], label = 'Skew < 0')
plt.legend();
```

得到如图 7-2 所示的图形。

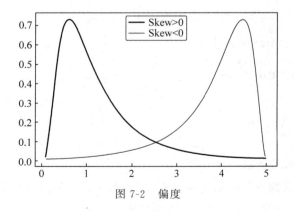

图 7-2　偏度

虽然在绘制离散数据集时,偏度不太明显,但我们仍然可以计算它。例如,下面是 2016—2018 年沪深 300 收益率的偏度,平均值和中位数。

```
# 注:本程序在 Bigquant 环境中运行。
start = '2016-01-01'
end = '2018-01-01'
```

```python
pricing = D.history_data('000300.SHA', start_date = start, end_date = end,)['close']
returns = pricing.pct_change()[1:]
print('Skew:', stats.skew(returns))
print('Mean:', np.mean(returns))
print('Median:', np.median(returns))
plt.hist(returns, 30);
```

得到如下结果：

```
Skew: -1.4877266883850098
Mean: 0.0003629975544754416
Median: 0.00079858303
```

或者脱离平台用如下代码：

```python
from scipy import stats
from pandas.core import datetools
import statsmodels.api as sm        # 统计相关的库
import numpy as np
import pandas as pd
import matplotlib.pyplot as plt
import tushare as ts                # 财经数据接口包 tushare
IndexData = ts.get_k_data(code = 'hs300', start = '2016-01-01', end = '2018-08-01')
IndexData.index = pd.to_datetime(IndexData.date)
close = IndexData.close
returns = np.log(close/close.shift(1))
returns = returns.dropna()
print('Skew:', stats.skew(returns))
print('Mean:', np.mean(returns))
print('Median:', np.median(returns))
```

得到如下结果：

```
Skew: -1.3247292107840505
Mean: -1.0580794278824292e-05
Median: 0.00069001574105427740
```

运行如下代码：

```python
plt.hist(returns, 30)
```

得到如图 7-3 所示的结果。

沪深 300 日收益率数据从图形上可以看出(但不是很明显)，尾巴是拖在了左侧，因此有点左偏，这和计算的偏度值 Skew=－1.49 为负刚好一致。

2. 峰度

峰度是描述总体中所有取值分布形态陡缓程度的统计量。这个统计量需要与正态分布相比较，峰度为 3 表示该总体数据分布与正态分布的陡缓程度相同；峰度大于 3 表示该总体数据分布与正态分布相比较为陡峭，为尖顶峰；峰度小于 3 表示该总体数据分布与正

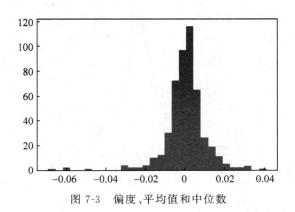

图 7-3 偏度、平均值和中位数

态分布相比较为平坦,为平顶峰。峰度的绝对值数值越大表示其分布形态的陡缓程度与正态分布的差异程度越大。

峰度的具体计算公式为

$$K = \frac{n(n+1)}{(n-1)(n-2)(n-3)} \frac{\sum_{i=1}^{n}(X_i - \mu)^4}{\sigma^4}$$

在 SciPy 中,使用峰度与正态分布峰度的差值来定义分布形态的陡缓程度——超额峰度,用 K_E 表示:

$$K_E = \frac{n(n+1)}{(n-1)(n-2)(n-3)} \frac{\sum_{i=1}^{n}(X_i - \mu)^4}{\sigma^4} - \frac{3(n-1)^2}{(n-2)(n-3)}$$

如果数据量很大,那么

$$K_E \approx \frac{1}{n} \frac{\sum_{i=1}^{n}(X_i - \mu)^4}{\sigma^4} - 3$$

```
plt.plot(xs,stats.laplace.pdf(xs), label = 'Leptokurtic')
print('尖峰的超额峰度:', (stats.laplace.stats(moments = 'k')))
plt.plot(xs, normal, label = 'Mesokurtic (normal)')
print('正态分布超额峰度:', (stats.norm.stats(moments = 'k')))
plt.plot(xs,stats.cosine.pdf(xs), label = 'Platykurtic')
print('平峰超额峰度:', (stats.cosine.stats(moments = 'k')))
plt.legend();
```

得到如下结果(见图 7-4):

尖峰的超额峰度: 3.0
正态分布超额峰度: 0.0
平峰超额峰度: - 0.5937628755982794

下面以沪深 300 为例,我们可以使用 SciPy 包来计算沪深 300 日收益率的超额峰度。

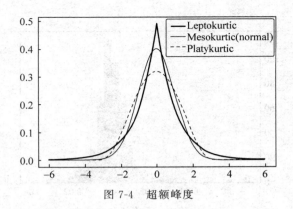

图 7-4 超额峰度

```
print("沪深 300 的超额峰度: ", stats.kurtosis(returns))
沪深 300 的超额峰度: 10.313874715180733
```

3. 使用 Jarque-Bera 进行正态检验

Jarque-Bera 检验是一个通用的统计检验,可以比较样本数据是否具有与正态分布一样的偏度和峰度。Jarque Bera 检验的零假设是数据服从正态分布。默认时 p 值为 0.05。

接着上面沪深 300 的例子我们来检验沪深 300 收益率数据是否服从正态分布。

```
from statsmodels.stats.stattools import jarque_bera
_, pvalue, _, _ = jarque_bera(returns)

if pvalue > 0.05:
    print('沪深 300 收益率数据服从正态分布.')
else:
    print('沪深 300 收益率数据并不服从正态分布.')
```

得到如下结果:

沪深 300 收益率数据并不服从正态分布.

7.5 异常数据处理

7.5.1 异常数据处理方法

异常值问题在数据分析中经常遇到,本节介绍了多种处理数据异常值的方法。

在金融数据分析中,常常会遇到一些值过大或者过小的情况,当用这些值来构造其他特征的时候,可能使得其他的特征也是异常点,这将严重影响对金融数据的分析,或者是影响模型的训练。下面我们学习一些关于异常点处理的常用方法。

1. 固定比例法

这种方法非常容易理解,我们把上下 2% 的值重新设置,若大于 99% 分位数的数值,则将其设置为99%分位数值,若低于1%分位数的数值,则将其重新设置为1%分位数值。

2. 均值标准差法

这种想法的思路来自于正态分布,假设 $X \sim N(\mu, \sigma^2)$,那么

$$P(|X-\mu|>k\sigma) = \begin{cases} 0.317, & k=1 \\ 0.046, & k=2 \\ 0.003, & k=3 \end{cases}$$

通常把三倍标准差之外的值都视为异常值,不过要注意的是样本均值和样本标准差都不是稳健统计量,其计算本身受极值的影响就非常大,所以可能会出现一种情况,那就是我们从数据分布图上能非常明显地看到异常点,但按照上面的计算方法,这个异常点可能仍在均值三倍标准差的范围内。因此按照这种方法剔除掉异常值后,需要重新观察数据的分布情况,看是否仍然存在显著异常点,若存在则继续重复上述步骤寻找异常点。

3. MAD 法

MAD 法是针对均值标准差方法的改进,把均值和标准差替换成稳健统计量,样本均值用样本中位数代替,样本标准差用样本 MAD(Median Absolute Deviation)代替:

$$\mathrm{md} = \mathrm{median}(x_i, i=1,2,\cdots,n)$$

$$\mathrm{MAD} = \mathrm{median}(|x_i - \mathrm{md}|, i=1,2,\cdots,n)$$

一般将偏离中位数三倍以上的数据作为异常值,和均值标准差法相比,其中位数和 MAD 不受异常值的影响。

4. BOXPLOT 法

我们知道箱线图上也会注明异常值,假设 Q_1 和 Q_3 分别为数据从小到大排列的 25% 和 75% 分位数,记 $\mathrm{IQR} = Q_1 - Q_3$,把

$$(-\infty, Q_1 - 3\mathrm{IQR}) \cup (Q_3 + 3\mathrm{IQR}, +\infty)$$

区间里的数据标识为异常点。分位数也是稳健统计量,因此 Boxplot 方法对极值不敏感,但如果样本数据正偏严重,且右尾分布明显偏厚时,Boxplot 方法会把过多的数据划分为异常数据,因此 Hubert & Vandervieren(2007)对原有 Boxplot 方法进行了偏度调整。首先样本偏度定义采用了 Brys(2004)提出的 MedCouple 方法。

$$\mathrm{md} = \mathrm{median}(x_i, i=1,2,\cdots,n)$$

$$\mathrm{mc} = \mathrm{median}\left(\frac{(x_i - \mathrm{md}) - (\mathrm{md} - x_j)}{x_i - x_j}, x_i \geqslant \mathrm{md}, x_j \leqslant \mathrm{md}\right)$$

然后给出了经偏度调整 boxplot 方法上下限:

$$L = \begin{cases} Q_1 - 1.5\exp(-3.5\mathrm{mc})\mathrm{IQR}, & \mathrm{mc} \geqslant 0 \\ Q_1 - 1.5\exp(-4\mathrm{mc})\mathrm{IQR}, & \mathrm{mc} < 0 \end{cases}$$

$$U = \begin{cases} Q_3 + 1.5\exp(4\text{mc})\text{IQR}, & \text{mc} \geqslant 0 \\ Q_3 + 1.5\exp(3.5\text{mc})\text{IQR}, & \text{mc} < 0 \end{cases}$$

7.5.2 异常数据的影响和识别

我们以 2017 年 4 月 21 日的 A 股所有股票的净资产收益率数据为例，这是一个横截面数据。

```
fields = ['fs_roe_0']
start_date = '2017 - 04 - 21'
end_date = '2017 - 04 - 21'
instruments = D.instruments(start_date, end_date)
roe = D.features(instruments, start_date, end_date, fields = fields)['fs_roe_0']
```

（1）描述性统计

```
print('均值:',roe.mean())
print('标准差:',roe.std())
roe.describe()
```

得到如下结果：

```
均值: 6.318794955342129
标准差: 21.524061060590586
count    2782.000000
mean        6.318795
std        21.524061
min      -190.077896
25 %        1.918450
50 %        5.625300
75 %       10.413725
max       949.800476
Name: fs_roe_0, dtype: float64
```

可以看出，接近 2800 家公司的股权收益率的平均值为 6.32，标准差为 21.52，最大值为 949.8，最小值为 -190.08。

（2）绘制直方图

```
roe.hist(bins = 100)
```

得到如图 7-5 所示的直方图。

7.5.3 四种异常值处理方法的应用

1. 固定比例法

```
roe = D.features(instruments, start_date, end_date, fields = fields)['fs_roe_0']
```

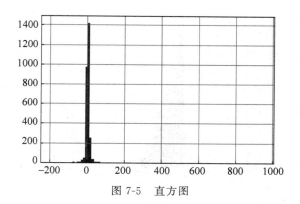

图 7-5　直方图

```
roe[roe >= roe.quantile(0.99)] = roe.quantile(0.99)
roe[roe <= roe.quantile(0.01)] = roe.quantile(0.01)
print('均值:',roe.mean())
print('标准差:',roe.std())
roe.hist(bins = 100)
均值: 6.284804923675365
标准差: 8.226735672980485
```

得到如图 7-6 所示的直方图。

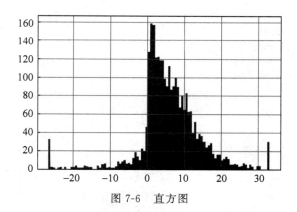

图 7-6　直方图

2．均值标准差方法

通常把 3 倍标准差之外的值都视为异常值，然后将这些异常值重新赋值。

```
roe = D.features(instruments, start_date, end_date, fields = fields)['fs_roe_0']
roe[roe >= roe.mean() + 3 * roe.std()] = roe.mean() + 3 * roe.std()
roe[roe <= roe.mean() - 3 * roe.std()] = roe.mean() - 3 * roe.std()
print('均值:',roe.mean())
print('标准差:',roe.std())
roe.hist(bins = 100)
均值: 6.377399763114386
标准差: 8.908700726872697
```

得到如图 7-7 所示的直方图。

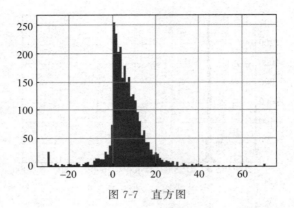

图 7-7 直方图

3. MAD 方法

```
roe = D.features(instruments, start_date, end_date, fields = fields)['fs_roe_0']
roe = roe.dropna()
median = np.median(list(roe))
MAD = np.mean(abs(roe) - median)
roe = roe[abs(roe - median)/MAD <= 6]    # 剔除偏离中位数 6 倍以上的数据
print('均值:', roe.mean())
print('标准差:', roe.std())
roe.hist(bins = 100)
均值: 6.377008957729898
标准差: 5.919701879745745
```

得到如图 7-8 所示的直方图。

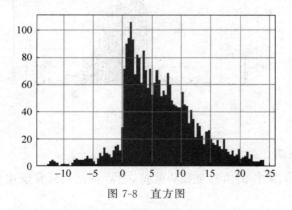

图 7-8 直方图

4. Boxplot 法

```
from statsmodels.stats.stattools import medcouple
roe = D.features(instruments, start_date, end_date, fields = fields)['fs_roe_0']
roe = roe.dropna()
def boxplot(data):
    # mc 可以使用 statsmodels 包中的 medcouple 函数直接进行计算
    mc = medcouple(data)
    data.sort()
```

```
        q1 = data[int(0.25 * len(data))]
        q3 = data[int(0.75 * len(data))]
        iqr = q3 - q1
        if mc >= 0:
            l = q1 - 1.5 * np.exp(-3.5 * mc) * iqr
            u = q3 + 1.5 * np.exp(4 * mc) * iqr
        else:
            l = q1 - 1.5 * np.exp(-4 * mc) * iqr
            u = q3 + 1.5 * np.exp(3.5 * mc) * iqr
        data = pd.Series(data)
        data[data < l] = l
        data[data > u] = u
        return data
print('均值',boxplot(list(roe)).mean())
print('标准差',boxplot(list(roe)).std())
boxplot(list(roe)).hist(bins = 100)
均值 6.730327574702665
标准差 7.026104852061193
```

得到如图 7-9 所示的直方图。

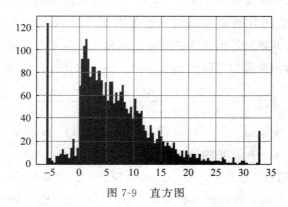

图 7-9　直方图

练　习　题

对本章例题的数据，使用 Python 重新操作一遍。

第 8 章

Python 相关分析与回归分析

8.1 Python 相关分析

1. 相关系数的概念

相关性经常用来度量两个变量的相关关系,本节将对相关系数做讨论。

诺贝尔经济学奖得主马科维茨曾说过"资产配置多元化是投资的唯一免费午餐"。投资中有句谚语,不要把鸡蛋放在一个篮子,实际上讲的就是选择相关性不高的资产进行配置。资产之间的相关性用什么指标衡量呢?著名统计学家卡尔·皮尔逊设计了统计指标——相关系数,相关系数就是用以反映变量之间相关关系密切程度的统计指标。

两个变量 X、Y 的相关系数可以用 ρ_{XY} 表示。ρ_{XY} 的计算公式为

$$\rho_{XY} = \frac{\mathrm{Cov}(X,Y)}{\sigma_X \sigma_Y} = \frac{E[(X-\mu_X)(Y-\mu_Y)]}{\sigma_X \sigma_Y}$$

其中,σ_X 表示 X 的标准差,σ_Y 表示 Y 的标准差,$\mathrm{Cov}(X,Y)$ 表示变量 X 与变量 Y 的协方差,μ_X 表示 X 的均值,μ_Y 表示 Y 的均值。

相关系数 ρ_{XY} 取值在 -1 到 1 之间,$\rho_{XY}=0$ 时,称 X,Y 不相关;$|\rho_{XY}|=1$ 时,称 X,Y 完全相关,此时,X,Y 之间具有线性函数关系;$|\rho_{XY}|<1$ 时,X 的变动引起 Y 的部分变动,$|\rho_{XY}|$ 的绝对值越大,X 的变动引起 Y 的变动就越大,$|\rho_{XY}|\geqslant 0.8$ 时称为高度相关,当 $|\rho_{XY}|<0.3$ 时称为低度相关,其他时候为中度相关。$\rho_{XY}>0$ 时,称其为正相关,$\rho_{XY}<0$ 时,称其为负相关。

2. 使用 Python 计算变量之间的相关系数和绘图

```
# 导入包
import numpy as np
import statsmodels.tsa.stattools as sts
import matplotlib.pyplot as plt
import pandas as pd
import seaborn as sns
import statsmodels.api as sm
```

1）生成随机变数并绘制图形

```
X = np.random.randn(1000)
Y = np.random.randn(1000)
plt.scatter(X,Y)
plt.show()
print("correlation of X and Y is ")
np.corrcoef(X,Y)[0,1]
```

可以得到如图 8-1 所示的图形和计算结果。

correlation of X and Y is
0.010505052938688659

可见,随机变量几乎不相关。

2）使用生成的相关序列,并加入正态分布的噪声

```
X = np.random.randn(1000)
Y = X + np.random.normal(0,0.1,1000)
plt.scatter(X,Y)
plt.show()
print("correlation of X and Y is ")
np.corrcoef(X,Y)[0,1]
```

可以得到如图 8-2 所示的图形和计算结果。

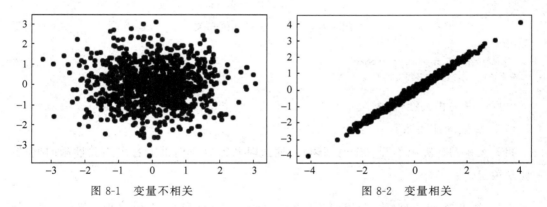

图 8-1 变量不相关　　　　　　　　图 8-2 变量相关

correlation of X and Y is
0.9946075329656785

3）实际数据相关的例子

我们探索两只股票相关关系,因为在金融市场上,对价格的分析较少,而对收益率的关注较多,因此相关性也是从收益率的角度来看。

```
# 计算两只股票的日收益率
# 中国铁建数据
Stock1 = D.history_data(["601186.SHA"],start_date = '2016 - 12 - 01',end_date = '2017 - 05 - 01',
fields = ['close'])['close'].pct_change()[1:]
# 中国中铁数据
```

```
Stock2 = D.history_data(["601390.SHA"], start_date = '2016 - 12 - 01', end_date = '2017 - 05 - 01',
fields = ['close'])['close'].pct_change()[1:]
plt.scatter(Stock1,Stock2)
plt.xlabel("601186.SHA daily return")
plt.ylabel("601390.SHA daily return")
plt.show()
print("the correlation for two stocks is: ")
Stock2.corr(Stock1)
```

可以得到如图 8-3 所示的图形和计算结果。

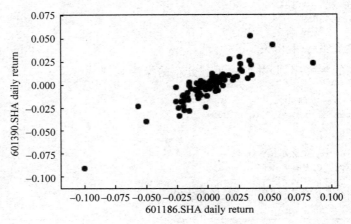

图 8-3　601390 与 601186 相关

```
the correlation for two stocks is:
0.85911029840323649
```

可见两者的相关性较大。

4）计算滚动相关系数

相关关系的计算离不开一个时间窗口，通过时间窗口我们也能看出相关性随时间的一个变动情况。

```
Stock1 = D.history_data(["601186.SHA"], start_date = '2010 - 01 - 01', end_date = '2017 - 05 - 01',
fields = ['close'])['close'].pct_change()[1:]
Stock2 = D.history_data(["601390.SHA"], start_date = '2010 - 01 - 01', end_date = '2017 - 05 - 01',
fields = ['close'])['close'].pct_change()[1:]
# 借助 Pandas 包计算滚动相关系数
rolling_corr = Stock1.rolling(60).corr(Stock2)
rolling_corr.index = D.trading_days(start_date = '2010 - 01 - 01', end_date = '2017 - 05 - 01').
date[1:]
plt.plot(rolling_corr)
plt.xlabel('Day')
plt.ylabel('60 - day Rolling Correlation')
plt.show()
```

得到如图 8-4 所示的图形。

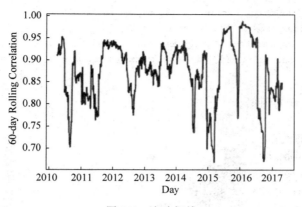

图 8-4 滚动相关

但是对于成百上千的股票,怎样才能找到高度相关的股票对?

```
# 我们以 10 只股票举例
instruments = D.instruments()[:10]
Stock_matrix = D.history_data(instruments,start_date='2016-01-01',end_date='2016-09-01',fields=['close'])
# 不用收盘价数据,而是用收益率数据
# 通过 pivot_table 函数将 Stock_matrix 整理成一个以股票日收益率为列的 df
Stock_matrix = pd.pivot_table(Stock_matrix,values='close',index=['date'],columns=['instrument']).apply(lambda x:x.pct_change())
Stock_matrix.head()
```

instrument date	000001.SZA	000002.SZA	000004.SZA	000005.SZA	000006.SZA	000007.SZA	000008.SZA	000009.SZA	000010.SZA	000011.SZA
2016-01-04	NaN	NaN	NaN	NaN	NaN	NaN	NaN	NaN	NaN	NaN
2016-01-05	0.006178	0.0	-0.063665	-0.015487	-0.032755	0.0	0.018850	-0.047030	-0.056044	-0.042081
2016-01-06	0.011404	0.0	0.012926	0.031461	0.025897	0.0	0.013876	0.036364	0.040745	0.022364
2016-01-07	-0.051171	0.0	-0.100051	-0.099129	-0.100000	0.0	-0.088504	-0.100251	-0.099553	-0.100000
2016-01-08	0.016453	0.0	0.006239	0.003628	0.009709	0.0	-0.002002	0.009749	0.001242	0.006944

```
# 相关系数矩阵
Stock_matrix.corr()
```

instrument instrument	000001.SZA	000002.SZA	000004.SZA	000005.SZA	000006.SZA	000007.SZA	000008.SZA	000009.SZA	000010.SZA	000011.SZA
000001.SZA	1.000000	0.018993	0.595322	0.600269	0.622749	0.027863	0.531736	0.657898	0.591505	0.458707
000002.SZA	0.018993	1.000000	0.000170	0.050937	0.138133	0.169131	0.026653	0.018328	0.054138	0.072238
000004.SZA	0.595322	0.000170	1.000000	0.597882	0.659429	-0.000203	0.528496	0.621535	0.642140	0.544813
000005.SZA	0.600269	0.050937	0.597882	1.000000	0.665327	0.060434	0.590306	0.681779	0.665582	0.568800
000006.SZA	0.622749	0.138133	0.659429	0.665327	1.000000	0.055961	0.507439	0.681861	0.670731	0.777092
000007.SZA	0.027863	0.169131	-0.000203	0.060434	0.055961	1.000000	0.054658	0.043501	0.032836	0.002523
000008.SZA	0.531736	0.026653	0.528496	0.590306	0.507439	0.054658	1.000000	0.554532	0.562442	0.421347
000009.SZA	0.657898	0.018328	0.621535	0.681779	0.681861	0.043501	0.554532	1.000000	0.672703	0.523347
000010.SZA	0.591505	0.054138	0.642140	0.665582	0.670731	0.032836	0.562442	0.672703	1.000000	0.591624
000011.SZA	0.458707	0.072238	0.544813	0.568800	0.777092	0.002523	0.421347	0.523347	0.591624	1.000000

5) 通过相关关系热力图可视化股票相关性

```
# 绘制相关系数热力图
```

```
mask = np.zeros_like(Stock_matrix.corr(), dtype = np.bool)
mask[np.triu_indices_from(mask)] = True
cmap = sns.diverging_palette(220, 10, as_cmap = True)
sns.heatmap(Stock_matrix.corr(), mask = mask, cmap = cmap)
plt.show()
```

得到如图 8-5 所示的图形。

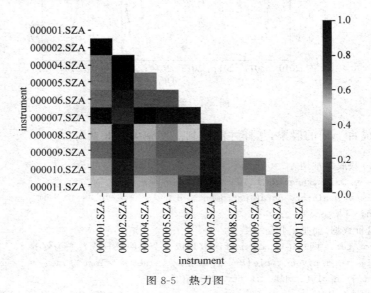

图 8-5　热力图

扫码看彩图

8.2　Python 一元线性回归分析的 Statsmodels 应用

1. 基本知识

一元线性回归模型的最大特点就是简单高效,本章将对线性回归做介绍。

线性回归是衡量两个变量之间线性关系的一种建模技术。如果我们有一个变量 X 和一个依赖变量 X 的变量 Y,则线性回归可以确定哪个线性模型 $Y=\alpha+\beta X$ 能够最好地解释数据。例如,我们考虑浦发银行和沪深 300 的价格指数,我们想知道浦发银行如何随着沪深 300 的变化而变化,因此我们可对这两个标的的日收益率进行回归。

Python 的 Statsmodels 库具有内置的线性回归功能。它将给出最能够拟合数据的一条直线,并且能够帮助我们决定该线性关系是否显著。线性回归的输出还包括一些有关模型的数值统计信息,如 R^2 和 F 值,可以帮助我们量化模型的实际的解释能力。

2. 一元线性回归的使用

```
# 导入库
import numpy as np
from statsmodels import regression
import statsmodels.api as sm
import matplotlib.pyplot as plt
```

```python
import math
# 编辑线性回归函数
def linreg(X,Y):
    # 运行线性回归
    X = sm.add_constant(X)
    model = regression.linear_model.OLS(Y, X).fit()
    a = model.params[0]
    b = model.params[1]
    X = X[:, 1]
    
    # 返回信息并绘图
    X2 = np.linspace(X.min(), X.max(), 100)
    Y_hat = X2 * b + a
    plt.scatter(X, Y, alpha = 0.3)              # 显示原始数据
    plt.plot(X2, Y_hat, 'r', alpha = 0.9);      # 添加拟合直线
    plt.xlabel('X Value')
    plt.ylabel('Y Value')
    return model.summary()
start_date = '2016-01-01'
end_date = '2017-04-11'
# 获取浦发银行的价格数据
asset = D.history_data('600000.SHA',start_date,end_date,fields=['close']).set_index('date')['close']
benchmark = D.history_data('000300.SHA',start_date,end_date,fields=['close']).set_index('date')['close']
# 通过价格数据计算收益率数据并删除第一个元素,因为其为缺失值
r_a = asset.pct_change()[1:]
r_b = benchmark.pct_change()[1:]
linreg(r_b.values, r_a.values)
```

Dep. Variable:	y	R-squared:	0.196
Model:	OLS	Adj. R-squared:	0.194
Method:	Least Squares	F-statistic:	74.53
Date:	Fri, 24 Sep 2021	Prob (F-statistic):	3.37e-16
Time:	08:14:52	Log-Likelihood:	967.26
No. Observations:	307	AIC:	-1931.
Df Residuals:	305	BIC:	-1923.
Df Model:	1		
Covariance Type:	nonrobust		

OLS Regression Results

	coef	std err	t	P>|t|	[0.025	0.975]
const	5.152e-05	0.001	0.087	0.931	-0.001	0.001
x1	0.4253	0.049	8.633	0.000	0.328	0.522

Omnibus:	91.263	Durbin-Watson:	1.880
Prob(Omnibus):	0.000	Jarque-Bera (JB):	4735.483
Skew:	-0.037	Prob(JB):	0.00
Kurtosis:	22.240	Cond. No.	83.0

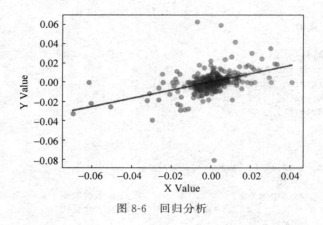

图 8-6 回归分析

上述图 8-6 中的每个点表示每一个交易日，X 坐标是沪深 300 的收益率，Y 坐标是浦发银行的收益率。我们可以看到，拟合度最好的线条告诉我们，沪深 300 收益每增加 1 个百分点，浦发银行会增加 0.42%。这由参数 β 表示，估计值为 0.4253。当然，对于收益下降，我们也会看到浦发银行的损失大约不到一半，所以我们看到，浦发银行比沪深 300 还要稳定。

3. 了解参数与估计值

非常重要的是，通过线性回归估计的 α 和 β 参数只是估计值。除非知道数据产生的真实过程，否则永远不会知道真实参数。今天得到的估计值和明天得到的估计值很可能不一样，即使使用相同的分析方法，真实参数可能也不断在变化。因此，在进行实际分析时关注参数估计的标准误差是非常重要的。关于标准误差的更多资料我们将在后文中介绍。了解估计值的稳定性的一种方法是使用滚动数据窗口来估计它们。

现在我们看看如果我们对两个随机变量进行回归会发生什么。

```
X = np.random.rand(100)
Y = np.random.rand(100)
linreg(X, Y)
```

Dep. Variable:	y	R-squared:	0.015
Model:	OLS	Adj. R-squared:	0.005
Method:	Least Squares	F-statistic:	1.541
Date:	Fri, 24 Sep 2021	Prob (F-statistic):	0.217
Time:	08:18:05	Log-Likelihood:	-22.857
No. Observations:	100	AIC:	49.71
Df Residuals:	98	BIC:	54.92
Df Model:	1		
Covariance Type:	nonrobust		

OLS Regression Results

	coef	std err	t	P>|t|	[0.025	0.975]
const	0.3867	0.060	6.407	0.000	0.267	0.507
x1	0.1270	0.102	1.241	0.217	-0.076	0.330

Omnibus:	79.939	Durbin-Watson:	2.163
Prob(Omnibus):	0.000	Jarque-Bera (JB):	8.171
Skew:	0.153	Prob(JB):	0.0168
Kurtosis:	1.633	Cond. No.	4.26

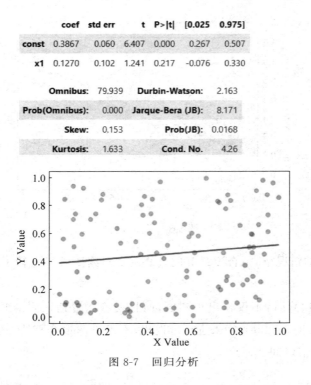

图 8-7 回归分析

图 8-7 显示了一个具有正态分布的云点。需要注意的是，即使有 100 个随机样本，拟合的直线依然具有可见的斜率。这就是为什么使用统计数据而不是可视化来验证结果的重要性。

现在，我们在 X 变量的基础上加随机噪声来构造变量 Y。

```
Y = X + 0.2 * np.random.randn(100)
linreg(X,Y)
```

Dep. Variable:	y	R-squared:	0.690
Model:	OLS	Adj. R-squared:	0.687
Method:	Least Squares	F-statistic:	218.5
Date:	Fri, 24 Sep 2021	Prob (F-statistic):	1.09e-26
Time:	08:20:08	Log-Likelihood:	17.219
No. Observations:	100	AIC:	-30.44
Df Residuals:	98	BIC:	-25.23
Df Model:	1		
Covariance Type:	nonrobust		

OLS Regression Results

	coef	std err	t	P>|t|	[0.025	0.975]
const	-0.0139	0.040	-0.343	0.732	-0.094	0.066
x1	1.0132	0.069	14.780	0.000	0.877	1.149

Omnibus:	1.608	Durbin-Watson:	1.838
Prob(Omnibus):	0.448	Jarque-Bera (JB):	1.664
Skew:	0.279	Prob(JB):	0.435
Kurtosis:	2.704	Cond. No.	4.26

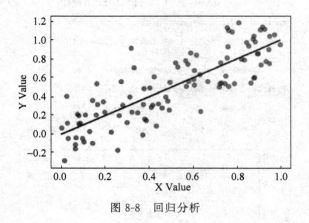

图 8-8 回归分析

在上述图 8-8 的情况下,拟合度最高的直线确实对因变量 Y 进行了很好的建模(因为具有较高的 R^2 值)。

基于模型进行预测时,不仅输出预测值,而且还输出置信区间通常是非常有用的。我们可以使用 Python 的 seaborn 库来进行可视化,不仅绘制拟合直线,还会突出显示拟合直线的 95%(默认)置信区间:

```
import seaborn
start_date = '2016-01-01'
end_date = '2017-05-08'
asset = D.history_data('600000.SHA',start_date,end_date,fields=['close']).set_index('date')['close']
benchmark = D.history_data('000300.SHA',start_date,end_date,fields=['close']).set_index('date')['close']
# 删除第一个元素(0th),因为其为缺失值
r_a = asset.pct_change()[1:]
r_b = benchmark.pct_change()[1:]
seaborn.regplot(r_b.values, r_a.values)
```

运行上述代码,得到如图 8-9 所示的图形。

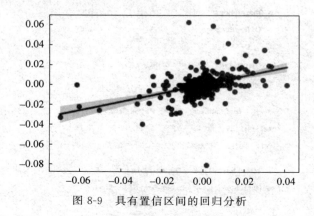

图 8-9 具有置信区间的回归分析

8.3 Python 多元线性回归分析

1. 基本理论

多元线性回归的实际应用比较普遍,本章将对其做相关介绍。

金融理论从资本资产定价模型(CAPM)发展到套利定价理论(APT),在数理统计方面就是从应用一元线性回归发展到应用多元线性回归。在实际运用中,多元线性回归比较普遍。

一元线性回归研究的是一个因变量和一个自变量的线性关系的模型,多元线性回归研究的是一个因变量和多个自变量的线性关系的模型。多元线性回归模型表示为

$$Y_i = \beta_0 + \beta_1 X_{1i} + \beta_2 X_{2i} + \cdots + \beta_K X_{Ki} + \mu_i$$

其中,$i = 1, 2, \cdots, n$,n 表示样本容量,K 表示自变量的个数。

与一元线性回归分析相同,其基本思想是根据普通最小二乘(OLS)原理,求解 $\beta_0, \beta_1, \beta_2, \cdots, \beta_K$ 使得全部观测值 Y_i 与回归值 $\hat{Y}_i$ 的残差平方和达到最小值,该方法旨在最小化预测和观测之间的平方误差,$\sum_{i=1}^{n} \hat{u}_i^2$ 平方项使得正的残差和负的残差同样被认为是糟糕,并且将其放大。残差平方和表示如下:

$$Q = \sum_{i=1}^{n}(Y_i - \hat{Y}_i)^2 = \sum_{i=1}^{n}(Y_i - (\hat{\beta}_0 + \hat{\beta}_1 X_{1i} + \cdots + \hat{\beta}_K X_{Ki}))^2$$

本章将介绍多元线性回归模型的相关理论和实际运用。

2. 多元线性回归的使用

```
import numpy as np
import pandas as pd
import statsmodels.api as sm
from statsmodels import regression
import matplotlib.pyplot as plt
Y = np.array([1, 3.5, 4, 8, 12])
Y_hat = np.array([1, 3, 5, 7, 9])

print('Error ' + str(Y_hat - Y))
# 计算残差平方
SE = (Y_hat - Y) ** 2
# 残差平方
print('Squared Error' + str(SE))
# 残差平方和
print('Sum Squared Error ' + str(np.sum(SE)))
Error [ 0.  -0.5  1.  -1.  -3.]
Squared Error[ 0.    0.25  1.    1.    9.  ]
Sum Squared Error 11.25
```

一旦我们使用多元线性回归来确定回归的系数,我们将能够使用 X 的新观察值来预测 Y 的值。

每个系数告诉我们,如果在保持所有其他因变量不变的情况下将 X_i 改变 1 个百分比,Y_i 将会改变多少。这使我们可以分离不同自变量变化导致因变量变化所产生的边际贡献。

```
# 我们首先构建一个我们知道精确关系的 Y,X1 和 X2
X1 = np.arange(100)
#   X2 = X1^2 + X1
X2 = np.array([i ** 2 for i in range(100)]) + X1
Y = X1 + X2

plt.plot(X1, label = 'X1')
plt.plot(X2, label = 'X2')
plt.plot(Y, label = 'Y')
plt.legend();
```

运行上述代码,得到如图 8-10 所示的结果。

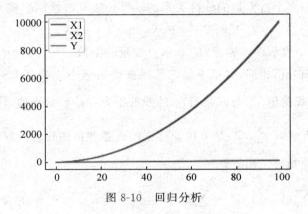

图 8-10　回归分析

```
# 使用 column_stack 连接 X1 和 X2 这两个变量,然后将单位向量作为截距项
X = sm.add_constant( np.column_stack( (X1, X2) ) )

# 运行回归模型
results = regression.linear_model.OLS(Y, X).fit()

print('Beta_0:', results.params[0])
print('Beta_1:', results.params[1])
print('Beta_2:', results.params[2])
Beta_0: 2.55795384874e-13
Beta_1: 1.0
Beta_2: 1.0
```

可以看出,X_1 的系数为 1,这是因为如果在保持 X_2 不变的情况下将 X_1 增加 1%,则 Y 也增加 1%。可以看出,多元线性回归能够分析不同变量的边际贡献。

如果我们使用一元线性回归来分析两个变量的关系,我们很可能会得到一个比较高的贝塔值,这样的分析是有失偏颇的,因此需要加入另外一个变量。请看下面的例子。

```
# 获得贵州茅台、中国平安、沪深 300 的数据
start_date = '2017-01-01'
end_date = '2018-01-01'

asset1 =   D.history_data('600519.SHA',start_date,end_date,fields = ['close']).set_index('date')
['close']
```

```
asset2    = D.history_data('000001.SZA',start_date,end_date,fields = ['close']).set_index('date')
['close']
benchmark = D.history_data('000300.SHA',start_date,end_date,fields = ['close']).set_index('date')
['close']
# First, run a linear regression on the two assets
slr = regression.linear_model.OLS(asset1, sm.add_constant(asset2)).fit()
print('SLR beta of asset2:', slr.params[1])
```

得到如下结果：

```
SLR beta of asset2: 3.92434836702
# 将 asset2 和 benchmark 两个变量都看成自变量，然后进行多元回归
mlr = regression.linear_model.OLS(asset1, sm.add_constant(np.column_stack((asset2,
benchmark)))).fit()

prediction = mlr.params[0] + mlr.params[1]*asset2 + mlr.params[2]*benchmark
prediction.name = 'Prediction'

print('MLR beta of asset2:', mlr.params[1], '\nMLR beta of 000300:', mlr.params[2])
```

得到如下结果：

```
MLR beta of asset2: -0.162039221282
MLR beta of 000300: 2.99864058519
```

可以看出，之前只是一元线性回归的时候获取了一个较高的 β（贝塔值）。

得到了分析结果以后，下一步我们看看是否可以相信结果。一个简单有效的方法就是将变量值和预测者绘制在图表进行观察。

```
asset1.name = 'asset1'
asset2.name = 'asset2'
benchmark.name = 'benchmark'
asset1.plot()
asset2.plot()
benchmark.plot()
prediction.plot(color = 'y')
plt.xlabel('Price')
plt.legend(bbox_to_anchor = (1,1), loc = 2);
```

运行上述代码，得到如图 8-11 所示的结果。

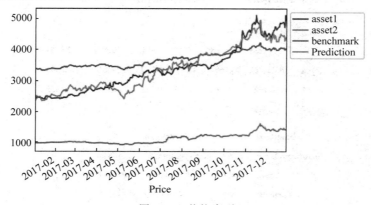

图 8-11　价格序列

扫码看彩图

```
# 只看观测值和预测值,可以看出预测的走势还是比较接近的
asset1.plot()
prediction.plot(color = 'y')
plt.xlabel('Price')
plt.legend();
```

运行上述代码,得到如图 8-12 所示的结果。

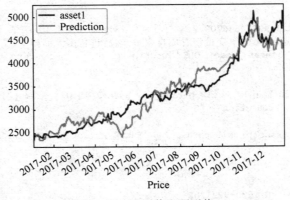

扫码看彩图

图 8-12　观测值和预测值

我们可以从回归返回的结果中得到详细统计信息：

```
mlr.summary()
```

Dep. Variable:	asset1	R-squared:	0.902
Model:	OLS	Adj. R-squared:	0.902
Method:	Least Squares	F-statistic:	1114.
Date:	Fri, 24 Sep 2021	Prob (F-statistic):	1.72e-122
Time:	08:24:33	Log-Likelihood:	-1678.7
No. Observations:	244	AIC:	3363.
Df Residuals:	241	BIC:	3374.
Df Model:	2		
Covariance Type:	nonrobust		

OLS Regression Results

	coef	std err	t	P>|t|	[0.025	0.975]
const	-7455.8703	410.694	-18.154	0.000	-8264.878	-6646.863
x1	-0.1620	0.266	-0.610	0.543	-0.686	0.362
x2	2.9986	0.184	16.306	0.000	2.636	3.361

Omnibus:	10.957	Durbin-Watson:	0.109
Prob(Omnibus):	0.004	Jarque-Bera (JB):	10.489
Skew:	0.456	Prob(JB):	0.00528
Kurtosis:	2.553	Cond. No.	1.04e+05

3. 如何选择模型

当我们决定应该包括哪些自变量的最佳模型时，有几种不同的方法来确定。如果使用太多的自变量，可能会增加模型过拟合的风险，但如果使用得太少，可能会欠拟合。决定最佳模型的一个常用方法是逐步回归。前向逐步回归从空模型开始，并测试每个变量，选择可以形成最佳模型的变量，通常用 AIC 或 BIC 判定（该值越低越好）。然后，依次添加一个其余变量，在回归中测试每个随后的变量组合，并在每个步骤中计算 AIC 或 BIC 值。在回归结束时，选择具有 AIC 最低的模型，并将其确定为最终模型。但这确实也有局限性。它不能测试所有变量中的每一个全部可能的组合，因此如果在逐步回归提前删除了某个特定的变量，那么最终模型可能不是理论最佳模型。因此，逐步回归应结合对模型变量的初始判断。

```python
X1 = np.arange(100)
X2 = [i**2 for i in range(100)] - X1
X3 = [np.log(i) for i in range(1, 101)] + X2
X4 = 5 * X1
Y = 2 * X1 + 0.5 * X2 + 10 * X3 + X4
plt.plot(X1, label = 'X1')
plt.plot(X2, label = 'X2')
plt.plot(X3, label = 'X3')
plt.plot(X4, label = 'X4')
plt.plot(Y, label = 'Y')
plt.legend();

results = regression.linear_model.OLS(Y, sm.add_constant(np.column_stack((X1, X2, X3, X4)))).fit()

print("Beta_0: ", results.params[0])
print("Beta_1: ", results.params[1])
print("Beta_2: ", results.params[2])
print("Beta_3: ", results.params[3])
print("Beta_4: ", results.params[4])
```

得到如下结果和图 8-13 所示的图形。

```
Beta_0:   -6.36646291241e-12
Beta_1:   0.269230769231
Beta_2:   0.499999999994
Beta_3:   10.0
Beta_4:   1.34615384615
```

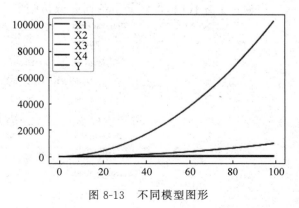

图 8-13　不同模型图形

```python
data = pd.DataFrame(np.column_stack((X1,X2,X3,X4)), columns = ['X1','X2','X3','X4'])
response = pd.Series(Y, name = 'Y')
# 逐步回归
def forward_aic(response, data):
```

```python
# This function will work with pandas dataframes and series

# Initialize some variables
explanatory = list(data.columns)
selected = pd.Series(np.ones(data.shape[0]), name = "Intercept")
current_score, best_new_score = np.inf, np.inf

# Loop while we haven't found a better model
while current_score == best_new_score and len(explanatory) != 0:
    
    scores_with_elements = []
    count = 0
    # For each explanatory variable
    for element in explanatory:
        # Make a set of explanatory variables including our current best and the new one
        tmp = pd.concat([selected, data[element]], axis = 1)
        # Test the set
        result = regression.linear_model.OLS(Y, tmp).fit()
        score = result.aic
        scores_with_elements.append((score, element, count))
        count += 1
    
    # Sort the scoring list
    scores_with_elements.sort(reverse = True)
    # Get the best new variable
    best_new_score, best_element, index = scores_with_elements.pop()
    if current_score > best_new_score:
        # If it's better than the best add it to the set
        explanatory.pop(index)
        selected = pd.concat([selected, data[best_element]], axis = 1)
        current_score = best_new_score
# Return the final model
model = regression.linear_model.OLS(Y, selected).fit()
return model
result = forward_aic(Y, data)
result.summary()
```

运行上述代码,得到如下的回归分析结果。

Dep. Variable:	y	R-squared:	1.000
Model:	OLS	Adj. R-squared:	1.000
Method:	Least Squares	F-statistic:	1.962e+27
Date:	Fri, 24 Sep 2021	Prob (F-statistic):	0.00
Time:	08:26:32	Log-Likelihood:	1793.1
No. Observations:	100	AIC:	-3578.
Df Residuals:	96	BIC:	-3568.
Df Model:	3		
Covariance Type:	nonrobust		

OLS Regression Results

	coef	std err	t	P>|t|	[0.025	0.975]
Intercept	-4.547e-12	2.78e-09	-0.002	0.999	-5.53e-09	5.52e-09
X3	10.0000	1.68e-09	5.94e+09	0.000	10.000	10.000
X4	1.4000	2.68e-11	5.23e+10	0.000	1.400	1.400
X2	0.5000	1.68e-09	2.97e+08	0.000	0.500	0.500

Omnibus:	13.911	Durbin-Watson:	0.001
Prob(Omnibus):	0.001	Jarque-Bera (JB):	10.066
Skew:	-0.654	Prob(JB):	0.00652
Kurtosis:	2.161	Cond. No.	5.48e+04

在模型的构建中,从图 8-13 中可以很明显地看到变量 X4 与变量 X1 密切相关,只是将其乘以一个标量而已。这里逐步回归的方法捕捉到了这个信息,因此这显示出逐步回归的作用。

还有其他方法来诊断模型,比如给予更复杂模型的不同程度的惩罚。

练 习 题

现代投资分析的特征线涉及如下回归方程:$r_t = \beta_0 + \beta_1 r_{mt} + \mu_t$;其中:$r$ 表示股票或债券的收益率;r_m 表示有价证券的收益率(用市场指数表示,如标准普尔 500 指数);t 表示时间。在投资分析中,β_1 被称为债券的安全系数 β,是用来度量市场的风险程度的,即市场的发展对公司的财产有何影响。依据 1956—1976 年间 240 个月的数据,Fogler 和 Ganpathy 得到 IBM 股票的回归方程;市场指数是在芝加哥大学建立的市场有价证券指数:

$$\hat{r}_t = 0.7264 + 1.0568 r_{mt} \quad r^2 = 0.4710$$
$$(0.3001) \quad (0.0728)$$

要求:(1)解释回归参数的意义;(2)如何解释 r^2?(3)安全系数 $\beta > 1$ 的证券称为不稳定证券,建立适当的零假设及备选假设,并用 t 检验进行检验($\alpha = 5\%$)。

第3篇

Python金融时间序列分析

第9章　Python金融时间序列的自相关性与平稳性
第10章　Python金融时间序列分析的ARIMA模型
第11章　Python金融时间序列分析的ARCH与GARCH模型

第 9 章

Python 金融时间序列的自相关性与平稳性

9.1 引　言

金融数据主要分为时间序列(时间维度)数据、横截面(个体维度)数据和面板(时间＋截面)数据。比如上证综指 2019 年 1 月至今的日收盘价数据就是时间序列,而 2019 年 8 月 12 日所有 A 股收盘价数据则是横截面数据,2018—2019 年 3000 多只个股收盘价数据便是面板数据。金融时间序列分析是量化投资建模的重要基础。本章介绍时间序列的一些基础概念,包括自相关性、偏自相关性、白噪声和平稳性,以及 Python 的简单实现,为后续关于时间序列建模专题做一个铺垫。Python 中的 Statsmodels 包提供了强大的统计和计量建模函数,其中子模块 TSA(time series analysis)专门用于时间序列分析,如图 9-1 所示。

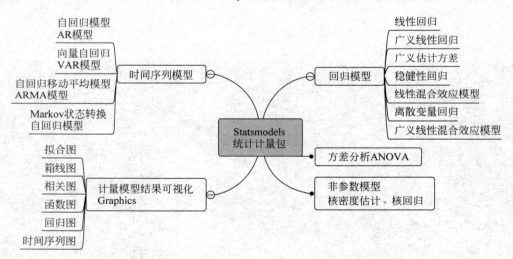

图 9-1　Statsmodels 包提供了强大的统计和计量建模函数

9.2　自相关性

相关性一般是指两个变量之间的统计关联性,那么自相关性则是指一个时间序列的两个不同时间点的变量是否相关联。时间序列具有自相关性是我们能够进行分析的前提,若时间序列的自相关性为 0，也就是说各个时点的变量不相互关联，那么未来与现在和过去就没有联系，根据过去信息来推测未来就变得毫无根据。时间序列的自相关性一般用时间序列的自协方差函数、自相关系数函数和偏自相关系数函数等统计量来衡量。

1. 自协方差函数

自协方差（autocovariance，AF）是时间序列与其滞后项的协方差，假设 X 为随机变量（即随着时间变化取值随机的变量，比如股票价格），则 k 阶自协方差使用数学公式表示为

$$\mathrm{AF}_k = E[(X_t - \mu_t)(X_{t-k} - \mu_{t-k})] = \mathrm{Cov}(X_t, X_{t-k}), \quad k = 0, 1, 2, \cdots$$

其中，E 表示求数学期望，μ 是随机变量 X 的均值，当 $k = 0$ 时，可得

$$\mathrm{AF}_0 = E[(X_t - \mu_t)^2]$$

即为随机变量 X 的方差。

2. 自相关函数

自协方差跟变量的单位有很大关系，比如 X 放大 10 倍，则自协方差将放大 100 倍，因此其值大小并不能反映相关性的大小。为了消除量纲（单位）的影响，使用自相关系数来刻画变量与其滞后项的相关性。自相关系数（autocorrelation coefficient，ACF）本质是相关系数，等于自协方差除以方差，k 阶自相关系数可以表示为

$$\mathrm{ACF}_k = \frac{\mathrm{Cov}(X_t, X_{t-k})}{\mathrm{Var}(X_t)}$$

上过高中数学的都知道协方差和相关系数的含义，从统计上描述两个不同变量的相互影响关系（非因果），那么自协方差和自相关系数则是刻画同一个变量在不同时期取值的相关程度，比如描述上证综指过去价格对今天价格的影响。

3. 偏自相关函数

假设对于上证综指价格序列，一阶自相关系数大于 0，说明今天的价格与昨天的价格相关，而昨天价格又与前一日价格相关，依此类推，当计算今天与昨天价格之间的自相关系数时，同时包含了之前更早各期的信息对今天的间接影响，度量的是过去所有信息加总的影响效果。为了剔除其他各期的影响，单纯考察过去某一期对今天的影响，引入偏自相关函数（partial autocorrelation coefficient，PACF），即条件自相关系数，用数学公式表示为

$$\mathrm{PACF}_k = \mathrm{Corr}(X_t - X_{t-k} \mid X_{t-1}, X_{t-2}, \cdots, X_{t-k+1})$$

偏自相关函数可以通过自回归模型（后续关于时间序列建模会进一步分析）来表述和求解，用 ϕ_{kj} 表示 k 阶自回归式中第 j 个回归系数，则 k 阶自回归模型表示为

$$X_t = \phi_{k1} X_{t-1} + \phi_{k2} X_{t-2} + \cdots + \phi_{kk} X_{t-k} + \mu_t$$

其中 ϕ_{kk} 为最后一个系数。若把 ϕ_{kk} 看作滞后期 k 的函数，则称 $\phi_{kk}, k = 1, 2 \cdots$ 为偏自相关函数。

自相关系数和偏自相关系数越大，说明过去对现在的影响越大。

4. Python 计算自相关和偏自相关系数

Python 的 Pandas 库提供了计算基本统计量的函数，包括均值 df.mean()，协方差 df.cov()，相关系数 df.corr()，方差 df.var()（或标准差 df.std()）等，其中 df 为数据列表；而自相关系数和偏自相关系数的计算则要用到 Statsmodels 库（acf()和 pacf()）。Statsmodels 这是一个很强大的统计数理模型库，在后面的时间序列分析与建模中会进一步介绍相关函数及其运用。

```python
import pandas as pd
import numpy as np
import matplotlib.pyplot as plt
import matplotlib as mpl
% matplotlib inline

# 正常显示画图时出现的中文和负号
from pylab import mpl
mpl.rcParams['font.sans-serif'] = ['SimHei']
mpl.rcParams['axes.unicode_minus'] = False
# 获取沪深 300 指数 2005-4-8 至今的收盘价格
# 导入沪深 300 指数数据
df = pd.read_excel('F:/2glkx/000300.xls')
df.head()
# 设置时间作为索引
df = df.set_index(df['Date'])
ret = np.log(df.Close/df.Close.shift(1))
df = ret.dropna()
```

计算自相关和偏自相关系数：

```python
import statsmodels.tsa.api as smt
# tsa 是 Time Series analysis 缩写
# tsa 的 stattools(统计工具)提供了计算 acf 和 pacf 以及后面要用到的 adfuller 单位根检验函数
# 使用 help(smt.stattools.acf)可以查看相关参数设置
# 计算自相关系数，这里设置滞后项为 5 期，默认是 40 期滞后
acf = smt.stattools.acf(df,nlags = 5)
# 计算偏自相关系数
pacf = smt.stattools.pacf(df,nlags = 5)
print(f'自相关系数为:{acf};\n偏自相关系数为:{pacf}')
```

输出结果：

```
自相关系数为:[ 1.         0.03021791 -0.02831435  0.02336933  0.06980198  0.00606237];
偏自相关系数为:[ 1.         0.03022838 -0.02927449  0.02520473  0.0677029   0.00325056]
```

自相关系数和偏自相关系数可视化：

```python
def acf_pacf_plot(data, lags = None):
    # 判断是否为 pandas 的 Series 格式数据
    if not isinstance(data, pd.Series):
        data = pd.Series(data)
    # 设定画面风格,这里设置为'bmh', colspan = 2
    with plt.style.context('bmh'):
        fig = plt.figure(figsize = (10, 8))
```

```
    #设置子图
        layout = (3,1)
        ts_ax = plt.subplot2grid(layout, (0, 0))
        acf_ax = plt.subplot2grid(layout, (1, 0))
        pacf_ax = plt.subplot2grid(layout, (2, 0))
        data.plot(ax = ts_ax)
        ts_ax.set_title('时间序列图')
        smt.graphics.plot_acf(data, lags = lags, ax = acf_ax, alpha = 0.5)
        acf_ax.set_title('自相关系数')
        smt.graphics.plot_pacf(data, lags = lags, ax = pacf_ax, alpha = 0.5)
        pacf_ax.set_title('偏自相关系数')
        plt.tight_layout()
    return
#设置20阶滞后期
acf_pacf_plot(df,lags = 20)
```

输出结果：如图 9-2 所示。

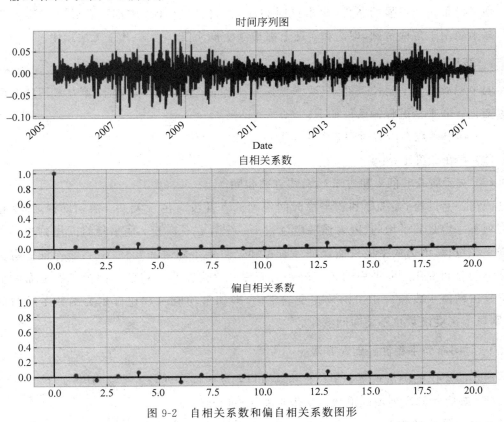

图 9-2 自相关系数和偏自相关系数图形

9.3 平 稳 性

时间序列分析的主要目的是利用事物特征变量的历史和现状来推测未来可能出现的状况，即假设时间序列的基本特性必须能从过去维持到我们推测的时期，否则，基于历史和现状来预测未来将变得不可靠。时间序列的平稳性,简单理解是时间序列的基本特性维持不变,换句话说,所谓平稳性就是要求由样本时间序列所得到的曲线在未来的一段时期内仍能沿着现有的形态持续下去。金融领域很多变量之所以难以估计,是因为这些变量经常发生突变,不是平稳的时间序列。时间序列的平稳性是经典时间序列分析的基本假设前提,只有基于平稳的时间序列进行的预测才是有效的。平稳性有强平稳和弱平稳之分,一般所说的平稳时间序列指的是弱平稳时间序列。

1. 强平稳(strictly stationary)

强平稳要求时间序列随着时间的推移,其统计性质保持不变,对于任意的 τ,其联合概率密度函数满足:$F_{t1,t2,\cdots,tm}(x_1,x_2,\cdots,x_m)=F_{t1+\tau,t2+\tau,\cdots,tm+\tau}(x_1,x_2,\cdots,x_m)$,则时间序列是强平稳的。

强平稳是一个很强的条件,要求该时间序列的任何统计性质都不会随着时间发生变化。强平稳由于条件苛刻,理论和实证上都难以检验,因此现实中几乎无法运用。

2. 弱平稳(weakly stationary)

弱平稳放宽了平稳性条件,只要求低阶矩平稳,即数学期望(均值)和方差不随时间和位置变化。弱平稳过程的条件如下:

(1) 均值函数在所有时间上恒为常数;

(2) 存在二阶矩;

(3) 对于所有时间 t 和时滞 k,自协方差相同。

值得注意的是,强平稳和弱平稳时间序列二者并没有包含关系。换句话说,强平稳时间序列不一定是弱平稳的,因为强平稳过程不一定存在二阶矩;弱平稳时间序列也不一定是强平稳过程,因为弱平稳只能保证一阶矩和二阶矩不随时间变化,但不能保证其有穷维分布不随时间变化。弱平稳的正态分布时间序列必定是强平稳的。因为正态分布的概率密度是由均值函数和自相关函数完全确定的,即如果均值函数和自相关函数不随时间变化,则概率密度函数也不随时间变化。

3. 时间序列平稳性的判断方法

通过时序图的图形观察和单位根检验可以判断时间序列是否平稳,具体如下。

(1) 观察时间序列图的形状来初步判断其平稳性

根据弱平稳的定义,时间序列的均值和方差为常数,因此其时序图应该围绕某一水平线上下以大致相同的幅度波动。如果该时序图存在明显递增、递减或周期性波动,则该时间序列很可能是不平稳的。

(2) 观察序列的自相关和偏自相关函数图。对于平稳时间序列而言,其自相关或偏自相关系数一般会快速减小至 0 附近或者在某一阶后变为 0,而非平稳的时间序列的自相关系数一般是缓慢下降而不是快速减小。

(3) 单位根检验。通过观察时序图、自相关和偏自相关图来判断时间序列平稳性,可能出现因观察者对图形的判断不同而得出不同的结论,为了更加客观地考察时间序列的平稳性,引入统计检验方法,即单位根检验。常见的单位根检验方法有 DF 检验(Dickey-Fuller test)、ADF 检验(Augmented Dickey-Fuller Test)和 PP 检验(Phillips-Perron test)。关于单位根检验和 DF、ADF、PP 检验的公式原理此处不详细展开,可参考本科计量经济学教材的时间序列分析部分。

9.4 白噪声和随机游走

白噪声过程也叫纯随机序列,是指随机过程在任意时点 t 的变的均值和协方差均为 0,而方差为一常数,即满足下面的数学条件:

均值 $E(X_t)=0$,方差 $\text{Var}(X_t)=\sigma^2$,协方差 $\text{ACF}_k=0, k>0$。

白噪声序列的均值和方差为常数,间隔大于 0 的自协方差都恒等于 0,因此是平稳的时间序列。如果白噪声过程中各变量独立并且都服从正态分布,则该序列为高斯白噪声过程(Gussian white noise)。高斯白噪声序列是强平稳的时间序列,并且各期之间不仅不相关还相互独立。

如果一个时间序列满足高斯白噪声过程,则无法根据过去信息来预测未来。比如非平稳时间序列:

$$x_t = x_{t-1} + \varepsilon_t, \quad \text{其中} \quad x_0=0, \varepsilon_t \sim N(0, \sigma_\varepsilon^2)$$

这里的随机扰动是服从正态分布的纯随机序列,即为纯随机变量的加总,所以被称为随机游走过程(random walk)。根据有效市场假说原理,股票价格是随机游走的,因此是无法被预测的。

白噪声检验(Ljung-Box 检验):

如果一个时间序列是纯随机游走的,意味着它的每一次新的变化都无迹可寻,无法从中捕捉对预测有用的信息。换句话说,纯随机时间序列是没有分析和预测的价值的。那么如何检验和判断一个时间序列是否为纯随机序列呢?一般可用 Ljung-Box 检验方法(简称 LB 检验)进行统计检验,检验的统计量为 Q 统计量

$$Q(m) = n(n+2) \sum_{i=1}^{m} \frac{\rho_k^2}{n-k} \sim \chi_m^2$$

其中,ρ_k^2 是序列的 k 阶自相关系数,n 是整个序列中的观测值个数,m 是滞后阶数。当序列存在自相关时,其自相关系数较大,对应的 $Q(m)$ 也较大,相反,当序列为随机序列、无自相关时,序列的自相关系数不会显著地异于 0,则 $Q(m)$ 会很小。检验一个时间序列在 m 阶内是否为白噪声,只有当 $Q(1), Q(2), \cdots, Q(m)$ 这 m 个 Q 统计量均小于对应的 χ^2 分布的临界值时,才能说明该序列在所检验的 m 阶内是纯随机的。在实际应用中,LB 检验的原假设

为所检验序列是纯随机序列,当 LB 检验统计量对应的 p 值大于所设定的显著性水平(如 5%,1%,0.5%等)时,接受原假设,认为所检验序列为白噪声序列,反之拒绝原假设,认为序列是非白噪声序列。

9.5　Python 模拟白噪声和平稳性检验

```python
# 引入 statsmodels 和 scipy.stats 用于画 QQ 和 PP 图
import scipy.stats as scs
import statsmodels.api as sm
def ts_plot(data, lags = None, title = ''):
    if not isinstance(data, pd.Series):
        data = pd.Series(data)
    with plt.style.context('bmh'):
        fig = plt.figure(figsize = (10, 8))
        layout = (3, 2)
        ts_ax = plt.subplot2grid(layout, (0, 0))
        acf_ax = plt.subplot2grid(layout, (1, 0))
        pacf_ax = plt.subplot2grid(layout, (1, 1))
        qq_ax = plt.subplot2grid(layout, (2, 0))
        pp_ax = plt.subplot2grid(layout, (2, 1))

        data.plot(ax = ts_ax)
        ts_ax.set_title(title + '时序图')
        smt.graphics.plot_acf(data, lags = lags, ax = acf_ax, alpha = 0.5)
        acf_ax.set_title('自相关系数')
        smt.graphics.plot_pacf(data, lags = lags, ax = pacf_ax, alpha = 0.5)
        pacf_ax.set_title('偏自相关系数')
        sm.qqplot(data, line = 's', ax = qq_ax)
        qq_ax.set_title('QQ 图')
        scs.probplot(data, sparams = (data.mean(), data.std()), plot = pp_ax)
        pp_ax.set_title('PP 图')
        plt.tight_layout()
    return
# Q-Q 图的结果与 P-P 图非常相似,只是 P-P 图是用分布的累计比,而 Q-Q 图用的是分布的分位数来做检验
# 和 P-P 图一样,如果数据为正态分布,则在 Q-Q 正态分布图中,数据点应基本在图中对角线上
```

1. 模拟白噪声过程

```python
# 使用 numpy 简单模拟白噪声过程
np.random.seed(1)
# plot of discrete white noise
```

```
randser = np.random.normal(size = 500)
ts_plot(randser, lags = 30,title = '白噪声')
```

输出结果如图 9-3 所示。

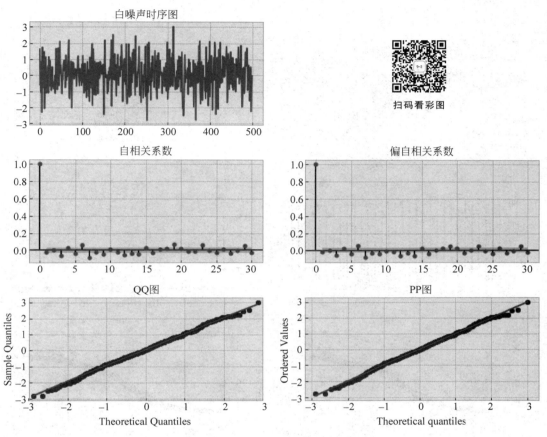

图 9-3 白噪声时序、自相关系数、偏自相关系数、QQ 图、PP 图

从图 9-3 中,可以看到过程是随机且在 0 附近波动。ACF 和 PACF 显示没有明显的序列相关。要记住,由于是正态分布采样的结果,我们应该在自相关图中看到大约 5% 的显著性。最下面,QQ 图和概率图是比较数据的概率分布和其他理论的分布。在这里,理论分布是标准正态分布,因此我们的数据是正态分布,符合高斯白噪声。随机游走:随机游走是时间序列 x_t 的模型:$x_t = x_{t-1} + w_t$,w_t 是离散的白噪声序列。随机游走是不平稳的,因为协方差是和时间相关的。如果我们建模的时间序列是随机游走的,那么它是不可预测的。

2. 模拟随机游走过程

```
# 从标准正态分布采样模拟一个随机游走
np.random.seed(2)
n_samples = 1000
```

```
x = w = np.random.normal(size = n_samples)
for t in range(1,n_samples):
    x[t] = x[t-1] + w[t]
ts_plot(x, lags = 30,title = '随机游走')
```

输出结果如图 9-4 所示。

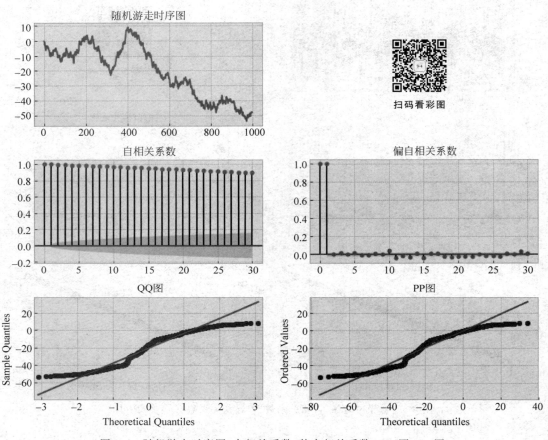

图 9-4　随机游走时序图、自相关系数、偏自相关系数、QQ 图、PP 图

图 9-4 中明显看出序列是不平稳的。随机游走模型是 $x_t = x_{t-1} + w_t$，移项可以得到 $x_t - x_{t-1} = w_t$。因此，随机游走的一阶差分应该等于白噪声，可以对时间序列使用 np.diff() 函数看它是否成立。

```
# First difference of simulated Random Walk series
ts_plot(np.diff(x), lags = 30)
```

输出结果：如图 9-5 所示。

由图 9-5 可见，x 的一阶差分序列是平稳的时间序列。

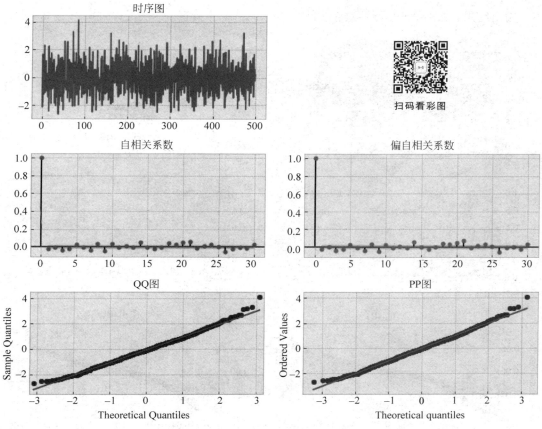

图 9-5 白噪声时序、自相关系数、偏自相关系数、QQ 图、PP 图

9.6 沪深 300 近三年来数据的平稳性检验分析

```
# 沪深 300 价格数据
import pandas as pd
import numpy as np
df = pd.read_excel('F:/2glkx/000300.xls')
df.head()
# 设置时间作为索引
df = df.set_index(df['Date'])
data = pd.DataFrame(df,columns = ['Close'])
# 对数收益率
data['logret'] = np.log(data.Close/data.Close.shift(1))
# 普通收益率
data['ret'] = data.Close/data.Close.shift(1) - 1
data = data.dropna()
```

观察图形判断平稳性：

```
# 沪深 300 股价的平稳性
# 观察时序图
ts_plot(data.Close,lags = 30,title = '沪深 300 股价')
```

输出结果：如图 9-6 所示。

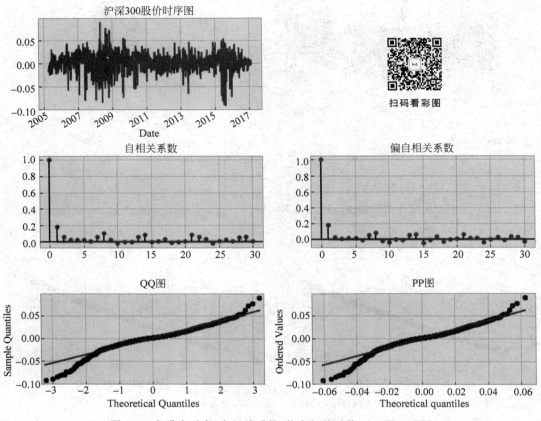

图 9-6　白噪声时序、自相关系数、偏自相关系数、QQ 图、PP 图

图 9-6 显示，沪深 300 股价走势存在明显递增、递减或周期性波动，该时间序列很可能是不平稳的；自相关系数呈现缓慢减小过程，而偏自相关系数一阶等于 1，然后迅速减小，由此可以初步判断其价格不符合平稳性时间序列特征。此外，从 QQ 图和 PP 图（二者类似）上不难看出，沪深 300 价格时间序列不符合正态分布。

```
# 沪深 300 收益率,对数收益率与算术收益率差异不是很大
ts_plot(data.logret,lags = 30,title = '沪深 300 收益率')
```

输出结果如图 9-7 所示。

沪深 300 对数收益率时序图围绕某一水平线上下以大致相同的幅度波动，比较像白噪声过程，而自相关与偏自相关系数快速减小至 0 附近或在某一阶后变为 0，从图形上观察应该是平稳过程。从图 9-7 的 QQ 图和概率图上看，该过程很像标准正态分布但是存在厚尾，并且在 ACF 和 PACF 图上有一些重要的序列相关性，这意味着应该有更好的模型去描述真实的价格变化过程，为后面时间序列建模设下铺垫。

单位根检验：

第 9 章　Python 金融时间序列的自相关性与平稳性

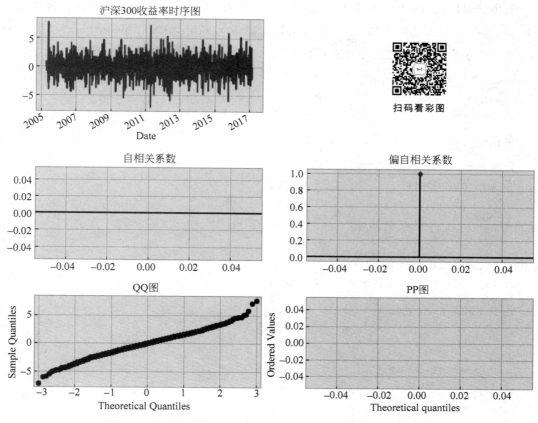

图 9-7　白噪声时序、自相关系数、偏自相关系数、QQ 图、PP 图

图形观察方式很直观,但也很主观,不同的人对相同的图形,可能得出不同的结论。因此需要一个更加客观的统计方法来检验时间序列的平稳性,即单位根检验,常见的单位根检验方法有 DF 检验、ADF 检验和 PP 检验,下面主要介绍如何使用 Python 进行 ADF 单位根检验。

```
#statsmodel 和 arch 包都提供了 adf 检验的函数
#statsmodel 也提供了多种方式使用 adfulle 单位根检验函数
#这些方法得到的结果是一致的
#使用 stats 子模块中 diagnostic(模型诊断)单位根检验 unitroot_adf
from statsmodels.stats.diagnostic import unitroot_adf
unitroot_adf(data.Close)
```

输出结果:

```
(-8.542102936373942,
 9.720518105230343e-14,
 14,
 1453,
 {'1%': -3.434858527373781,
  '10%': -2.567830105465636,
  '5%': -2.8635312133080046},
 -7432.770213212654)
```

输出结果依次为检验的统计量值、p 值、滞后阶数、自由度等信息,其中检验统计量为 -8.54,远小于 10% 的临界值 -2.56,实际上 p 值为 $9.720518105230343e\text{-}14$,远小于 0.1,因此我们拒绝原假设(原假设是存在单位根),认为该时间序列是平稳的。

```
# 模块一样,只是引用方式使用了 api
import statsmodels.api as sm
sm.stats.diagnostic.unitroot_adf(data.Close)
```

输出结果:

```
(-8.542102936373942,
 9.720518105230343e-14,
 14,
 1453,
 {'1%': -3.434858527373781,
  '10%': -2.567830105465636,
  '5%': -2.8635312133080046},
 -7432.770213212654)
# 从时间序列分析 tsa 子模块 api 中导入 adfuller
import statsmodels.tsa.api as smt
smt.adfuller(data.Close)
```

输出结果:

```
(-2.3876777284180823,
 0.14524452484281658,
 15,
 2871,
 {'1%': -3.4326297479554624,
  '10%': -2.567306181959156,
  '5%': -2.86254723775867},
 31431.52407288497)
# 直接从时间序列分析 tsa 子模块的 stattools 统计工具中导入 adfuller
from statsmodels.tsa.stattools import adfuller
adfuller(data.Close)
(-2.3876777284180823,
 0.14524452484281658,
 15,
 2871,
 {'1%': -3.4326297479554624,
  '10%': -2.567306181959156,
  '5%': -2.86254723775867},
 31431.52407288497)
# 使用 arch 包中的单位根检验 unitroot 导入 ADF
# arch 包在后续建模中将会运用到
from arch.unitroot import ADF
ADF(data.Close)
```

输出结果:

```
Augmented Dickey-Fuller Results
Test Statistic       -2.051
P-value               0.265
Lags                  9
```

```
Trend: Constant
Critical Values: -3.44 (1%), -2.87 (5%), -2.57 (10%)
Null Hypothesis: The process contains a unit root.
Alternative Hypothesis: The process is weakly stationary.

    Augmented Dickey-Fuller Results
=====================================
Test Statistic                 -8.542
P-value                         0.000
Lags                               14
-------------------------------------

Trend: Constant
Critical Values: -3.43 (1%), -2.86 (5%), -2.57 (10%)
Null Hypothesis: The process contains a unit root.
Alternative Hypothesis: The process is weakly stationary.
```

结果与上述导入方法是一致的,不过 arch 包的输出结果比较直观。

```
#下面沿用 arch 包的单位根检验函数对沪深 300 收益率进行单位根检验
ADF(data.logret)
```

输出结果:

```
    Augmented Dickey-Fuller Results
=====================================
Test Statistic                -11.951
P-value                         0.000
Lags                               14
-------------------------------------

Trend: Constant
Critical Values: -3.43 (1%), -2.86 (5%), -2.57 (10%)
Null Hypothesis: The process contains a unit root.
Alternative Hypothesis: The process is weakly stationary.
```

结果显示,沪深 300 对数收益率 ADF 单位根检验得到的 p 值约等于 0,因此拒绝原假设(原假设是存在单位根),即认为该时间序列是平稳的。一般而言,股票价格时间序列是不平稳的,而收益率数据是平稳的,因此一般使用股票收益进行时间序列建模而不是直接使用股价,这将在后续推文中进一步分析。

参考文献

1. Statsmodels 官方文档。
2. Time Series Analysis (TSA) in Python-Linear Models to GARCH.
3. 蔡立耑.量化投资以 Python 为工具[M].北京:电子工业出版社,2017.

练 习 题

对本章例题的数据,使用 Python 重新操作一遍。

第 10 章

Python 金融时间序列分析的 ARIMA 模型

10.1 引　言

上一章我们着重介绍了时间序列的一些基础概念,包括自相关性、偏自相关性、白噪声和平稳性,以及 Python 的实现。本章在此基础上,以沪深 300 收益率数据为例,探讨如何使用 Python 对平稳时间序列进行建模和预测分析。时间序列分析经典模型主要有自回归模型 AR、移动回归模型 MA、移动自回归模型 ARMA,以及差分移动自回归模型 ARIMA。本章主要介绍这四种模型的基本原理以及 Python 的实现步骤。

10.2　AR 模型

AR 模型全称为 Autoregressive Models,即自回归模型,用于刻画因变量能由它的多个滞后项表示。p 阶自回归模型 AR(p) 可以写成

$$x_t = \alpha_0 + \alpha_1 x_{t-1} + \alpha_2 x_{t-2} + \cdots + \alpha_p x_{t-p} + \mu_t$$

x_{t-p} 是 x_t 的滞后 p 阶,α_p 为自回归系数,μ_t 为白噪声,满足标准正态分布。

下面模拟一个 AR(1) 模型。

```
import pandas as pd
import numpy as np
import statsmodels.tsa.api as smt
# tsa 为 Time Series analysis 缩写
import statsmodels.api as sm
import scipy.stats as scs
from arch import arch_model
# 画图
import matplotlib.pyplot as plt
import matplotlib as mpl
%matplotlib inline
# 正常显示画图时出现的中文和负号
from pylab import mpl
```

```python
mpl.rcParams['font.sans-serif'] = ['SimHei']
mpl.rcParams['axes.unicode_minus'] = False

#先定义一个画图函数,后面都会用到
def ts_plot(data, lags = None,title = ''):
    if not isinstance(data, pd.Series):
        data = pd.Series(data)
    #matplotlib 官方提供了五种不同的图形风格,
    #包括 bmh、ggplot、dark_background、fivethirtyeight 和 grayscale
    with plt.style.context('ggplot'):
        fig = plt.figure(figsize = (10, 8))
        layout = (3, 2)
        ts_ax = plt.subplot2grid(layout, (0, 0), colspan = 2)
        acf_ax = plt.subplot2grid(layout, (1, 0))
        pacf_ax = plt.subplot2grid(layout, (1, 1))
        qq_ax = plt.subplot2grid(layout, (2, 0))
        pp_ax = plt.subplot2grid(layout, (2, 1))
        data.plot(ax = ts_ax)
        ts_ax.set_title(title + '时序图')
        smt.graphics.plot_acf(data, lags = lags, ax = acf_ax, alpha = 0.5)
        acf_ax.set_title('自相关系数')
        smt.graphics.plot_pacf(data, lags = lags, ax = pacf_ax, alpha = 0.5)
        pacf_ax.set_title('偏自相关系数')
        sm.qqplot(data, line = 's', ax = qq_ax)
        qq_ax.set_title('QQ 图')
        scs.probplot(data, sparams = (data.mean(),
                    data.std()), plot = pp_ax)
        pp_ax.set_title('PP 图')
        plt.tight_layout()
    return
# 模拟 AR(1) 过程
#设置随机种子(括号里数字无意义)
np.random.seed(1)
#模拟次数
n = 5000
#AR 模型的参数
a = 0.8
#扰动项为正态分布
x = w = np.random.normal(size = n)
for t in range(1,n):
    x[t] = a * x[t-1] + w[t]
#画图
ts_plot(x, lags = 30)
```

输出结果:如图 10-1 所示。

从图 10-1 可见,模拟的 AR(1)模型是正态的。自相关系数图(ACF)显示滞后值之间存在显著的序列相关性,偏自相关系数图(PACF)则显示在滞后 1 期时截尾(迅速降为 0)。

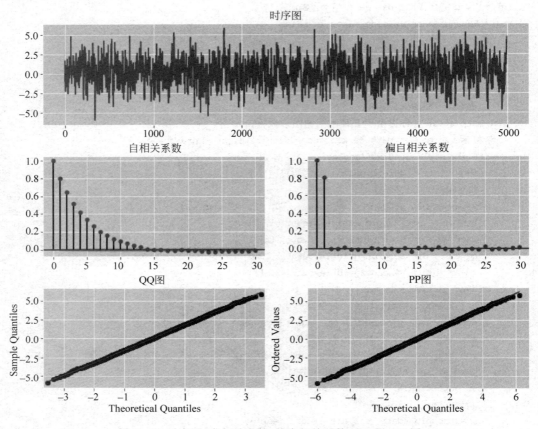

图 10-1 时序图、自相关系数、偏自相关系数、QQ 图、PP 图

下面使用 Statsmodels 构建 AR(p)模型,先用 AR 模型拟合上述模拟的数据,并返回估计的系数参数,然后选择最佳滞后阶数,最后与原模型设置对比看是否选择了正确的滞后项。假如 AR 模型是正确的,那估计的系数参数将很接近真实的系数 0.8,选择的阶数也会等于 1。

```python
# 估计数据的 AR 模型参数和滞后阶数
def simu_ar(data, a, maxlag = 30, true_order = 1):
    '''data:要拟合的数据;a 为参数,可以为列表;maxlag:最大滞后阶数'''
    # 拟合 AR(p)模型
    result = smt.AR(data).fit(maxlag = maxlag, ic = 'aic', trend = 'nc')
    # 选择滞后阶数
    est_order = smt.AR(data).select_order(maxlag = maxlag,
            ic = 'aic', trend = 'nc')
    # 参数选择标准 ic:有四个选择 {'aic','bic','hqic','t-stat'}
    # 趋势项:trend:c 是指包含常数项,nc 为不含常数项
    # 打印结果
    print(f'参数估计值:{result.params.round(2)},估计的滞后阶数:{est_order}')
    print(f'真实参数值:{a},真实滞后阶数 {true_order}')
```

```
simu_ar(x,a = 0.8)
参数估计值：[0.8]，估计的滞后阶数：1
真实参数值：0.8，真实滞后阶数 1
```

下面介绍如何用 AR(p) 模型来拟合沪深 300 指数的对数收益率。

```
# Select best lag order for hs300 returns
import tushare as ts
token = '输入 token'
pro = ts.pro_api(token)
df = pro.index_daily(ts_code = '000300.SH')
df.index = pd.to_datetime(df.trade_date)
del df.index.name
df = df.sort_index()
df['ret'] = np.log(df.close/df.close.shift(1))

# 沪深 300 价格数据
import pandas as pd
import numpy as np
df = pd.read_excel('F:/2glkx/000300.xlsx')
df.head()
# 设置时间作为索引
df = df.set_index(df['Date'])
data = pd.DataFrame(df,columns = ['Close'])
# 对数收益率
df['ret'] = np.log(data.Close/data.Close.shift(1))
max_lag = 30
Y = df.ret.dropna()
ts_plot(Y,lags = max_lag,title = '沪深 300 对数收益率')
result = smt.AR(Y.values).fit(maxlag = max_lag, ic = 'aic', trend = 'nc')
est_order = smt.AR(Y.values).select_order(maxlag = max_lag,
         ic = 'aic', trend = 'nc')
print(f'沪深 300 对数收益率拟合 AR 模型的参数：{result.params.round(2)}')
print(f'沪深 300 对数收益率拟合 AR 模型的最佳滞后阶数 {est_order}')
```

运行上述代码，得到下述结果和图 10-2 所示的图形。

沪深 300 对数收益率拟合 AR 模型的参数：[0.03 −0.03 0.02 0.06 0. −0.06 0.04 0.01 0.01 0.01 0.02 0.02 0.07 −0.03 0.05]
沪深 300 对数收益率拟合 AR 模型的最佳滞后阶数 18

最好的阶数选择是 18，或者说有 18 个参数！任何模型有这么多参数在实际中不可能好用。显然有比这个模型更好的模型可以解释沪深 300 对数收益率走势。

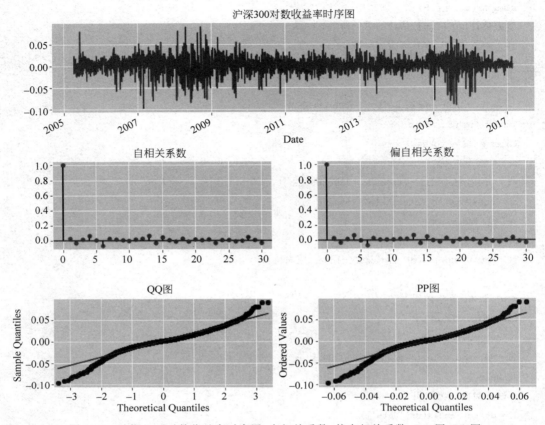

图 10-2　沪深 300 对数收益率时序图、自相关系数、偏自相关系数、QQ 图、PP 图

10.3　MA 模型

MA(q)模型与 AR(p)模型非常相似。不同之处在于，MA(q)模型是对过去的白噪声误差项的线性组合，而不是过去观测的线性组合。MA 模型的动机是我们可以直接通过拟合误差项的模型来观察误差过程中的"冲击"。在一个 AR(p)模型中，通过在一系列过去的观察中使用 ACF 间接观察到这些冲击。MA(q)模型的公式为：

$$x_t = c_0 + \omega_t + \beta_1 \omega_{t-1} + \cdots + \beta_p \omega_{t-p}$$

其中 ω_t 是白噪声，$E(\omega_t)=0$，方差是 σ_a^2。

下面使用 Python 模拟 MA(1) 过程。

```
# 这里使用 arma 模型进行模拟,设定 ar 阶数为 0,即得到 ma 模型
alphas = np.array([0.])
betas = np.array([0.6])
ar = np.r_[1, -alphas]
ma = np.r_[1, betas]
# 模拟 MA 的样本数据
```

```
ma_sample = smt.arma_generate_sample(ar = ar, ma = ma, nsample = 1000)
ts_plot(ma_sample, lags = 30, title = 'MA(1)模型')
```

输出结果：如图 10-3 所示。

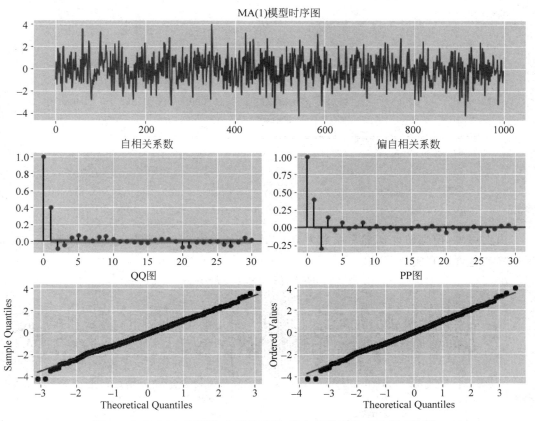

图 10-3　MA(1)时序图、自相关系数、偏自相关系数、QQ 图、PP 图

从图 10-3 可见，自相关函数 ACF 显示滞后 1 阶系数显著异于 0，表明 MA(1)模型适合拟合的数据。

```
# 对上述模拟数据进行 ARMA 模型拟合
max_lag = 30
result = smt.ARMA(ma_sample, order = (0, 1)).fit(maxlag = max_lag,
        method = 'mle', trend = 'nc')
print(result.summary())
resid = pd.Series(result.resid)
ts_plot(resid, lags = max_lag, title = '模拟数据 MA 拟合残差')
```

运行上述代码，得到如下的结果和图 10-4 的图形。

```
                     ARMA Model Results
==============================================================
Dep. Variable:               y   No. Observations:         1000
```

```
Model:              ARMA(0, 1)    Log Likelihood              -1423.076
Method:                    mle    S.D. of innovations             1.004
Date:            Fri, 24 Sep 2021  AIC                          2850.152
Time:                 08:48:22    BIC                          2859.967
Sample:                      0    HQIC                         2853.882
===============================================================================
                 coef    std err       z      P>|z|      [0.025    0.975]
-------------------------------------------------------------------------------
ma.L1.y        0.6051     0.026    23.677    0.000      0.555     0.655
                                    Roots
===============================================================================
                 Real      Imaginary       Modulus        Frequency
-------------------------------------------------------------------------------
MA.1          -1.6525      +0.0000j        1.6525          0.5000
-------------------------------------------------------------------------------
```

由上可见,模型估计 d 滞后系数为 0.6051,与真实值 0.6 比较接近。注意到,95% 置信区间确实包含该真实值。

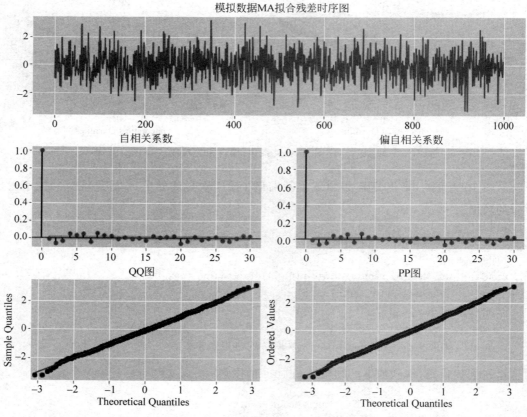

图 10-4　模拟 MA 残差时序图、自相关系数、偏自相关系数、QQ 图、PP 图

10.4 ARMA 模型

ARMA 模型全称为自回归移动平均模型 Autoregressive Moving Average Models-ARMA(p, q)，是 AR(p) 和 MA(q) 模型之间的结合，从金融的角度理解，AR 和 MA 模型的理论意义在于：AR(p) 模型试图捕捉（解释）交易市场中经常观察到的动量和均值回复效应。MA(q) 模型尝试捕捉（解释）在白噪声条件下观察到的冲击效应。这些冲击效应可以被认为是影响观察过程的意外事件。ARMA 模型的弱点在于忽视了大多数金融时间序列中的波动聚集效应。模型的公式可以表示为

$$x_t = \alpha_0 + \alpha_1 x_{t-1} + \alpha_2 x_{t-2} + \cdots + \alpha_p x_{t-p} + \omega_t + \beta_1 \omega_{t-1} + \cdots + \beta_q \omega_{t-q}$$

$$= \alpha_0 + \sum_{i=1}^{p} \alpha_i x_{t-i} + \omega_t + \sum_{i=1}^{q} \beta_i \omega_{t-i}$$

```python
# 下面使用 ARMA(2,2) 模型进行模拟分析
max_lag = 30
n = 5000
burn = int(n/10)
alphas = np.array([0.5, -0.25])
betas = np.array([0.5, -0.3])
# 注意ar模型1代表0阶(自身),然后在其他系数前加负号
ar = np.r_[1, -alphas]
ma = np.r_[1, betas]
arma22 = smt.arma_generate_sample(ar=ar, ma=ma, nsample=n, burnin=burn)
_ = ts_plot(arma22, lags=max_lag)
result = smt.ARMA(arma22, order=(2, 2)).fit(maxlag=max_lag,
        method='mle', trend='nc', burnin=burn)
print(result.summary())
```

运行上述代码，得到如下的结果和图 10-5 的图形。

```
                              ARMA Model Results
==============================================================================
Dep. Variable:                      y   No. Observations:                 5000
Model:                     ARMA(2, 2)   Log Likelihood               -7130.363
Method:                           mle   S.D. of innovations              1.007
Date:                Fri, 24 Sep 2021   AIC                          14270.726
Time:                        08:50:37   BIC                          14303.312
Sample:                             0   HQIC                         14282.147

==============================================================================
                 coef    std err          z      P>|z|      [0.025      0.975]
------------------------------------------------------------------------------
ar.L1.y        0.5001      0.053      9.415      0.000       0.396       0.604
ar.L2.y       -0.2470      0.015    -16.613      0.000      -0.276      -0.218
ma.L1.y        0.4909      0.054      9.041      0.000       0.384       0.597
ma.L2.y       -0.3412      0.051     -6.728      0.000      -0.441      -0.242
```

```
                                    Roots
=============================================================================
                 Real           Imaginary           Modulus         Frequency
-----------------------------------------------------------------------------
AR.1           1.0124             -1.7388j           2.0121           -0.1661
AR.2           1.0124             +1.7388j           2.0121            0.1661
MA.1          -1.1376             +0.0000j           1.1376            0.5000
MA.2           2.5764             +0.0000j           2.5764            0.0000
-----------------------------------------------------------------------------
```

图 10-5 结果显示：模型估计的参数与真实参数基本上吻合。

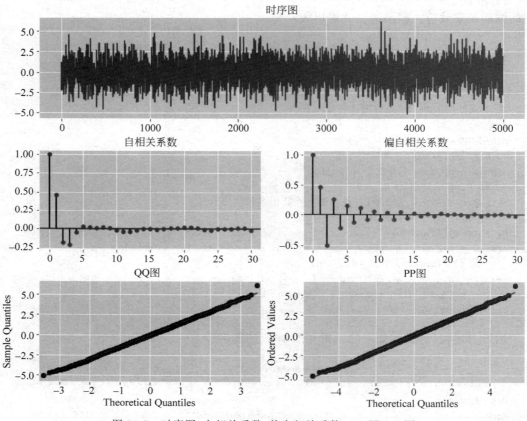

图 10-5　时序图、自相关系数、偏自相关系数、QQ 图、PP 图

下面使用 ARMA 模型来拟合沪深 300 的收益数据。ACF 和 PACF 没有显示出明显的自相关性。QQ 和概率图显示残差大致为正态分布但厚尾。总体而言，这个模型的残差看起来不像白噪声，说明模型还是没有很好地拟合其波动性特性。

```
#不事先确定滞后阶数，而是通过信息准则选择最佳的滞后阶数
#先将初始值设置为无穷大
best_aic = np.inf
best_order = None
best_mdl = None
```

```python
rng = range(5)
for i in rng:
    for j in rng:
        try:
            tmp_mdl = smt.ARMA(Y.values, order = (i,j)).fit(method = 'mle', trend = 'nc')
            tmp_aic = tmp_mdl.aic
            if tmp_aic < best_aic:
                best_aic = tmp_aic
                best_order = (i, j)
                best_mdl = tmp_mdl
        except: continue
print(f'最佳滞后阶数:{best_order}')
print(best_mdl.summary())
```

输出结果:

最佳滞后阶数:(4, 4)

```
                              ARMA Model Results
==============================================================================
Dep. Variable:                      y   No. Observations:                 3509
Model:                     ARMA(4, 4)   Log Likelihood                9244.996
Method:                           mle   S.D. of innovations              0.017
Date:                Fri, 24 Sep 2021   AIC                         -18471.993
Time:                        08:57:05   BIC                         -18416.525
Sample:                             0   HQIC                        -18452.200

==============================================================================
                 coef    std err          z      P>|z|      [0.025      0.975]
------------------------------------------------------------------------------
ar.L1.y        0.2298      0.087      2.642      0.008       0.059       0.400
ar.L2.y       -0.0534      0.105     -0.509      0.611      -0.259       0.152
ar.L3.y       -0.0228      0.077     -0.296      0.767      -0.173       0.128
ar.L4.y        0.8060      0.080     10.047      0.000       0.649       0.963
ma.L1.y       -0.2164      0.083     -2.603      0.009      -0.379      -0.053
ma.L2.y        0.0163      0.107      0.152      0.879      -0.193       0.226
ma.L3.y        0.0690      0.072      0.964      0.335      -0.071       0.209
ma.L4.y       -0.7938      0.082     -9.655      0.000      -0.955      -0.633
                                     Roots
==============================================================================
                  Real          Imaginary           Modulus         Frequency
------------------------------------------------------------------------------
AR.1            1.0121           -0.0000j            1.0121           -0.0000
AR.2            0.0709           -1.0412j            1.0436           -0.2392
AR.3            0.0709           +1.0412j            1.0436            0.2392
AR.4           -1.1256           -0.0000j            1.1256           -0.5000
MA.1            1.0231           -0.0000j            1.0231           -0.0000
MA.2            0.0824           -1.0544j            1.0576           -0.2376
MA.3            0.0824           +1.0544j            1.0576            0.2376
MA.4           -1.1009           -0.0000j            1.1009           -0.5000
------------------------------------------------------------------------------
```

运行以下代码，得到如图 10-6 的图形。

```
resid = pd.Series(best_mdl.resid, index = Y.index)
ts_plot(resid, lags = 30, title = '沪深 300 指数 ARMA 拟合残差')
```

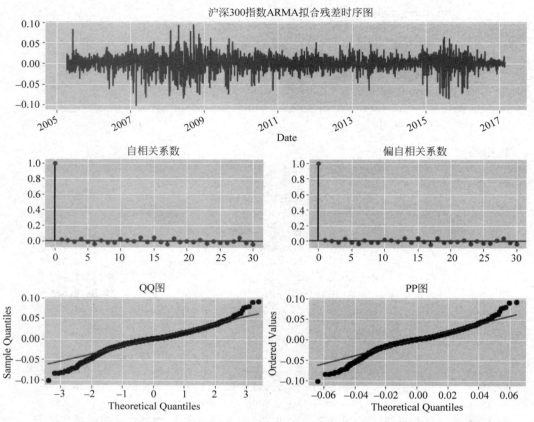

图 10-6　沪深 300 指数 ARMA 拟合残差时序图、自相关系数、偏自相关系数、QQ 图、PP 图

10.5　ARIMA 模型

ARIMA 模型全称是差分移动自回归模型(Autoregressive Integrated Moving Average Models)，是 ARMA 模型的拓展。由于现实中很多时间序列不是平稳的，但可以通过差分来实现平稳，即通过一阶差分可以将非平稳机游走其转化为平稳的白噪声。由于前三个模型都有时间序列平稳的假设在，如果时间序列存在明显的上升或者下降趋势，模型预测的效果大打折扣。对于有明显下降或者上升趋势的数据集，可以使用差分的方式将其转化为平稳序列，然后使用 ARMA 模型进行拟合。假设模型经过 d 次差分通过了时间序列平稳的检验，ARMA 的系数为 p,q，ARIMA 模型为 ARIMA(p,d,q)。

下面通过迭代(p,d,q)的不同组合，找到拟合沪深 300 对数收益率数据的最佳

ARIMA 模型。通过 AIC 信息准则来评估每个模型，最后选取 AIC 最小的。

```
: #原理与拟合 ARMA 模型类似
best_aic = np.inf
best_order = None
best_mdl = None
#假定最多滞后4阶
pq_rng = range(5)
#假定最多差分一次
d_rng = range(2)
for i in pq_rng:
    for d in d_rng:
        for j in pq_rng:
            try:
                tmp_mdl = smt.ARIMA(Y.values, order = (i,d,j)).fit(method = 'mle', trend = 'nc')
                tmp_aic = tmp_mdl.aic
                if tmp_aic < best_aic:
                    best_aic = tmp_aic
                    best_order = (i, d, j)
                    best_mdl = tmp_mdl
            except: continue
print(f'ARIMA 模型最佳阶数选择:{best_order}')
# 对拟合残差进行可视化
print(best_mdl.summary())
resid = pd.Series(best_mdl.resid, index = Y.index)
ts_plot(resid, lags = 30, title = '沪深 300 指数 ARIMA 残差')
```

运行上述代码，得到如下结果和图 10-7 的图形。

```
ARIMA 模型最佳阶数选择:(4, 0, 4)
                          ARIMA Model Results
==============================================================================
Dep. Variable:                    y    No. Observations:                 3509
Model:                     ARMA(4, 4)  Log Likelihood                9244.996
Method:                          mle   S.D. of innovations              0.017
Date:                 Fri, 24 Sep 2021  AIC                         -18471.993
Time:                        08:59:20  BIC                         -18416.525
Sample:                             0  HQIC                        -18452.200

==============================================================================
                 coef    std err          z      P>|z|      [0.025      0.975]
------------------------------------------------------------------------------
ar.L1.y        0.2298      0.087      2.642      0.008       0.059       0.400
ar.L2.y       -0.0534      0.105     -0.509      0.611      -0.259       0.152
ar.L3.y       -0.0228      0.077     -0.296      0.767      -0.173       0.128
ar.L4.y        0.8060      0.080     10.047      0.000       0.649       0.963
ma.L1.y       -0.2164      0.083     -2.603      0.009      -0.379      -0.053
ma.L2.y        0.0163      0.107      0.152      0.879      -0.193       0.226
ma.L3.y        0.0690      0.072      0.964      0.335      -0.071       0.209
ma.L4.y       -0.7938      0.082     -9.655      0.000      -0.955      -0.633
                                    Roots
------------------------------------------------------------------------------
                  Real          Imaginary           Modulus         Frequency
------------------------------------------------------------------------------
AR.1            1.0121           -0.0000j            1.0121           -0.0000
AR.2            0.0709           -1.0412j            1.0436           -0.2392
```

AR.3	0.0709	+ 1.0412j	1.0436	0.2392
AR.4	−1.1256	− 0.0000j	1.1256	− 0.5000
MA.1	1.0231	− 0.0000j	1.0231	− 0.0000
MA.2	0.0824	− 1.0544j	1.0576	− 0.2376
MA.3	0.0824	+ 1.0544j	1.0576	0.2376
MA.4	−1.1009	− 0.0000j	1.1009	− 0.5000

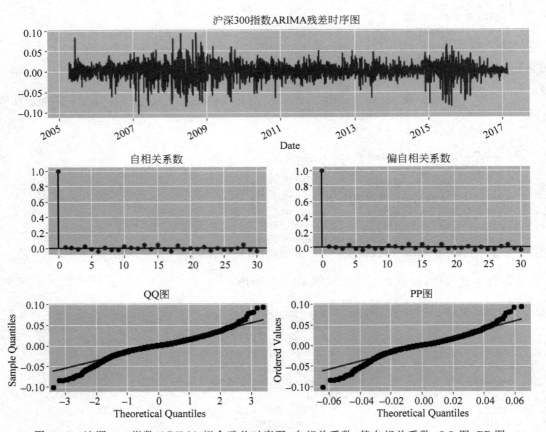

图 10-7　沪深 300 指数 ARIMA 拟合残差时序图、自相关系数、偏自相关系数、QQ 图、PP 图

最好的模型是差分为 0，因为我们使用的是收益率数据，相对于已经采用了第一次对数差分来计算股票收益率。模型残差图结果与上面使用的 ARMA 模型基本相同。显然，ARIMA 模型同样无法解释时间序列中的条件波动性。到此为止，读者已基本熟知时间序列分析的基本模型和建模步骤。

10.6　结　　语

本章主要以收益率数据为例，简要介绍了时间序列四大经典模型的基本原理和 Python 的简单应用，不难发现，这些模型在拟合和预测收益率上显得力不从心。实际上，这些模型有一个潜在假设是干扰项的方差是固定不变的,但是研究者发现金融经济数据(如股票收益率)大都存在异方差现象,因此传统的时间序列模型无法获得可靠的估计结果。为了解决金融资产收益率序列波动聚集的难题,学者们提出了 ARCH、GARCH 以及协整模型,下一章将会对这一方面的应用进行详细介绍。

参考文献

1. Statsmodels 官方文档。
2. Time Series Analysis(TSA)in Python-Linear Models to GARCH。

练 习 题

对本章例题的数据,使用 Python 重新操作一遍。

第 11 章

Python 金融时间序列分析的 ARCH 与 GARCH 模型

11.1 引　　言

在前面的章节中,我们主要介绍了时间序列的一些基础概念,包括自相关性、偏自相关性、白噪声和平稳性;使用 Python 建立金融时间序列模型,主要介绍了 AR、MA、ARMA 和 ARIMA 模型的基本原理与 Python 的实现。从上一章不难看出,使用 ARMA 等模型对股票收益率的时间序列建模效果不是很理想,主要在于忽略了时间序列的异方差和波动聚集特性。所谓波动性聚集,是指金融时间序列的波动具有大波动接着大波动,小波动接着小波动的特征,即波峰和波谷具有连续性。ARCH 和 GARCH 模型正是基于条件异方差和波动聚集的特性建模的。本章主要介绍 ARCH 和 GARCH 模型的基本原理及其 Python 实现。

11.2　股票收益率时间序列特点

在介绍 ARCH 和 GARCH 模型之前,我们先来看看金融资产收益率的时间序列有哪些比较突出的特点。仍然以沪深 300 指数为例,考察其收益率时间的分布和统计特性。下面的 Python 代码与上一章类似,包括导入需要用到的库、定义画图函数和使用 Tushare 获取数据等。

```
import pandas as pd
import numpy as np
import statsmodels.tsa.api as smt
# tsa 为 Time Series analysis 缩写
import statsmodels.api as sm
import scipy.stats as scs
from arch import arch_model
# 画图
import matplotlib.pyplot as plt
import matplotlib as mpl
% matplotlib inline
# 正常显示画图时出现的中文和负号
```

```python
from pylab import mpl
mpl.rcParams['font.sans-serif'] = ['SimHei']
mpl.rcParams['axes.unicode_minus'] = False
def ts_plot(data, lags = None, title = ''):
    if not isinstance(data, pd.Series):
        data = pd.Series(data)
    #matplotlib 官方提供了五种不同的图形风格,
    # 包括 bmh、ggplot、dark_background、
    # fivethirtyeight 和 grayscale
    with plt.style.context('ggplot'):
        fig = plt.figure(figsize = (10, 8))
        layout = (3, 2)
        ts_ax = plt.subplot2grid(layout, (0, 0))
        acf_ax = plt.subplot2grid(layout, (1, 0))
        pacf_ax = plt.subplot2grid(layout, (1, 1))
        qq_ax = plt.subplot2grid(layout, (2, 0))
        pp_ax = plt.subplot2grid(layout, (2, 1))
        data.plot(ax = ts_ax)
        ts_ax.set_title(title + '时序图')
        smt.graphics.plot_acf(data, lags = lags,
            ax = acf_ax, alpha = 0.5)
        acf_ax.set_title('自相关系数')
        smt.graphics.plot_pacf(data, lags = lags,
            ax = pacf_ax, alpha = 0.5)
        pacf_ax.set_title('偏自相关系数')
        sm.qqplot(data, line = 's', ax = qq_ax)
        qq_ax.set_title('QQ 图')
        scs.probplot(data, sparams = (data.mean(),
           data.std()), plot = pp_ax)
        pp_ax.set_title('PP 图')
        plt.tight_layout()
    return

# 获取沪深 300 交易数据
# 导入沪深 300 指数数据
import pandas as pd
import numpy as np
df = pd.read_excel('F:/2glkx/000300.xls')
df.head()
# 设置时间作为索引
df = df.set_index(df['Date'])
# 画图,Pandas 数据表自动将索引作为 x 轴
df['ret'] = np.log(df.Close/df.Close.shift(1))
#df.head()
ts_plot(df.ret.dropna(), lags = 30, title = '沪深 300 对数收益率')
```

输出结果,如图 11-1 所示。

从图 11-1 可以看出,沪深 300 指数收益率时间序列呈现出以下几个现象,具有一定的普遍性。

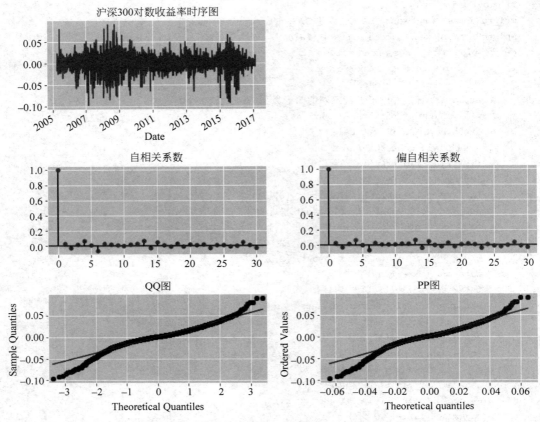

图 11-1 沪深 300 对数收益率时序图、自相关系数、偏自相关系数、QQ 图、PP 图

自相关性比较弱，但对其进行变换后，如取平方、绝对值等，则表现出很强的自相关性（见后文）。

收益率的条件方差（conditional variance）随着时间而变化，即存在条件异方差的特征。

收益率序列的波动具有持续性，即存在波动集聚（volatility clustering）的现象。比如 2007—2008 年、2015—2016 年具有较大的波动性。

QQ 图显示，收益率并不服从正态分布，极端值较多，具有厚尾的现象。

11.3 ARCH 模型

ARCH 模型全称是自回归条件异方差模型（Autoregressive Conditionally Heteroskedastic Models），是 Engle 在 1982 年分析英国通货膨胀率时提出的模型，主要用于刻画波动率的统计特征。

一般先假设收益率序列满足某个经典时间序列模型（MA、AR 或 ARMA），以 AR(1) 模型为例：

$$y_t = \alpha_0 + \alpha_1 y_{t-1} + \varepsilon_t$$

收益率 y_t 的波动率(条件方差)可以使用残差项的波动率进行刻画：

$$\mathrm{Var}(y_t \mid y_{t-1}) = \mathrm{Var}(\varepsilon_t \mid y_{t-1})$$

为了刻画资产收益率的这种波动特性，可以令残差项的条件方差与过去残差项的平方相关。因此，ARCH(p)模型可以表示为

$$\varepsilon_t = \sigma_t \omega_t$$

$$\sigma_t^2 = \alpha_0 + \alpha_1 \varepsilon_{t-1}^2 + \cdots + \alpha_p \varepsilon_{t-p}^2$$

其中，ω 是均值为 0，方差为 1 的独立同分布时间序列，$\alpha_0 > 0, \alpha_i \geqslant 0$，且满足一定条件使得条件异方差有限。ARCH($p$)模型能够很好地刻画金融资产收益率序列的波动特性和厚尾现象，但是其本身并不能用来解释金融资产收益率为何有这样的特征。关于 ARCH 模型的估计此处不详细展开，感兴趣的可以参见 Ruey S. Tray 的《金融时间序列分析》和计量经济学教材。下面是 ARCH 模型的建模步骤：

(1) 检验收益率序列是否平稳，根据自相关性建立合适的均值方程，如 ARMA 模型，描述收益率如何随时间变化，根据拟合的模型和实际值，得到残差序列。

(2) 对拟合的均值方程得到的残差序列进行 ARCH 效应检验，即检验收益率围绕均值的偏差是否时大时小。检验序列是否具有 ARCH 效应的方法有两种：Ljung-Box 检验和 LM 检验。

(3) 若 ARCH 效应在统计上显著，则需要再设定一个波动率模型来刻画波动率的动态变化。

(4) 对均值方差和波动率方差进行联合估计，即假设实际数据服从前面设定的均值方差和波动率方差后，对均值方差和波动率方差中的参数进行估计，并得到估计的误差。

(5) 对拟合的模型进行检验。如果估计结果(残差项)不满足模型本身的假设，则模型的可用性较差。

下面使用 Python 模拟 ARCH 模型并对沪深 300 对数收益率的 ARCH 效应进行统计检验。

```
# 模拟 ARCH 时间序列
np.random.seed(2)
a0 = 2
a1 = .5
y = w = np.random.normal(size=1000)
Y = np.empty_like(y)
for t in range(1,len(y)):
    Y[t] = w[t] * np.sqrt((a0 + a1 * y[t-1]**2))
ts_plot(Y, lags=30,title='模拟 ARCH')
```

输出结果如图 11-2 所示。

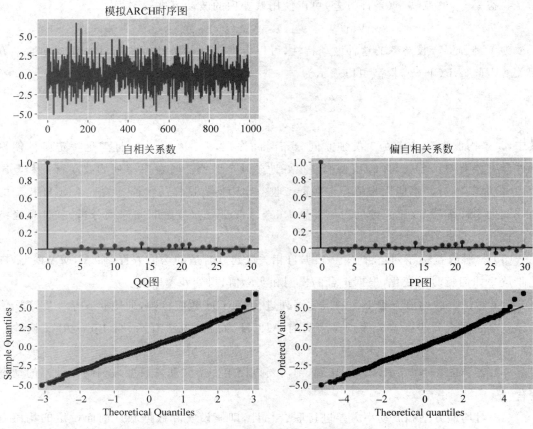

图 11-2　模拟 ARCH 时序图、自相关系数、偏自相关系数、QQ 图、PP 图

```python
def ret_plot(ts, title = ''):
    ts1 = ts ** 2
    ts2 = np.abs(ts)
    with plt.style.context('ggplot'):
        fig = plt.figure(figsize = (12, 6))
        layout = (2, 1)
        ts1_ax = plt.subplot2grid(layout, (0, 0), colspan = 2)
        ts2_ax = plt.subplot2grid(layout, (1, 0))
        ts1.plot(ax = ts1_ax)
        ts1_ax.set_title(title + '日收益率平方')
        ts2.plot(ax = ts2_ax)
        ts2_ax.set_title(title + '日收益率绝对值')
        plt.tight_layout()
    return
ret_plot(df.ret.dropna(), title = '沪深 300')
```

输出结果如图 11-3 所示。

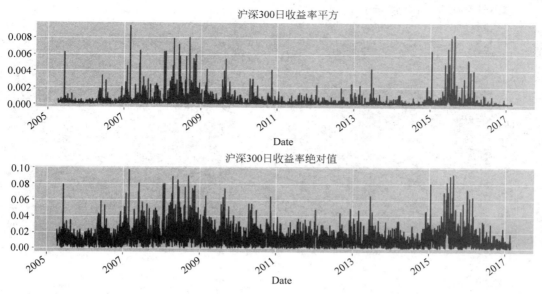

图 11-3　沪深 300 收益率平方与绝对值

从沪深 300 的日收益平方和绝对值走势图 11-3 中可以看出，存在较明显的波动聚集的现象，初步可以判断出沪深 300 日收益序列存在 ARCH 效应。下面使用 Ljung-Box 统计量对收益率平方的自相关性进行统计检验。计算 Q 统计量和 LB 统计量都是用 Python 中 Statsmodels 模块 acorr_ljungbox 方法。默认情况下，acorr_ljungbox 只计算 LB 统计量，只有当参数 boxpierce=True 时，才会输出 Q 统计量。由 LB 白噪声检验可以看出，Q 统计量的 p 值都在 0.05 以下，表明原假设成立的概率极小，可以拒绝沪深 300 收益率的平方是白噪声序列的原假设，说明原序列（沪深 300 收益率）存在 ARCH 效应。

```python
def whitenoise_test(ts):
    '''计算 box pierce 和 box ljung 统计量'''
    from statsmodels.stats.diagnostic import acorr_ljungbox
    q,p = acorr_ljungbox(ts)
    with plt.style.context('ggplot'):
        fig = plt.figure(figsize = (10, 4))
        axes = fig.subplots(1,2)
        axes[0].plot(q, label = 'Q 统计量')
        axes[0].set_ylabel('Q')
        axes[1].plot(p, label = 'p 值')
        axes[1].set_ylabel('P')
        axes[0].legend()
        axes[1].legend()
        plt.tight_layout()
    return

ret = df.ret.dropna()
whitenoise_test(ret ** 2)
```

输出结果如图 11-4 所示。

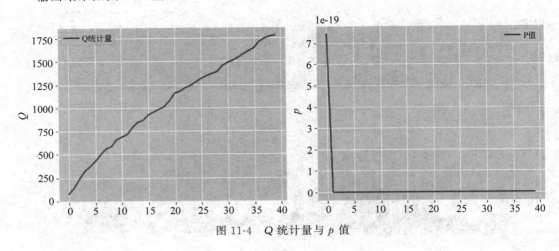

图 11-4 Q 统计量与 p 值

11.4 GARCH 模型

GARCH 模型是 Bollerslev 在 1986 年提出来的,全称为广义自回归条件异方差模型 (Generalized Autoregressive Conditionally Heteroskedastic Models),是 ARCH 模型的扩展。GARCH 模型认为时间序列每个时间点变量的波动率是最近 p 个时间点残差平方的线性组合,与最近 q 个时间点变量波动率的线性组合加起来得到。即 GARCH 模型的条件方差不仅是滞后残差平方的线性函数,还是滞后条件方差的线性函数,因而 GARCH 模型适合在计算量不大时,方便地描述高阶的 ARCH 过程,具有更大的适用性。

$$\varepsilon_t = \sigma_t \omega_t$$

$$\sigma_t^2 = \alpha_0 + \sum_{i=1}^{p} \alpha_i \varepsilon_{t-i}^2 + \sum_{j=1}^{q} \beta_j \sigma_{t-j}^2$$

其中,ω_t 为白噪声;$\sum_{i=1}^{p} \alpha_i, \sum_{j=1}^{q} \beta_j < 1$ 则模型是非平稳的。GARCH 模型的估计与 ARCH 模型类似,具体推导过程参见计量经济学相关书籍。在实际应用中,GARCH(1,1) 和 GARCH(2,1) 一般可以满足对自回归条件异方差的描述。下面使用 Python 对 GARCH (1,1) 模型进行模拟和估计。

先来看下 arch 包中 arch_model 函数各参数的含义以及模型设定方法。

arch.arch_model(y, x = None, mean = 'Constant', lags = 0, vol = 'Garch', p = 1, o = 0, q = 1, power = 2.0, dist = 'Normal', hold_back = None)

各参数含义:

y:因变量。

x:外生变量,如果没有外生变量则模型自动省略。

mean：均值模型的名称，可选"Constant""Zero""ARX""HARX"。

lags：滞后阶数。

vol：波动率模型，可选"GARCH"（默认）、"ARCH""EGARCH""FIARCH"以及"HARCH"。

p：对称随机数的滞后阶，即扣除均值后的部分。

o：非对称数据的滞后阶。

q：波动率或对应变量的滞后阶。

power：使用 GARCH 或相关模型的精度。

dist：误差分布，可选正态分布："normal""gaussian"（默认）；学生 T 分布："t""studentst"；偏态学生 T 分布："skewstudent""skewt"；通用误差分布："ged""generalized error"。

hold_back：对同一样本使用不同的滞后阶来比较模型时使用该参数。

```
# 模拟 GARCH(1, 1) 过程
np.random.seed(1)
a0 = 0.2
a1 = 0.5
b1 = 0.3
n = 10000
w = np.random.normal(size = n)
garch = np.zeros_like(w)
sigsq = np.zeros_like(w)
for i in range(1, n):
    sigsq[i] = a0 + a1 * (garch[i-1] ** 2) + b1 * sigsq[i-1]
    garch[i] = w[i] * np.sqrt(sigsq[i])
_ = ts_plot(garch, lags = 30, title = '模拟 GARCH')
```

输出结果，如图 11-5 所示。

```
# update_freq = 0 表示不输出中间结果，只输出最终结果
# 使用模拟的数据进行 GARCH(1, 1) 模型拟合
# arch_model 默认建立 GARCH(1,1)模型
am = arch_model(garch)
res = am.fit(update_freq = 0)
print(res.summary())
```

输出结果：

```
Optimization terminated successfully    (Exit mode 0)
        Current function value: 12199.134540521145
        Iterations: 14
        Function evaluations: 80
        Gradient evaluations: 14
             Constant Mean - GARCH Model Results
==============================================================
Dep. Variable:                      y   R-squared:             0.000
```

Mean Model:	Constant Mean	Adj. R-squared:	0.000
Vol Model:	GARCH	Log-Likelihood:	-12199.1
Distribution:	Normal	AIC:	24406.3
Method:	Maximum Likelihood	BIC:	24435.1
		No. Observations:	10000
Date:	Fri, Sep 24 2021	Df Residuals:	9999
Time:	09:01:27	Df Model:	1

Mean Model
==
	coef	std err	t	P>|t|	95.0% Conf. Int.
mu	-6.0367e-07	6.742e-03	-8.954e-05	1.000	[-1.321e-02, 1.321e-02]

Volatility Model
==
	coef	std err	t	P>|t|	95.0% Conf. Int.
omega	0.2157	1.014e-02	21.282	1.678e-100	[0.196, 0.236]
alpha[1]	0.4939	1.960e-02	25.199	4.134e-140	[0.455, 0.532]
beta[1]	0.2781	1.841e-02	15.107	1.452e-51	[0.242, 0.314]
==

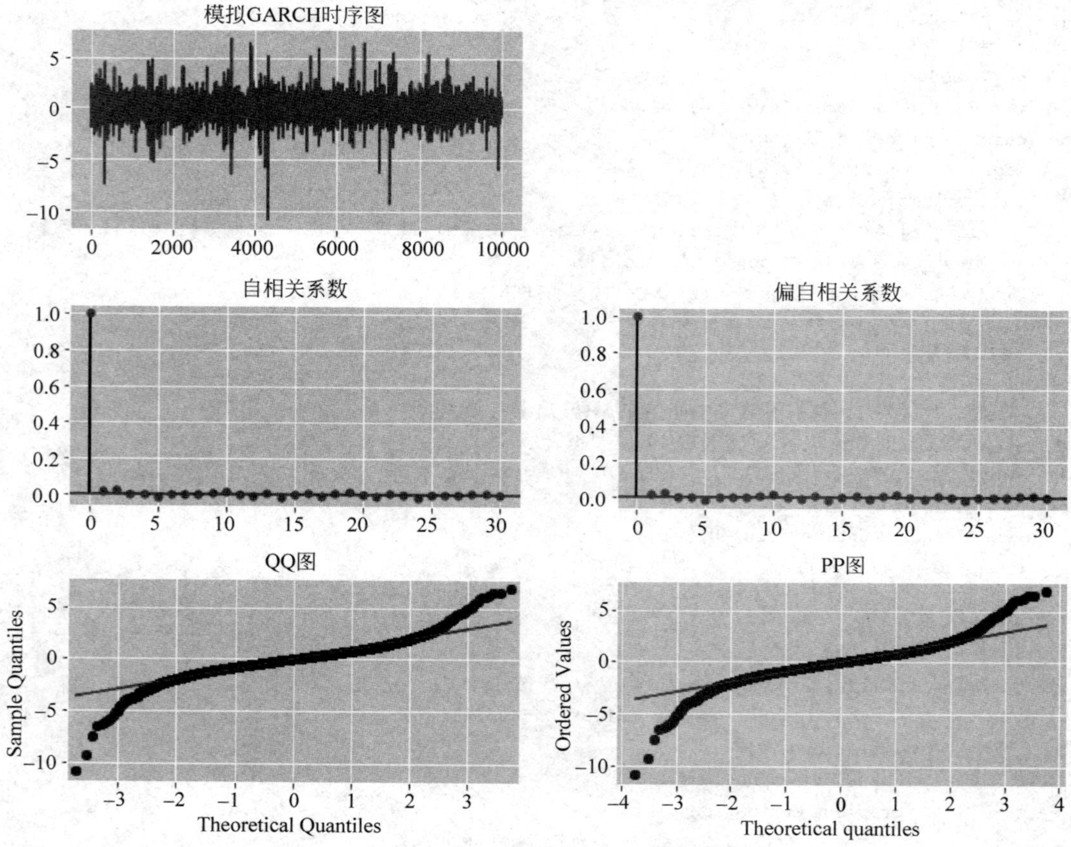

图 11-5 模拟 GARCH 时序图、自相关系数、偏自相关系数、QQ 图、PP 图

Covariance estimator: robust
#拟合沪深300收益率数据
Y = df['ret'] * 100.0
am = arch_model(Y,p = 1, o = 1, q = 1, dist = 'StudentsT')
res = am.fit(update_freq = 0)
#update_freq = 0 表示不输出中间结果,只输出最终结果
print(res.summary())

输出结果:

```
Optimization terminated successfully.    (Exit mode 0)
            Current function value: 5391.753149399061
            Iterations: 19
            Function evaluations: 170
            Gradient evaluations: 19
                Constant Mean - GJR - GARCH Model Results
==================================================================
Dep. Variable:                    ret    R-squared:            -0.000
Mean Model:             Constant Mean    Adj. R-squared:       -0.000
Vol Model:                  GJR-GARCH    Log-Likelihood:       -5391.75
Distribution:    Standardized Student's t  AIC:                10795.5
Method:            Maximum Likelihood     BIC:                10831.3
                                         No. Observations:     2887
Date:                 Sun, Sep 15 2019   Df Residuals:         2881
Time:                         16:18:57   Df Model:                6
                            Mean Model
==================================================================
             coef     std err        t      P>|t|    95.0% Conf. Int.
------------------------------------------------------------------
mu         0.0772   2.409e-02    3.206   1.346e-03  [3.001e-02, 0.124]
                         Volatility Model
==================================================================
              coef     std err        t      P>|t|    95.0% Conf. Int.
------------------------------------------------------------------
omega       0.0125    7.177e-03    1.746   8.078e-02  [-1.534e-03, 2.660e-02]
alpha[1]    0.0564    8.886e-03    6.342   2.266e-10  [ 3.894e-02, 7.377e-02]
gamma[1]  -5.9699e-04 1.277e-02   -4.675e-02  0.963   [-2.562e-02, 2.443e-02]
beta[1]     0.9433    9.372e-03  100.649    0.000     [ 0.925, 0.962]
                            Distribution
==================================================================
              coef     std err        t      P>|t|    95.0% Conf. Int.
------------------------------------------------------------------
nu          5.1001    0.476      10.714   8.705e-27   [ 4.167, 6.033]
==================================================================
```

Covariance estimator: robust
res.resid.plot(figsize = (12,5))
plt.title('沪深300收益率拟合 GARCH(1,1)残差',size = 15)
plt.show()

输出结果如图11-6所示。

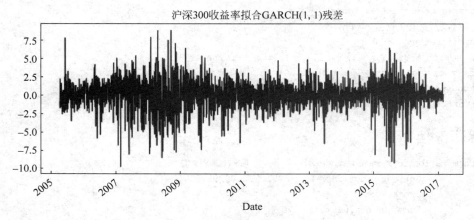

图 11-6　沪深 300 收益率拟合 GRACH(1,1)残差

```
res.conditional_volatility.plot(figsize = (12,5),color = 'r')
plt.title('沪深 300 收益率条件方差',size = 15)
plt.show()
```

输出结果,如图 11-7 所示。

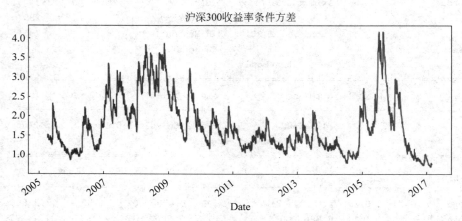

图 11-7　沪深 300 收益率条件方差

11.5　结　　语

本章简要介绍了 ARCH 和 GARCH 模型的基本原理和 Python 实现,关于其应用还有待进一步拓展和挖掘。ARCH 和 GARCH 模型能够较好地刻画金融资产收益率的波动性聚集和厚尾现象,因此在量化金融投资上的应用主要表现在波动率的估计上,尤其是在金融工程(期权波动率)和风险管理(VaR 模型)的应用上。同时,我们也注意到,ARCH 和 GARCH 模型在应用中也存在一定的局限性和不足:首先,模型假定波动是对称的,即过去的波动对现在条件方差的影响是相同的,但学术上的实证结果却表明,当坏(好)消息发布

时,股票收益率的波动会增加(减小);其次,模型对参数的限制条件较强,尤其是高阶模型,参数需要满足的约束非常复杂;最后,模型并没有提供关于波动率变化的更进一步解释,而仅仅是拟合波动率变化的统计行为。针对现有模型的不足,学者们在 GARCH 模型的基础上又提出了一系列模型,简称 GARCH 模型族,包括 IGARCH、TGARCH、EGARCH 等,更复杂的还有 BEKK-GARCH、Coupla-GARCH 等模型。当然,模型并非越复杂越好,特别地,学术上用到的复杂模型,在现实的量化金融投资中能用到的往往很少。

参考文献

1. Ruey S. Tsay. 金融时间序列分析[M]. 3 版. 王远林,王辉,潘家柱,译. 北京:人民邮电出版社,2019.
2. Statsmodels 官方文档。
3. Time Series Analysis(TSA)in Python-Linear Models to GARCH.
4. 蔡立耑. 量化投资以 Python 为工具[M]. 北京:电子工业出版社,2017.

练 习 题

对本章例题的数据,使用 Python 重新操作一遍。

第4篇

Python金融投资理论

第12章　Python计算资产组合的收益率与风险
第13章　Python优化工具在投资组合均值方差模型中的应用
第14章　Python应用于存在无风险资产的均值方差模型
第15章　Python在资本资产定价模型中的应用

第 12 章

Python 计算资产组合的收益率与风险

我们考虑未来一段时间投资某一资产的收益率,显然它是不确定的,因受到许多因素的影响,会随着有关条件和客观状态的变化而变化。因此,可以把收益率视为随机变量。作为随机变量,在不同的客观状态下,它将有不同的取值。如果我们能对客观状态发生的可能性即概率给予评估(例如通过对状态的分析,或通过主观概率试验法,或通过对历史数据的处理、建立模型,预测出各种状态可能发生的概率),那么,就可以通过随机变量的数学期望和方差描述出所持资产的预期收益率和收益率对预期收益率的可能偏离。

12.1 持有期收益率

设 P_{it},$P_{i(t-1)}$ 为某资产 i 在第 t 期和第 $t-1$ 期的价格,D_t 为某资产在第 t 期的红利,则其离散单利收益率公式为

$$r_{it} = \frac{P_{it} - P_{i(t-1)} + D_{it}}{P_{i(t-1)}}$$

例如:投资者以每股 10 元的价格买入股票 i,一年后该股票每股价格上升到 12 元,期间上市公司每股发放股息 0.2 元。在不考虑税收的情况下,投资者这一年的收益为

那么投资者一年的投资收益为:$r_i = \frac{12-10+0.2}{10} = 22(\%)$

在资产的分析和计算中,我们常常要使用连续复利收益率。连续复利收益率是指资产期末价格与上期末价格之比的对数,即

$$r_{it} = \ln \frac{P_{it} + D_{it}}{P_{i(t-1)}}$$

式中,r_{it}——资产 i 在第 t 期连续复利收益率;

P_{it}——资产 i 在第 t 期的价格;

$P_{i(t-1)}$——资产 i 第 $t-1$ 期的价格;

D_{it}——资产 i 在第 t 期的红利。

接上例数据。则:$r_i = \ln\left(\frac{12.2}{10}\right) = 20(\%)$。

从上可见,连续复利收益率20%与离散单利收益率22%是不同的,这是因为:$r_{it} = \ln \frac{P_{it} + D_{it}}{P_{i(t-1)}} = \ln\left(1 + \frac{P_{it} - P_{i(t-1)} + D_{it}}{P_{i(t-1)}}\right) = \frac{P_{it} - P_{i(t-1)} + D_{it}}{P_{i(t-1)}} + o\left(\frac{P_{it} - P_{i(t-1)} + D_{it}}{P_{i(t-1)}}\right) \approx \frac{P_{it} - P_{i(t-1)} + D_{it}}{P_{i(t-1)}}$,其中 $o\left(\frac{P_{it} - P_{i(t-1)} + D_{it}}{P_{i(t-1)}}\right)$ 表示高阶无穷小量。

有效年收益率是指按每年365天标准将 t 天的持有期收益率以复利方式年化而得到的收益率。

$$\text{有效年收益率} = (1 + \text{持有期收益率})^{365/t} - 1$$

上例中的债券3个月(90天)的持有期收益率为3%,则有效年收益率为:

$$\text{有效年收益率} = (1 + 3\%)^{365/90} - 1 = 12.74\%$$

例如,要比较持有期不同的债券的收益率,我们需要计算债券的有效年收益率,这样才能进行比较。

12.2 单项资产的期望收益率

一般来说,资产的收益是不能预先知道的,投资者只能估计各种可能发生的结果以及每种结果发生的概率。因此持有期收益率 r_t 是随机变量,设它的取值为 $r_1, r_2, \cdots, r_N$,相应的概率分布为 $p_1, p_2, \cdots, p_N$,即 $p_t = P(r = r_t), t = 1, 2, \cdots, N$,则

$$E(r) = \sum_{t=1}^{N} p_t r_t$$

它反映了投资者对未来收益水平的总体预期,称之为收益率的期望值,简称预期收益或期望收益。显然,未来实际收益率与预期收益率是有偏差的。

例:假设某公司未来一年的投资收益依赖于下一年的宏观经济状态,而宏观经济可能出现三种状态:繁荣、一般和萧条。在每种状态下,公司收益率分别为10%、5%和 −7%。根据经济学家的预测,未来宏观经济出现繁荣的概率为0.3,出现一般的概率为0.4,出现萧条的概率为0.3。结合上述信息,计算该公司的期望收益率。

根据上述公式可知:

$$E(r) = \sum_{t=1}^{3} = 0.3 \times 10\% + 0.4 \times 5\% + 0.3 \times (-7\%) = 2.9\%$$

12.3 单项资产的风险

如果投资者以预期收益率为依据进行决策。这种未来实际收益率与预期收益率的偏离,就是收益率的方差或者标准差。

定义:设持有期收益率随机变量 r_t 的期望 $E(r) < \infty$,且 $E[(r_t - E(r))^2] < \infty$,则方

差定义为

$$\sigma^2(r) = E[r_t - E(r)]^2 = \sum_{t=1}^{N}[r_t - E(r)]^2 p_t$$

称为收益率的方差(风险)。有时也记为 σ_r^2。

$$\sigma(r) = \sqrt{\sum_{t=1}^{N}(r_t - E(r))^2 p_t}$$

称为收益率的均方差或标准差。也记为 σ_r。

例：假设投资者等比例持有两只股票 ABC 和 XYZ。两只股票的收益率受到利率升降和原材料价格高低的影响。未来的经济状态有四种：①利率上升，原材料价格上涨；②利率上升，原材料价格下跌；③利率下降，原材料价格上涨；④利率下降，原材料价格下跌。如果每种经济状态发生的概率分别为 0.1,0.2,0.3,0.4，并给定每只股票在每种状态下的投资收益率如表 12-1 所示，计算两个资产收益率的方差和标准差，比较其风险水平。

表 12-1 四种经济状态的持有期收益率

	利率上升	利率下降
原材料价格上涨	5％,10％	7％,7％
原材料价格下跌	7％,12％	10％,9％

根据前面的计算结果我们知道两个资产的期望收益率分别等于 8％和 9.1％。这样一来，股票 ABC 收益率的方差为

$$\sigma_{ABC}^2 = \sum_{t=1}^{4} p_t \times (r_t - 8\%)^2$$
$$= 0.1 \times (5\% - 8\%)^2 + 0.2 \times (7\% - 8\%)^2 +$$
$$0.3 \times (7\% - 8\%)^2 + 0.4 \times (10\% - 8\%)^2$$
$$= 0.03\%$$

进而有 $\sigma_{ABC} = 1.732\%$。

股票 XYZ 收益率的方差为

$$\sigma_{XYZ}^2 = \sum_{t=1}^{4} p_t \times (r_t - 9.1\%)^2$$
$$= 0.1 \times (10\% - 9.1\%)^2 + 0.2 \times (12\% - 9.1\%)^2 +$$
$$0.3 \times (7\% - 9.1\%)^2 + 0.4 \times (9\% - 9.1\%)^2$$
$$= 0.0309\%$$

由此可得：$\sigma_{XYZ} = 1.758\%$。

12.4 单项资产的期望收益和风险的估计

期望和方差是随机变量的两个重要的数字特征。特别是对某些具有确定概率分布形

式只含有均值和方差两个未知参数的随机变量，只要能估计出参数的取值，则随机变量的统计规律便完全确定了。

在现实世界中从事证券资产投资时，很难得到收益率的概率分布，这时我们可以通过抽样，得到收益率容量为 N 的样本 $(r_1, r_2, \cdots, r_N)$，通过这个样本对随机变量的两个参数——均值与方差进行估计。

均值和方差的两个具有良好的统计性质的估计量就是它们的样本均值 $\bar{r}$ 和样本方差 $\bar{\sigma}_r^2$ 或标准差，它们由下述公式给出。

$$\bar{r} = \frac{1}{N}\sum_{t=1}^{N} r_t, \quad \bar{\sigma}_r^2 = \frac{1}{N-1}\sum_{t=1}^{N}(r_t - \bar{r})^2 \quad \text{或} \quad \bar{\sigma}_r = \left[\frac{1}{N-1}\sum_{t=1}^{N}(r_t - \bar{r})^2\right]^{1/2}$$

Python 语言的 Pandas 函数 mean, var, std 可用来求均值，方差，标准差。

例：假设股票的价格时间序列数据如下。

$$6.24, 6.25, 6.47, 6.76, 7.01, 6.76, 6.47, 6.45, 6.56, 7.22$$

求该股票的预期收益率的期望和方差。

先把股票价格变成收益率如下：

$$r_1 = \frac{P_1 - P_0}{P_0} = \frac{6.25 - 6.24}{6.24}, \quad r_2 = \frac{P_2 - P_1}{P_1} = \frac{6.47 - 6.25}{6.25}, \cdots$$

$$r_9 = \frac{P_9 - P_8}{P_8} = \frac{7.22 - 6.56}{6.56}$$

该股票的预期收益率和方差分别为

$$\bar{r} = \frac{1}{n}\sum_{i=1}^{n} r_i = \frac{1}{9}(r_1 + \cdots + r_9),$$

$$\sigma^2 = \frac{1}{n-1}\sum_{i=1}^{n}(r_i - \bar{r})^2 = \frac{1}{8}[(r_1 - \bar{r})^2 + \cdots + (r_9 - \bar{r})^2]$$

```
from pandas import Series,DataFrame
import pandas as pd
import numpy as np
df = Series([0.001603,0.0352,0.044822,0.036982,-0.03566,-0.0429,-0.00309,0.017054,0.10061])
np.mean(df)
0.017180111111111111
np.var(df)
0.0017218542636543 21
np.std(df)
0.04149523181829836
```

12.5　单项资产之间的协方差与相关系数

预期收益率和方差为我们提供了关于单个资产收益率的概率分布性质方面的情况，然而它没有告诉我们有关资产收益率概率分布关联性质方面的情况。例如,当知道了一种资产的收益率,其他资产收益率会出现什么样的倾向?统计中的两种资产收益率之间的协方差,可以用来描述两种资产收益率之间的相互关系。

设 r_A,r_B 分别为两种资产 A,B 的收益率,则称

$$\sigma_{r_A,r_B} = \mathrm{Cov}(r_A,r_B) = E[(r_A - E(r_A))(r_B - E(r_B))] = E(r_A r_B) - E(r_A)E(r_B)$$

为 r_A 和 r_B 的协方差。

协方差在理论上取值可以从负无穷到正无穷,我们可以把它除以相应的两种资产收益率的标准差,将它变为有界量,从而引进 r_A 和 r_B 的相关系数,记为 ρ_{r_A,r_B} 即

$$\rho_{r_A,r_B} = \frac{\mathrm{Cov}(r_A,r_B)}{\sigma(r_A)\sigma(r_B)}$$

相关系数的值落在 -1 到 1 的范围内。显然

$$\mathrm{Cov}(r_A,r_B) = \rho_{r_A,r_B}\sigma(r_A)\sigma(r_B)$$

并且 $|\rho_{r_A,r_B}|=1$ 的充分必要条件是 r_A 与 r_B 存在线性关系 $r_A = a \cdot r_B + c$。

当 $\rho_{r_A,r_B}=1$ 时,$a>0$,称为 r_A 与 r_B 完全正相关,表示当受到相同因素变化的影响时,资产 A 与资产 B 的收益率发生相同方向、相应幅度的变化。

当 $\rho_{r_A,r_B}=-1$ 时,$a<0$,称为 r_A 与 r_B 完全负相关,表示当受到相同因素变化的影响时,资产 A 与资产 B 的收益率发生方向相反、相应幅度的变化。

当 $\rho_{r_A,r_B}=0$ 时,$a=0$,称为 r_A 与 r_B 完全无关,或零相关,表示当受到相同因素变化的影响时,资产 A 与资产 B 的收益率的变化方向和变化幅度没有任何确定的关系。举例保单。

同样,$\mathrm{Cov}(r_A,r_B)$ 和 ρ_{r_A,r_B} 是理论值,在未知 r_A 和 r_B 的联合概率分布时,它们也是未知的。这时我们仍然可以通过抽取样本,用样本的协方差和样本之间的相关系数来估计 r_A 和 r_B 的关系。

在统计上,设 $(r_{A1}, r_{A2}, \cdots, r_{AN})$ 和 $(r_{B1}, r_{B2}, \cdots, r_{BN})$ 分别为 r_A 和 r_B 的样本,则 r_A 和 r_B 协方差 σ_{r_A,r_B} 和相关系数 ρ_{r_A,r_B} 具有良好统计性质的估计量分别为

$$\hat{\sigma}_{r_A,r_B} = \frac{1}{N-1}\sum_{t=1}^{N}(r_{At}-\overline{r}_A)(r_{Bt}-\overline{r}_B)$$

$$\hat{\rho}_{r_A,r_B} = \frac{\sum_{t=1}^{N}(r_{At}-\overline{r}_A)(r_{Bt}-\overline{r}_B)}{\sqrt{\sum_{t=1}^{N}(r_{At}-\overline{r}_A)^2}\sqrt{\sum_{t=1}^{N}(r_{Bt}-\overline{r}_B)^2}}$$

这里的相关系数告诉我们:一种资产收益率的变化与另一种资产收益率的变化相关的比率。例如当 $\rho_{r_A,r_B}=0.91$ 时,则我们可以说资产 A 的收益率变化的 91% 与资产 B 的收益率变化有关。

Python 语言的 Var、Corr、Cov 等函数可用来求方差,相关系数矩阵和协方差矩阵等。

例：三个投资项目的单项回报率历史数据如表 12-2 所示。

表 12-2 三个投资项目的单项回报率历史数据

时期	股票1	股票2	债券
1	0	0.07	0.06
2	0.04	0.13	0.07
3	0.13	0.14	0.05
4	0.19	0.43	0.04
5	−0.15	0.67	0.07
6	−0.27	0.64	0.08
7	0.37	0	0.06
8	0.24	−0.22	0.04
9	−0.07	0.18	0.05
10	0.07	0.31	0.07
11	0.19	0.59	0.1
12	0.33	0.99	0.11
13	−0.05	−0.25	0.15
14	0.22	0.04	0.11
15	0.23	−0.11	0.09
16	0.06	−0.15	0.1
17	0.32	−0.12	0.08
18	0.19	0.16	0.06
19	0.05	0.22	0.05
20	0.17	−0.02	0.07

求三个资产的相关系数矩阵和协方差矩阵。

在目录 F:\2glkx\data 下建立 al12-1.xls 数据文件后，使用的命令如下：

```
from pandas import Series,DataFrame
import pandas as pd
import numpy as np
df = pd.read_excel('F:\\2glkx\\data\\al12-1.xls')
df.head()
```

得到如下结果：

```
     s1    s2     b
0  0.00  0.07  0.06
1  0.04  0.13  0.07
2  0.13  0.14  0.05
3  0.19  0.43  0.04
4 -0.15  0.67  0.07
df.var()
```

得到如下结果：

```
s1    0.027433
s2    0.110153
b     0.000773
dtype: float64
var(df)
```

得到如下结果:

```
s1    0.026061
s2    0.104645
b     0.000735
dtype: float64
df.cov()
```

得到如下结果:

```
          s1          s2          b
s1    0.027433  -0.010768  -0.000133
s2   -0.010768   0.110153  -0.000124
b    -0.000133  -0.000124   0.000773
df.corr()
```

得到如下结果:

```
          s1          s2          b
s1    1.000000  -0.195894  -0.028908
s2   -0.195894   1.000000  -0.013400
b    -0.028908  -0.013400   1.000000
```

12.6 Python 计算资产组合的期望收益和风险

1. 两个资产组合收益的度量

假设有资产 1 和资产 2,对它们的投资比例分为 $x_1, x_2, x_1+x_2=1$,期末两资产的收益率分别是 r_1, r_2,则该资产组合的收益率为

$$r_P = x_1 r_1 + x_2 r_2$$

其中 x_1, x_2 可以大于 0,也可以小于 0。例如当 x_1 小于 0 时,则表示资产组合的投资者卖空了资产 1,并将所得收益连同原有资金买入资产 2。

r_1, r_2 是随机变量,它们的预期收益率是 $E(r_1), E(r_2)$,则资产组合的预期收益率为

$$E(r_P) = x_1 E(r_1) + x_2 E(r_2)$$

2. 两个资产组合风险的度量

两个资产组合收益率的方差除了与资产 1 和资产 2 的期望收益率和收益率方差有关外,还与两资产之间收益率的协方差 $\text{Cov}(r_1, r_2)$ 或相关系数 ρ_{12} 有关,即

$$\sigma_P^2 = x_1^2\sigma_1^2 + x_2^2\sigma_2^2 + 2x_1x_2\mathrm{Cov}(r_1,r_2) \tag{1}$$

$$\sigma_P^2 = x_1^2\sigma_1^2 + x_2^2\sigma_2^2 + 2x_1x_2\rho_{12}\sigma_1\sigma_2 \tag{2}$$

可根据上两式,选择不同的权数就可得到不同的资产组合,从而得到不同的期望收益率和方差。

根据(2),在其他量不变的情况下,相关系数不同,资产组合的风险也不同,具体分三种情况。

情况 1:资产 1 和资产 2 完全正相关,即 $\rho_{12}=1$,这时有如下结果:

$$E(r_P) = x_1 E(r_1) + x_2 E(r_2)$$

$$\sigma_P^2 = x_1^2\sigma_1^2 + x_2^2\sigma_2^2 + 2x_1x_2\sigma_1\sigma_2 = (x_1\sigma_1 + x_2\sigma_2)^2$$

情况 2:资产 1 和资产 2 完全负相关,即 $\rho_{12}=-1$,这时有如下结果:

$$E(r_P) = x_1 E(r_1) + x_2 E(r_2)$$

$$\sigma_P^2 = x_1^2\sigma_1^2 + x_2^2\sigma_2^2 - 2x_1x_2\sigma_1\sigma_2 = (x_1\sigma_1 - x_2\sigma_2)^2$$

情况 3:资产 1 和资产 2 不完全相关,即 $-1<\rho_{12}<1$,这时(2)不能简化。

3. 多资产组合的期望收益和风险

假设有 n 个资产,它们的预期收益率和方差已知,则 n 个资产组合 P 的预期收益率为

$$E(r_P) = \sum_{i=1}^{n} x_i E(r_i)$$

资产组合 P 的方差为

$$\sigma_P^2 = \sum_{i=1}^{n} x_i^2 \sigma_i^2 + \sum_{i=1}^{n}\sum_{k=1,k\neq i}^{n} x_i x_k \sigma_{ik} \triangleq X^T V X = \mathrm{Cov}(X,X)$$

$$\sigma_P^2 = [x_1,\cdots,x_n] \begin{bmatrix} \sigma_{11} & \cdots\cdots\cdots & \sigma_{1n} \\ \cdots\cdots\cdots\cdots\cdots \\ \sigma_{n1} & \cdots\cdots\cdots & \sigma_{nn} \end{bmatrix} \begin{bmatrix} x_1 \\ \cdots \\ x_n \end{bmatrix} \tag{3}$$

其中

$$X = \begin{pmatrix} x_1 \\ \cdots \\ x_n \end{pmatrix}, \quad V = (\sigma_{ik})_{n\times n}, \quad \sigma_{ii} = \sigma_i^2, \quad \sigma_{ik} = \sigma_{ki}$$

注意到 r_i 与 r_k 的相关系数定义为 $\rho_{ik} = \dfrac{\sigma_{ik}}{\sigma_i \sigma_k}$

所以又有 $\sigma_P^2 = \sum\limits_{i=1}^{n} x_i^2 \sigma_i^2 + \sum\limits_{i=1}^{n}\sum\limits_{k=1,k\neq i}^{n} x_i x_k \rho_{ik} \sigma_i \sigma_k = \sum\limits_{i=1}^{n} x_i^2 \sigma_i^2 + \sum\limits_{i=1}^{n}\sum\limits_{k=1,k\neq i}^{n} x_i x_k \sigma_{ik}$

其中 X 和 V 分别称为权重向量和协方差矩阵。

编制资产组合方差(风险)Python 语言函数如下:

```
def portvar(x,v):
```

```
        return x.T * v * x
```

例：2 种资产组合的权重向量为 $X^{\mathrm{T}}=[0.05,0.10]^{\mathrm{T}}$，协方差矩阵为 $V=\begin{bmatrix}1 & 0\\ 0 & 1\end{bmatrix}$，试计算投资组合的方差。

解：在本例中，权重向量和协方差矩阵已知，因此利用（3）计算公式，资产组合的方差为：

$$\sigma_P^2 = X^{\mathrm{T}}VX = [x_1,\cdots,x_n]\begin{bmatrix}\sigma_{11}\cdots\cdots\sigma_{1n}\\ \cdots\cdots\cdots\cdots\\ \sigma_{n1}\cdots\cdots\sigma_{nn}\end{bmatrix}\begin{bmatrix}x_1\\ \cdots\\ x_n\end{bmatrix} = [0.05\quad 0.10]\begin{bmatrix}1 & 0\\ 0 & 1\end{bmatrix}\begin{bmatrix}0.05\\ 0.10\end{bmatrix}$$

```
x = mat('0.05;0.10')  ##权重向量
v = mat('1 0;0 1')
portvar(x,v)
```

得到如下结果：

```
matrix([[ 0.0125]])
```

例：有 4 个资产，$E(r_1)=0.1, E(r_2)=0.2, E(r_3)=0.15, E(r_4)=0.01$。

用 Python 语言表述：Er=mat('0.1; 0.2; 0.15; 0.01')

这 4 个资产的回报率会存在一个对称的方差协方差矩阵。

比如：S=mat('0.10 0.01 0.30 0.05; 0.01 0.3 0.06 −0.04; 0.30 0.06 0.40 0.02; 0.05 −0.04 0.02 0.50')

用 $x_1,\cdots,x_n$ 代表每个资产在组合中的比重，所有的比重之和等于 1。4 个资产，比重 $x_1=0.2, x_2=0.1, x_3=0.6, x_4=0.1$，显然，它们之和等于 1。

用 Python 语言表述：x=mat('0.2 0.1 0.6 0.1'); x.sum()

使用 x 代表一个投资组合，$E(r_x)$ 代表这个组合的均值回报率，则

$$E(r_x) = X^{\mathrm{T}}E(r) = (x_1,\cdots,x_n)\begin{pmatrix}E(r_1)\\ \cdots\cdots\\ E(r_n)\end{pmatrix} = \sum_{i=1}^{n}x_i E(r_i)$$

还是以资产为例，Python 语言实现：

```
x = mat('0.2 0.1 0.6 0.1');Er = mat('0.1;0.2; 0.15; 0.01')
x * Er
matrix([[ 0.131]])
```

所有资产都是随机的，它们构成的投资组合也是随机的。

投资组合为：$\sigma_x^2 = X^{\mathrm{T}}VX = (x_1,\cdots,x_n)\begin{pmatrix}\sigma_{11}\cdots\cdots\sigma_{1n}\\ \cdots\cdots\cdots\cdots\\ \sigma_{n1}\cdots\cdots\sigma_{nn}\end{pmatrix}\begin{pmatrix}x_1\\ \cdots\\ x_n\end{pmatrix} = \sum_{i=1}^{n}\sum_{j=1}^{n}x_i x_j \sigma_{ij}$

以 4 个资产为例，在 Python 语言中，计算投资组合的方差如下：

```
x = mat('0.2;0.1;0.6;0.1')
S = mat('0.10 0.01 0.30 0.05;0.01 0.3 0.06 -0.04;0.30 0.06 0.40 0.02;0.05 -0.04 0.02 0.50')
x.T * S * x
matrix([[ 0.2392]])
```

4．实例

给不同资产随机分配初始权重：

```
noa = 3
weights = np.random.random(noa)
weights /= np.sum(weights)
weights
array([0.2145335 , 0.44753598, 0.33793052])
```

计算资产组合的预期收益、方差和标准差：

```
np.sum(df.mean() * weights)
0.13255019656402947
np.dot(weights.T, np.dot(df.cov(),weights))
 0.02128869764940731
np.sqrt(np.dot(weights.T, np.dot(df.cov(),weights)))
0.14590646884016936
```

练 习 题

1．假设某投资者持有 X、Y 两只股票，对应未来可能发生的不同宏观经济环境，两只股票的收益率如表 12-3 所示。

表 12-3　不同经济状态的持有期收益率

	繁　荣	一　般	萧　条
概率	0.3	0.5	0.2
股票 X	17％	12％	6％
股票 Y	13％	10％	9％

计算投资组合的期望收益率以及期望收益率的方差。

2．假定一个风险资产投资组合中包含大量的股票，它们有相同的分布，$E(r)=15\%$，$\sigma=60\%$，相关系数 $\rho=0.5$。

（1）含有 25 种股票的等权重投资组合期望收益和标准差是多少？

（2）构造一个标准差小于或等于 43％ 的有效投资组合所需要最少的股票数量为多少？

（3）这一投资组合的系统风险为多少？

（4）如果国库券的收益率为 10％，资本配置的斜率为多少？

第 13 章

Python 优化工具在投资组合均值方差模型中的应用

均值方差模型包括标准均值方差模型及其拓展模型。本章先介绍均值方差模型要用到的一些概念,包括资产组合的可行集、资产组合的有效集、最优资产组合等;然后介绍标准的标准均值方差模型及其应用。

13.1 资产组合的可行集

选择每个资产的投资比例,就确定了一个资产组合,在预期收益率 $E(r_P)$ 和标准差 σ_P 构成的坐标平面 $\sigma_P - E(r_P)$ 上就确定了一个点。因此,每个资产组合对应着 $\sigma_P - E(r_P)$ 坐标平面上的一个点;反之,$\sigma_P - E(r_P)$ 坐标平面上的一个点对应着某个特定的资产组合。如果投资者选择了所有可能的投资比例,则这些众多的资产组合点将在 $\sigma_P - E(r_P)$ 坐标平面上构成一个区域。这个区域称为资产组合的可行集或可行域。简而言之,可行集是实际投资中所有可能的集合。也就是说,所有可能的组合将位于可行集的边界和内部。

13.1.1 资产组合可行集的一部分

例:资产 1 的期望收益率为 0.06,标准差为 0.12;资产 2 的期望收益率为 0.11,标准差为 0.22,两资产之间的相关系数为 0.19,求不同权重的组合资产的期望收益率和标准差,并作出可行集。

Python 代码如下:

```
import pandas as pd
from numpy import *
import matplotlib.pyplot as plt  #绘图工具
er1 = 0.06;sigma1 = 0.12;er2 = 0.11;sigma2 = 0.22
rho = 0.19
covar = rho * sigma1 * sigma2
x = pd.Series([0,.1,.2,.3,.4,.5,.6,.7,.8,.9,1])
variance = x ** 2 * sigma1 ** 2 + (1-x) ** 2 * sigma2 ** 2 + 2 * x * (1-x) * covar
sigma = sqrt(variance)
ret = x * er1 + (1 - x) * er2
print (x,sigma,ret)
```

第 13 章　Python 优化工具在投资组合均值方差模型中的应用

```
       x  sigma   ret
0.0  0.220  0.110
0.1  0.201  0.105
0.2  0.182  0.100
0.3  0.165  0.095
0.4  0.149  0.090
0.5  0.135  0.085
0.6  0.124  0.080
0.7  0.116  0.075
0.8  0.113  0.070
0.9  0.114  0.065
1.0  0.120  0.060
plt.plot(sigma,ret,"k-o")
```

最后得到可行集，如图 13-1 所示。

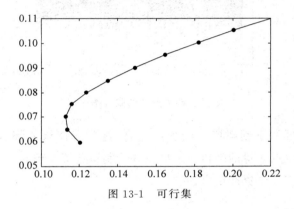

图 13-1　可行集

13.1.2　资产组合可行集的模拟

我们先从导入模块开始。

```
import numpy as np
import matplotlib.pyplot as plt
import cvxopt as opt
from cvxopt import blas, solvers
import pandas as pd
np.random.seed(0)
# 使得随机数据可预测.当我们设置相同的 seed,每次生成的随机数相同.如果不设置 seed, #则每次会生成不同的随机数
# 关掉进度展示,进度展示是运行过程进度的一个打印输出,可以通过其查看代码运行进度
solvers.options['show_progress'] = False
```

假设我们有 4 个资产，每个资产的收益率序列长度为 1000，即 1000 个交易日。我们可以使用 numpy.random.randn 从正态分布中抽样。

```
## N 资产数量
```

```python
n_assets = 4
## 收益率长度
n_obs = 1000
return_vec = np.random.randn(n_assets, n_obs)
plt.plot(return_vec.T, alpha = .8);
plt.xlabel('time')
plt.ylabel('returns')
```

得到如图 13-2 所示的图形。

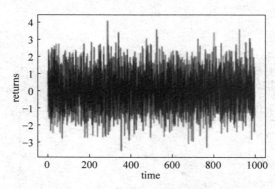

扫码看彩图

图 13-2　四个资产的收益率序列

这些收益率序列可用于创建广泛的资产组合,这些资产组合都有不同的收益和风险(标准差)。我们可以生成大量的随机权重向量并绘制这些资产组合。

一个权重向量对应一个资产组合。

```python
# 产生随机权重的函数
def rand_weights(n):
    ''' Produces n random weights that sum to 1 '''
    k = np.random.rand(n)
    return k / sum(k)
print(rand_weights(n_assets))
print(rand_weights(n_assets))
[ 0.07878356 0.11109718 0.50189567 0.3082236 ]
[ 0.23027874 0.50576579 0.1887153 0.07524017]
```

接下来,我们来评估这些随机资产组合表现如何。为了实现这一目标,我们计算收益率和波动率(这里我们使用标准差)。这里,我们设置了一个过滤器,只允许绘制标准偏差≤2 的资产组合,以便更好地展示说明。

```python
# 返回组合收益率和波动性
def random_portfolio(returns):
    p = np.asmatrix(np.mean(returns, axis = 1))    #p是N×1列向量
    w = np.asmatrix(rand_weights(returns.shape[0]))    #行向量
    C = np.asmatrix(np.cov(returns))
    mu = w * p.T
    sigma = np.sqrt(w * C * w.T)
    # 过滤器
```

```
        if sigma > 2:
            return random_portfolio(returns)
        return mu, sigma
```

在代码中计算资产组合收益率的公式为
$$R = p^T w$$
其中 R 是预期收益率，p^T 是每个时间序列收益率所形成的列向量的转置，w 是资产组合的 $N\times 1$ 权重向量。p 是 $N\times 1$ 列向量，所以 p^T 变成 $1\times N$ 行向量，其可以与 $N\times 1$ 权重（列）向量 w 相乘以给出一个标量（数值）。

我们计算资产组合波动性的公式为
$$\sigma = \sqrt{w^T C w}$$
其中 C 是为 $N\times N$ 矩阵的协方差矩阵。在协方差矩阵中，对角线的值代表每个资产的波动性（方差），而其他位置的值代表了资产之间的协方差。

我们产生 5000 个随机资产组合，并输出每个组合的收益率和波动率。

```
n_portfolios = 5000
means, stds = np.column_stack([
    random_portfolio(return_vec)
    for _ in range(n_portfolios)
])
plt.plot(stds, means, 'o', markersize = 5)
plt.xlabel('std')        # 标准差 - 波动性
plt.ylabel('mean')       # 平均值 - 收益率
plt.title('Mean and standard deviation of returns of randomly generated portfolios')
                         # 每个资产组合的收益率和波动性的散点图
```

得到如图 13-3 所示的图形。

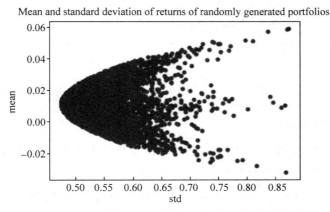

图 13-3　四个资产组合的收益率和波动性的散点图

图 13-3 是金融工程里面可以说是最重要的一幅图，横轴是波动率，纵轴是期望收益率。这个散点图中的每一个散点表示了一个资产组合（权重向量不一样），由于其形状类似子

弹,所以又被称为子弹图。因为我们追求的组合有两个标准:相同的期望收益下,波动性最小;相同的波动性下,期望收益最高,因此越靠近左上角的资产组合其实是越优的,从后面也可以看出,那是有效前沿。于是本章最重要的问题出来了,在给定多个资产历史数据的条件下,我们如何确定组合权重?这不得不引出马科维茨优化和有效边界。

13.2 有效边界与有效组合

1. 有效边界的定义

对于一个理性的投资者,他们都是厌恶风险而偏好收益的。在一定的收益下,他们将选择风险最小的资产组合;在一定的风险下,他们将选择收益最大的资产组合。同时满足这两个条件的资产组合的集合就是有效集,又称为有效边界。位于有效边界上的资产组合为有效组合。

2. 有效集的位置

有效集是可行集的一个子集。可行集、有效集、有效组合如图 13-4 所示。

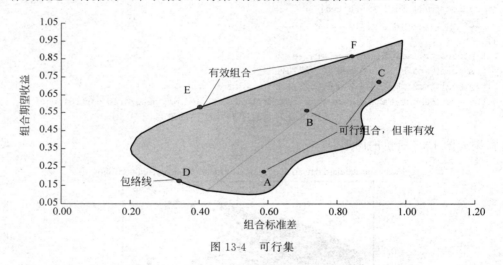

图 13-4 可行集

3. 最优资产组合的确定

在确定了有效集的形状之后,投资者就可以根据自己的无差异曲线选择效用最大化的资产组合。这个最优资产位于无差异曲线与有效集的相切点。

如图 13-5 所示,U_1,U_2,U_3 分别表示三条无差异曲线,它们的特点是下凸,其中 U_1 的效用水平最高,U_2 次之,U_3 最低,虽然投资者更加偏好于 U_1,但是在可行集上找不到这样的资产组合,因而是不可能实现的。U_3 上的资产组合虽然可以找到,但是由于 U_3 所代表的效用低于 U_2,所以 U_3 上的资产组合都不是最优的资产组合。U_2 正好与有效边界相切,代表了可以实现的最高投资效用,因此 P 点所代表的组合就是最优资产组合。

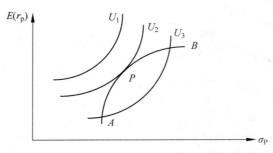

图 13-5 有效边界与无差异曲线

13.3 Python 应用于标准均值方差模型

标准均值方差模型是标准的资产组合理论模型,也就是马科维茨最初创建的模型,它讨论的是理性投资者如何在投资收益风险两者之间进行权衡,以获得最优回报的问题。这个问题是一个二次规划问题,分为等式约束和不等式约束两种,我们只讨论等式约束下的资产组合优化问题。

13.3.1 标准均值方差模型的求解

1. 标准均值方差模型

在介绍资产组合理论之前,先引入如下概念。

定义:如果一个资产组合对确定的预期收益率有最小的方差,则称该资产组合为最小方差资产组合。

假设有 n 种风险资产,其预期收益率组成的向量记为 $\vec{e}=(E(r_1),E(r_2),\cdots,E(r_n))^T$,每种风险资产的权重向量是 $X=(x_1,\cdots,x_n)^T$,协方差矩阵记为 $V=[\sigma_{ij}]_{n\times n}$,向量 $\vec{1}=[1,1,\cdots,1]^T$,并且假设协方差矩阵记为 $V=[\sigma_{ij}]_{n\times n}$ 是非退化矩阵,$\vec{e}\neq k\vec{1}$(k 为任一常数)。相应地,该资产组合的收益率记为 $E(r_P)=X^T\vec{e}$,风险记为 $\sigma_P^2=X^TVX$。

投资者的行为是:给定一定的资产组合预期收益率 μ 水平,选择资产组合使其风险最小。这其实就是要求解如下形式的问题——标准均值方差模型。

$$\min \frac{1}{2}\sigma_P^2 = \frac{1}{2}X^TVX \tag{13-1}$$

$$\text{s. t.} \begin{cases} \vec{1}^TX=1 \\ E(r_P)=\vec{e}^TX=\mu \end{cases}$$

这是一个等式约束的极值问题,我们可以构造 Lagrange 函数:

$$L(X,\lambda_1,\lambda_2)=\frac{1}{2}X^TVX+\lambda_1(1-\vec{1}^TX)+\lambda_2(\mu-X^T\vec{e}) \tag{13-2}$$

则最优的一阶条件为

$$\frac{\partial L}{\partial X} = VX - \lambda_1 \vec{1} - \lambda_2 \vec{e} = \vec{0}$$

$$\frac{\partial L}{\partial \lambda_1} = 1 - \vec{1}X = 0 \tag{13-3}$$

$$\frac{\partial L}{\partial \lambda_2} = \mu - \vec{e}^{\mathrm{T}} X$$

由(13-3)得最优解

$$X = V^{-1}(\lambda_1 \vec{1} + \lambda_2 \vec{e}) \tag{13-4}$$

(13-4)分别左乘 $\vec{1}^{\mathrm{T}}$ 和 $\vec{e}^{\mathrm{T}}$ 得

$$\begin{cases} 1 = \lambda_1 \vec{1}^{\mathrm{T}} V^{-1} \vec{1} + \lambda_2 \vec{1}^{\mathrm{T}} V^{-1} \vec{e} = \lambda_1 a + \lambda_2 b \\ \mu = \lambda_1 \vec{e}^{\mathrm{T}} V^{-1} \vec{1} + \lambda_2 \vec{e}^{\mathrm{T}} V^{-1} \vec{e} = \lambda_1 b + \lambda_2 c \end{cases} \tag{13-5}$$

记

$$\begin{cases} a = \vec{1}^{\mathrm{T}} V^{-1} \vec{1} \\ b = \vec{1}^{\mathrm{T}} V^{-1} \vec{e} \\ c = \vec{e}^{\mathrm{T}} V^{-1} \vec{e} \\ \Delta = ac - b^2 \end{cases}$$

从而方程组(13-5)有解(如果 $\vec{e} \neq k\vec{1}$,则 $\Delta = 0$,此时除 $\mu = k$ 外,方程无解)。解方程组(13-5)得

$$\begin{cases} \lambda_1 = (c - \mu b)/\Delta \\ \lambda_2 = (\mu a - b)/\Delta \end{cases} \tag{13-6}$$

将(13-6)代入(13-4)得

$$X = V^{-1}\left(\frac{(c-\mu b)\vec{1}}{\Delta} + \frac{(\mu a - b)\vec{e}}{\Delta}\right) = \frac{V^{-1}(c-\mu b)\vec{1}}{\Delta} + \frac{V^{-1}(\mu a - b)\vec{e}}{\Delta}$$

$$= \frac{V^{-1}(c\vec{1} - b\vec{e})}{\Delta} + \mu \frac{V^{-1}(a\vec{e} - b\vec{1})}{\Delta} \tag{13-7}$$

再将(13-4)代入(13-2),得到最小方差资产组合的方差

$$\sigma_P^2 = X^{\mathrm{T}} V X = X^{\mathrm{T}} V V^{-1}(\lambda_1 \vec{1} + \lambda_2 \vec{e}) = X^{\mathrm{T}}(\lambda_1 \vec{1} + \lambda_2 \vec{e}) = \lambda_1 X^{\mathrm{T}} \vec{1} + \lambda_2 X^{\mathrm{T}} \vec{e} \tag{13-8}$$

(13-8)给出了资产组合权重与预期收益率的关系。根据式(13-8)可知,最小方差资产组合在坐标平面 $\sigma(r_P)\text{-}E(r_P)$ 上有双曲线形式,如图 13-6(a)所示。而在 $\sigma^2(r_P)\text{-}E(r_P)$ 平面上可有抛物线形式,如图 13-6(b)所示。

至此,我们得到描述最小方差资产组合的两个重要的量:

权重 $\quad X = \dfrac{V^{-1}(c\vec{1} - b\vec{e})}{\Delta} + \mu \dfrac{V^{-1}(a\vec{e} - b\vec{1})}{\Delta}$

方差 $\quad \sigma_P^2 = (a\mu^2 - 2b\mu + c)/\Delta$

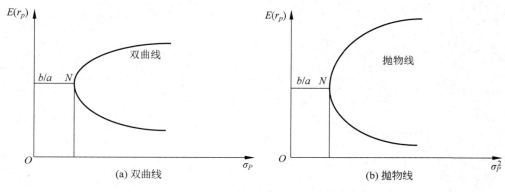

图 13-6　最小方差资产组合

2．标准均值方差模型的 Python 应用

例：考虑一个资产组合，其预期收益率矩阵为 $\vec{e}=[0.05,0.1]^{\mathrm{T}}$，协方差矩阵是 $V=\begin{bmatrix}1&0\\0&1\end{bmatrix}$，预期收益率 $\mu=0.075$。求最小方差资产组合的权重和方差。

解：$a=\vec{1}^{\mathrm{T}}V^{-1}\vec{1}=\begin{bmatrix}1&1\end{bmatrix}\begin{bmatrix}1&0\\0&1\end{bmatrix}\begin{bmatrix}1\\1\end{bmatrix}$；$b=\vec{1}^{\mathrm{T}}V^{-1}\vec{e}=\begin{bmatrix}1&1\end{bmatrix}\begin{bmatrix}1&0\\0&1\end{bmatrix}\begin{bmatrix}0.2\\0.5\end{bmatrix}$；

$$c=\vec{e}^{\mathrm{T}}V^{-1}\vec{e}=\begin{bmatrix}0.2&0.5\end{bmatrix}\begin{bmatrix}1&0\\0&1\end{bmatrix}\begin{bmatrix}0.2\\0.5\end{bmatrix}$$

$$X=\frac{V^{-1}(c\vec{1}-b\vec{e})}{\Delta}+\mu\frac{V^{-1}(a\vec{e}-b\vec{1})}{\Delta};$$

$$\sigma_P^2=(a\mu^2-2b\mu+c)/\Delta$$

该实例计算的 Python 代码与计算结果如下：

```
from numpy import *
v = mat('1 0;0 1')
print (v)
[[1 0]
 [0 1]]
e = mat('0.05;0.1')
print (e)
[[ 0.05]
 [ 0.1 ]]
ones = mat('1;1')
print (ones)
[[1]
 [1]]
a = ones.T * v.I * ones
print (a)
[[ 2.]]
b = ones.T * v.I * e
print (b)
[[ 0.15]]
```

```
c = e.T * v.I * e
print (c)
[[ 0.0125]]
d = a * c - b * b
print (d)
[[ 0.0025]]
u = 0.075
c = 0.0125
b = 0.15
g = v.I * (c * ones - b * e)/d
a = 2.0
h = v.I * (a * e - b * ones)/d
x = g + h * u
print (x)
[[ 0.5]
 [ 0.5]]
var = (a * u * u - 2 * b * u + c)/d
print (var)
[[ 0.5]]
```

13.3.2 全局最小方差

全局最小方差对应着图 13-6(a) 或图 13-6(b) 中的最左边的 N 点,为了求全局最小方差资产组合的解,我们令

$$\frac{d\sigma_P^2}{d\mu} = \frac{2a\mu - 2b}{\Delta} = 0$$

解得 $\mu = b/a$,则得全局最小方差为: $\sigma_P^2 = 1/a$

将 $\mu = b/a$ 代入(13-6)得

$$\lambda_1 = 1/a, \quad \lambda_1 = 0$$

所以全局最小方差资产组合的解为

$$X_g = \frac{V^{-1}\vec{1}}{a} = \frac{V^{-1}\vec{1}}{\vec{1}^T V^{-1}\vec{1}}$$

Python 程序设计留给读者思考,与 13.3.1 中的程序设计类似。

设 $b \neq 0$,定义

$$X_d = \frac{V^{-1}\vec{e}}{b} = \frac{V^{-1}\vec{e}}{\vec{1}^T V^{-1}\vec{e}}$$

Python 程序设计留给读者思考,与 13.3.1 中的程序设计类似。

X_d 为可分散的资产组合(指通过投资多种风险资产可降低非系统风险的资产组合权重),此时(13-4)可化为

$$X = (\lambda_1 a) X_g + (\lambda_2 b) X_d$$

$$\lambda_1 a + \lambda_2 b = a \frac{c - \mu b}{\Delta} + b \frac{\mu a - b}{\Delta} = \frac{ac - b^2}{\Delta} = 1$$

例：考虑一个资产组合,其预期收益率矩阵为 $\vec{e}=[0.2,0.5]^T$,协方差矩阵是 $V=\begin{bmatrix}1&0\\0&1\end{bmatrix}$,求全局最小方差资产组合和可分散资产组合的权重。

解：$X_g = \dfrac{V^{-1}\vec{1}}{a} = \dfrac{V^{-1}\vec{1}}{\vec{1}^T V^{-1}\vec{1}} = \dfrac{\begin{bmatrix}1&0\\0&1\end{bmatrix}\begin{bmatrix}1\\1\end{bmatrix}}{\begin{bmatrix}1&1\end{bmatrix}\begin{bmatrix}1&0\\0&1\end{bmatrix}\begin{bmatrix}1\\1\end{bmatrix}} = [0.5 \quad 0.5]^T$

$X_d = \dfrac{V^{-1}\vec{e}}{b} = \dfrac{V^{-1}\vec{e}}{\vec{1}^T V^{-1}\vec{e}} = \dfrac{\begin{bmatrix}1&0\\0&1\end{bmatrix}\begin{bmatrix}0.2\\0.5\end{bmatrix}}{\begin{bmatrix}1&1\end{bmatrix}\begin{bmatrix}1&0\\0&1\end{bmatrix}\begin{bmatrix}0.2\\0.5\end{bmatrix}} = [0.0286 \quad 0.714]^T$

13.3.3 有效资产组合

在图 13-6(a)和图 13-6(b)中,全局最小方差组合点 N 右边的双曲线或者抛物线分为上、下两条。这样,对于每个方差大于全局最小方差的资产组合,可以找到两条最小方差组合与之对应。其中一条均值大于 b/a,另一条均值小于 b/a。显然,均值小于 b/a 的是无效的,因为投资者是理性投资者。

定义：如果一个资产组合对确定的方差有最大期望收益率,同时对确定收益有最小的方差,则称该资产组合为均值方差有效资产组合。

在图 13-4 中,E,F 满足上述定义,这两点之间的所有边界点是有效集。有效集中的资产组合就是有效资产组合。

有效资产组合对应点所构成的集合是凸集。所谓凸集是集合中元素对凸组合运算是封闭的,也就是说有效资产组合的凸组合仍然是有效组合,而凸组合是指：设资产组合 $x_i(i=1,\cdots,n)$ 是 n 个资产组合,实数 $a \geqslant 0, (i=1,\cdots,n)$,且 $\sum_{i=1}^{n} a_i = 1$,则称 $\sum_{i=1}^{n} a_i x_i$ 为资产组合 $x_i(i=1,\cdots,n)$ 的凸组合。

13.4 两基金分离定理

总结以上结论,我们有下面著名的两基金分离定理。

定理：任一最小方差资产组合 X 都可唯一地表示成全局最小方差资产组合 X_g 和可分散资产组合 X_d 的资产组合：

$$X = AX_g + (1-A)X_d \tag{13-9}$$

其中,$A = (ac - \mu ab)/\Delta$,且 X 的收益率方差满足关系式

$$\sigma_P^2 = (a\mu^2 - 2b\mu + c)/\Delta$$

由(13-9)所有最小方差资产组合都可由两种不同资产组合 X_g 和 X_d 所生成。X_g 和 X_d 通常称为共同基金。所以,该定理称为两基金分离定理。在这种情况下,所有通过均值和方差选择资产组合的投资者,都能通过持有 X_g 和 X_d 组成的资产组合得到满足,而不顾及投资者各自的偏好。所以,通过两个共同基金即可购买所有原始资产,而投资者也能够购买这两个共同基金。

任意两个不同的最小方差资产组合都可替代 X_g 和 X_d,而且具有相同的基金分离作用。例如,X_g 和 X_d 是两个最小方差组合,则由式(13-9),有

$$X_u = (1-u)X_g + uX_d, \quad X_v = (1-v)X_g + vX_d$$

从而

$$X = \frac{\lambda_1 a + v - 1}{v - u} X_u + \frac{1 - u - \lambda_1 a}{v - u} X_v$$

容易验证,$X_u + X_v = \vec{1}$,所以可用 X_u, X_v 代替 X_g, X_d。

性质:设 $X_u = (1-u)X_g + uX_d$,$X_v = (1-v)X_g + vX_d$ 表示任意两个最小方差资产组合,则其协方差为 $1/a + uv\Delta/(ab^2)$;特别地,全局最小方差资产组合与任何资产或资产组合的协方差都为 $1/a$。

证明:对最小方差组合,协方差的可行域是 $(-\infty, +\infty)$。记 $E(r_u) = X_u^T \vec{e}$,$E(r_v) = X_v^T \vec{e}$,则

$$\text{Cov}(r_u, r_v) = (1-u)(1-v)\sigma_g^2 + uv\sigma_d^2 [u(1-v) + v(1-u)]\sigma_{gd}$$

$$\frac{(1-u)(1-v)}{a} + \frac{uvc}{b^2} + \frac{u+v-2uv}{a} = \frac{1}{a} + \frac{uv\Delta}{ab^2}$$

全局最小方差资产组合与任意资产或资产组合的协方差为

$$\text{Cov}(r_g, r_P) = X_g^T V X_P = \frac{\vec{1}^T V^{-1} V X_P}{a} = \frac{1}{a}$$

$\text{Cov}(r_u, r_v)$ 与 $\text{Cov}(r_g, r_P)$ 的计算程序留给读者思考。

13.5 Python 绘制资产组合的有效边界

例:输入如表 13-1 的数据。

表 13-1 已 知 数 据

输入各个证券的预期收益率				
	证券 1	证券 2	证券 3	证券 4
预期收益率	8%	12%	6%	18%
标准差	32%	26%	45%	36%

续表

输入各个证券间的协方差矩阵				
	证券 1	证券 2	证券 3	证券 4
证券 1	0.1024	0.0328	0.0655	−0.0022
证券 2	0.0328	0.0676	−0.0058	0.0184
证券 3	0.0655	−0.0058	0.2025	0.0823
证券 4	−0.0022	0.0184	0.0823	0.1296
输入单位向量转置	1	1	1	1

建立 Excel 数据文件为 yxbj.xls,数据如下:

u
0.01
0.03
0.05
0.07
0.09
……
0.35
0.37
0.39

利用上述给出的数据,绘制四个资产组成的投资组合的有效边界。

为了绘制四个资产投资组合的有效边界,根据如下公式:

$$\begin{cases} a = \vec{1}^T V^{-1} \vec{1} \\ b = \vec{1}^T V^{-1} \vec{e} \\ c = \vec{e}^T V^{-1} \vec{e} \\ \Delta = ac - b^2 \end{cases}, \quad \sigma_P^2 = (a\mu^2 - 2b\mu + c)/\Delta$$

我们编制 Python 代码如下:

```
from numpy import *
import numpy as np
import pandas as pd
import matplotlib.pyplot as plt  #绘图工具
#读取数据并创建数据表,名称为 u
u = pd.DataFrame(pd.read_excel('F:\\2glkx\\data\\yxbj.xls'))
V = mat('0.1024 0.0328 0.0655 -0.0022;0.0328 0.0676 -0.0058 0.0184;0.0655 -0.0058 0.2025 0.0823;-0.0022 0.0184 0.0823 0.1296')
e = mat('0.08;0.12;0.06;0.18')
ones = mat('1;1;1;1')
a = ones.T*V.I*ones
b = ones.T*V.I*e
c = e.T*V.I*e
```

```
d = a * c - b * b
a = np.array(a)
b = np.array(b)
c = np.array(c)
d = np.array(d)
u = np.array(u)
var = (a * u * u - 2.0 * b * u + c)/d
sigp = sqrt(var)
print (sigp,u)
[[ 0.40336771]
 [ 0.35191492]
 [ 0.3043241 ]
 [ 0.2627026 ]
 [ 0.23030981]
 [ 0.21143086]
 [ **0.20974713**]
 [ 0.22564387]
 [ 0.25586501]
 [ 0.29605591]
 [ 0.34272694]
 [ 0.39357954]
 [ 0.44718944]
 [ 0.50267524]
 [ 0.55947908]
 [ 0.61723718]
 [ 0.67570488]
 [ 0.73471279]
 [ 0.7941405 ]
 [ 0.85390036]]
[[ 0.01]
 [ 0.03]
 [ 0.05]
 [ 0.07]
 [ 0.09]
 [ 0.11]
 [ **0.13**]
 [ 0.15]
 [ 0.17]
 [ 0.19]
 [ 0.21]
 [ 0.23]
 [ 0.25]
 [ 0.27]
 [ 0.29]
 [ 0.31]
 [ 0.33]
 [ 0.35]
 [ 0.37]
 [ 0.39]]
plt.plot(sigp, u,':ro')
```

用 sigp 和 u 的数据可得到如图 13-7 所示的 4 个资产投资组合的有效边界。

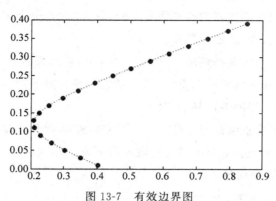

图 13-7　有效边界图

从上面显示的数据和图 13-7 中，我们可以看出，最小风险（标准差）所对应的点是 (0.20974713,0.13)。

13.6　Python 应用于 Markowitz 投资组合优化

13.6.1　股票的选择

逾 1500 家上市公司披露了 2019 年一季报或一季度业绩预告，从预告的净利润增幅下限来看，53% 的上市公司一季度净利润同比上涨，近 3 成公司涨幅超过 50%。

基于已披露的财报和业绩预告，数据宝对 2018 年全年和 2019 年一季度业绩双双高增长的上市公司进行了筛选，剔除基期负利和微利的公司后，共有 28 家上市公司 2018 年年报和 2019 年一季报公告的归属于母公司净利润均翻番。

这 28 家上市公司来自于 17 个不同的申万一级行业，行业分布较为分散，其中农林牧渔业和化工行业上市公司各有 3 家，数量最多。

28 家公司中，赣能股份、杰瑞股份和威华股份 2018 年净利润增幅最高，超过 500%。其中，赣能股份的业绩高增长主要与 2017 年非经常性损失造成的基期利润大幅下滑有关。扣除非经常性损益的影响后，公司 2018 年净利润与 2017 年基本持平。

杰瑞股份 2018 年营业收入和归属于母公司净利润同比增速分别为 44% 和 807%，业绩大涨的主要原因在于行业景气度的提升使市场对于油田技术服务及钻完井设备需求快速增加，同时规模效益和产品热销带来的价格回暖也使公司毛利率有所提升。2019 年一季度公司订单量持续增长，业绩预期再度爆发，净利润预增幅度达 210%~260%。

威华股份 2018 年营业收入上涨了 25%，归属于母公司净利润同比暴增 5 倍。业绩增长的主要原因在于纤维板业务的盈利能力的增强以及锂盐业务产能逐步释放。2019 年一季度公司业绩同比上涨了423.8%,中报预期盈利将继续上涨。

从2019年一季报和业绩预告的业绩来看,华昌化工、农产品和海普瑞的预告净利润同比增幅下限超过了10倍,为28股中最高。

华昌化工2019年一季度业绩预增1652%～1970%,业绩预告显示,公司业绩暴增的主要原因在于公司所处行业整体趋向于企稳,原料结构调整二期项目的投产降低了公司生产成本,同时增加了多元醇、甲醇等产品的产能。

农产品2019年一季度业绩预增1299%～1625%,业绩增长主要来源于公司下属参股公司的销售收益及下属参股公司完成的发行股份购买资产事项。

2股近三年净利润增速均超100%。

从业绩增长的连续性来看,28家2018年年报和2019年一季报净利润预期翻番的上市公司中,10家公司2016至2018三年净利润连续增长,三一重工和通源石油连续三年净利润增幅均过100%。此外,中公教育、天喻信息和利达光电近三年净利润复合增长率也超过100%。

2股2019年以来股价翻倍,9股滞涨。

从2019年以来的股价表现来看,28股年内股价平均上涨了49.5%,12股股价涨幅超过50%,华昌化工和利达光电年初至今已累计上涨了135%和108%,股价表现最好。

9股2019年第一季度的涨幅不足30%,跑输大盘。其中海普瑞、恩捷股份、宝新能源、美诺华和量子生物股价年内涨幅不足20%,滞涨情形较为严重。

从估值来看,8股滚动市盈率不足30倍。常宝股份、圣农发展、三一重工和仙坛股份的最新股东市盈率不到20倍,为28股中最低。

如图13-8所示。我们在图13-8中选择华昌化工、利达光电及中公教育收盘价数据来做资产组合。

2018年报与2019年一季度业绩翻番股

代码	简称	2019年一季度净利润增长率(%)	2018年净利润增长率(%)	今年以来股价涨跌幅(%)
002274	华昌化工	1652.00	152.86	135.90
000061	农产品	1299.60	207.85	29.28
002399	海普瑞	1088.45	219.62	10.20
002812	恩捷股份	729.00	243.65	10.99
300130	新国都	540.00	220.45	51.59
300205	天喻信息	512.45	347.06	79.12
002725	跃岭股份	441.69	193.13	36.63
603538	美诺华	436.95	115.66	17.27
002240	威华股份	423.80	509.31	34.84
002299	圣农发展	414.14	377.79	61.00
002746	仙坛股份	360.69	294.19	80.77
600496	精工钢构	279.00	190.00	37.93
002607	中公教育	269.44	119.67	83.03
002803	吉宏股份	260.00	156.99	77.29
000899	赣能股份	225.76	1045.91	38.13
000690	宝新能源	211.71	348.81	17.24
002353	杰瑞股份	210.00	807.57	68.93
002189	利达光电	198.99	237.74	108.76
002591	恒大高新	180.95	183.48	20.88
300164	通源石油	178.16	134.83	24.28
002478	常宝股份	165.00	237.30	46.09
002409	雅克科技	135.00	284.90	29.42
002467	二六三	135.00	177.67	79.05
300149	量子生物	110.00	178.63	18.18
600031	三一重工	100.00	192.33	58.51
300632	光莆股份	100.00	126.76	59.97
002154	报喜鸟	100.00	102.30	33.66
300456	耐威科技	100.00	104.15	36.03

图13-8 2018—2019年利润与股价涨幅情况

13.6.2 Markowitz投资组合优化基本理论

多股票组合策略回测时常常遇到这样的问题:仓位如何分配?其实,这个问题早在1952年马科维茨(Markowitz)就给出了答案,即:投资组合理论。根据这个理论,我们可以对多资产的组合配置进行三方面的优化。

(1) 在风险-收益平面中,找到风险最小的投资组合;

(2) 在风险-收益平面中,找到 Sharpe 比最优的投资组合(收益-风险均衡点);

(3) 在风险-收益平面中,找到有效边界(或有效前沿),在既定的收益率下使投资组合的标准差最小化。

该理论基于用均值-方差模型来表述投资组合的优劣的前提。我们将选取几只股票,用蒙特卡洛模拟来探究投资组合的有效边界。通过 Sharpe 比最大化和方差或标准差最小化两种优化方法来找到最优的投资组合配置权重参数。最后,刻画出可能的分布,两种最优组合以及组合的有效边界。

13.6.3 投资组合优化的 Python 应用

本节介绍应用 Python 的 SCO.minimize 函数来求解最优投资组合。

```
＃＃导入需要的程序包
import tushare as ts              ＃需先安装 tushare 程序包
＃此程序包的安装命令:pip install tushare
import pandas as pd
import numpy as np                ＃数值计算
from pandas.core import datetools
import statsmodels.api as sm      ＃统计运算
import scipy.stats as scs         ＃科学计算
import matplotlib.pyplot as plt   ＃绘图
```

1. 选择股票代号、获取股票数据、清理及其可视化

```
＃把相对应股票的收盘价按照时间的顺序存入 DataFrame 对象中
data = pd.DataFrame()
data1 = ts.get_k_data('002274','2018 - 01 - 01','2019 - 10 - 01')
data1 = data1['close']             ＃华昌化工收盘价数据
data['002274'] = data1
data2 = ts.get_k_data('002189', '2018 - 01 - 01','2019 - 10 - 01')
data2 = data2['close']             ＃利达光电收盘价数据
data['002189'] = data2
data3 = ts.get_k_data('002607', '2018 - 01 - 01','2019 - 10 - 01')
data3 = data3['close']             ＃中公教育收盘价数据
data['002607'] = data3
＃数据清理
data = data.dropna()
data.head()
＃规范化后时序数据
data.plot(figsize = (8,4))
```

得到如图 13-9 所示的图形。

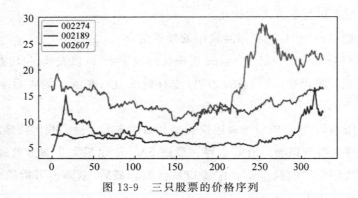

扫码看彩图

图 13-9　三只股票的价格序列

2. 计算不同证券的均值、协方差和相关系数

计算投资资产的协方差是构建资产组合过程的核心部分。运用 Pandas 内置方法生成协方差矩阵。

```
returns = np.log(data / data.shift(1))
a = np.returns.mean() * 252
```

输出结果为：

```
002274    0.369751
002189    0.202967
002607    1.075092
dtype: float64
returns.cov()    #计算协方差
```

输出结果为：

```
          002274    002189    002607
002274  0.000905  0.000017  0.000029
002189  0.000017  0.001065  0.000102
002607  0.000029  0.000102  0.001475
returns.corr()    #计算相关系数
```

输出结果为：

```
          002274    002189    002607
002274  1.000000  0.017442  0.025334
002189  0.017442  1.000000  0.081694
002607  0.025334  0.081694  1.000000
```

从上可见，各证券之间的相关系数不太大，可以做投资组合。

3. 给不同资产随机分配初始权重

假设不允许建立空头头寸，所有的权重系数均在 0~1 之间。

```
noa = 3
```

```python
weights = np.random.random(noa)
weights /= np.sum(weights)
x = weights
```

输出结果为:

```
array([0.23274847, 0.05264993, 0.7146016 ])
```

4. 计算组合预期收益、组合方差和组合标准差

```python
np.sum(returns.mean() * weights) * 252
```

输出结果为:

```
0.001985420034126181
np.dot(weights.T, np.dot(returns.cov(),weights))
```

输出结果为:

```
0.0003985690192335607
np.sqrt(np.dot(weights.T, np.dot(returns.cov(),weights)))
```

输出结果为:

```
0.01996419342807419
```

5. 用蒙特卡洛模拟产生大量随机组合

现在,我们最想知道的是给定的一个股票池(投资组合)如何找到风险和收益平衡的位置。下面通过一次蒙特卡洛模拟,产生大量随机的权重向量,并记录随机组合的预期收益和方差。

```python
port_returns = []
port_variance = []
for p in range(5000):
    weights = np.random.random(noa)
    weights /= np.sum(weights)
    port_returns.append(np.sum(returns.mean() * 252 * weights))
    port_variance.append(np.sqrt(np.dot(weights.T, np.dot(returns.cov() * 252, weights))))
port_returns = np.array(port_returns)
port_variance = np.array(port_variance)
# 无风险利率设定为 1.5%
risk_free = 0.015
plt.figure(figsize = (8,4))
plt.scatter(port_variance, port_returns, c = (port_returns - risk_free)/port_variance, marker = 'o')
plt.grid(True)
plt.xlabel('volatility')
plt.ylabel('expected return')
plt.colorbar(label = 'Sharpe ratio')
```

得到如图 13-10 所示的图形。

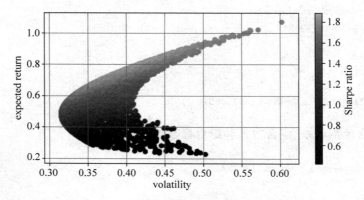

图 13-10 蒙特卡洛模拟产生大量随机组合

6. sharpe 最大的最优资产

建立 statistics 函数来记录重要的投资组合统计数据(收益、方差和夏普比)。

通过对约束最优问题的求解,得到最优解。其中约束是权重总和为 1。

```
def statistics(weights):
    weights = np.array(weights)
    port_returns = np.sum(returns.mean() * weights) * 252
    port_variance = np.sqrt(np.dot(weights.T, np.dot(returns.cov() * 252,weights)))
    return np.array([port_returns, port_variance, (port_returns - risk_free)/port_variance])
#最优化投资组合的推导是一个约束最优化问题
import scipy.optimize as sco
#最小化夏普指数的负值
def min_sharpe(weights):
    return - statistics(weights)[2]
#约束是所有参数(权重)的总和为1.这可以用minimize函数的约定表达如下
cons = ({'type':'eq', 'fun':lambda x: np.sum(x) - 1})
#我们还将参数值(权重)限制在0和1之间.这些值以多个元组组成的一个元组形式提供给最小化函数
bnds = tuple((0,1) for x in range(noa))
#优化函数调用中忽略的唯一输入是起始参数列表(对权重的初始猜测).我们简单的使用平均分布
opts = sco.minimize(min_sharpe, noa * [1./noa,], method = 'SLSQP', bounds = bnds, constraints = cons)
opts
```

运行上述代码,得到如下结果:

```
     fun: -1.8861142481382729
     jac: array([-0.03715463, -0.03720495, -0.03700775])
 message: 'Optimization terminated successfully.'
    nfev: 36
     nit: 7
    njev: 7
  status: 0
 success: True
       x: array([0.31278928, 0.08747832, 0.59973239])
```

输入如下代码后:

```
opts['x'].round(3)
```

得到的最优组合权重向量为：

```
array([0.313, 0.087, 0.600])
#预期收益率、预期波动率、最优夏普指数
statistics(opts['x']).round(4)
array([0.7782, 0.4046, 1.8861])
```

7. 标准差风险最小的最优资产组合

下面我们通过风险最小来选出最优资产组合。

```
def min_variance(weights):
    return statistics(weights)[1]
#初始权重为等权重 1./noa
optv = sco.minimize(min_variance, noa * [1./noa,], method = 'SLSQP', bounds = bnds, constraints = cons)
optv
```

得到如下结果：

```
     fun: 0.31555288726068836
     jac: array([0.3155471 , 0.31565719, 0.31541217])
 message: 'Optimization terminated successfully.'
    nfev: 20
     nit: 4
    njev: 4
  status: 0
 success: True
       x: array([0.42273692, 0.34153185, 0.23573123])
```

方差最小的最优组合权重向量及组合的统计数据分别为：

```
optv['x'].round(4)
```

得到如下结果：

```
array([0.4227, 0.3415, 0.2357])
#得到的预期收益率、波动率和夏普指数
statistics(optv['x']).round(4)
```

得到如下结果：

```
array([0.4791, 0.3156, 1.4706])
```

在上面的方差最小化模型中，如果我们再加上一个条件 $\mu = E(r_P) \geqslant \mu_0$，例如 $\mu_0 = 0.60$。那么结果如何呢？

我们只要在 cons 中进行如下设置即可。

```
cons = ({'type': 'eq', 'fun': lambda x: np.sum(x) - 1},{'type': 'ineq', 'fun': lambda x: x[0] * a[0] + x[1] * a[1] + x[2] * a[2] - 0.60})
```

或者在 cons 中进行如下设置：

```
cons = ({'type': 'eq', 'fun': lambda x: np.sum(x) - 1},{'type': 'ineq', 'fun': lambda x: np.sum
(product(a,x)) - 0.60})
```

8. 资产组合的有效边界(前沿)

有效边界由既定的目标收益率下方差最小的投资组合构成。

在最优化时采用两个约束:(1)给定目标收益率;(2)投资组合权重和为1。

```
def min_variance(weights):
    return statistics(weights)[1]
#在不同目标收益率水平(target_returns)循环时,最小化的一个约束条件会变化。
target_returns = np.linspace(0.0,0.5,50)
target_variance = []
for tar in target_returns:
    cons = ({'type':'eq','fun':lambda x:statistics(x)[0] - tar},{'type':'eq','fun':lambda x:np.
sum(x) - 1})
##初始权重是等权重,SLSQP方法为最小序列二次规划方法
    res = sco.minimize(min_variance, noa * [1./noa,], method = 'SLSQP', bounds = bnds,
constraints = cons)
    target_variance.append(res['fun'])
target_variance = np.array(target_variance)
```

下面是最优化结果的展示。

叉号:构成的曲线是有效边界(目标收益率下最优的投资组合)
红星:sharpe最大的投资组合
黄星:方差最小的投资组合
```
plt.figure(figsize = (8,4))
#圆圈:蒙特卡洛随机产生的组合分布
plt.scatter(port_variance, port_returns, c = port_returns/port_variance,marker = 'o')
#叉号:有效边界
plt.scatter(target_variance,target_returns, c = target_returns/target_variance, marker = 'x')
#红星:标记最高sharpe组合
plt.plot(statistics(opts['x'])[1], statistics(opts['x'])[0], 'r*', markersize = 15.0)
#黄星:标记最小方差组合
plt.plot(statistics(optv['x'])[1], statistics(optv['x'])[0], 'y*', markersize = 15.0)
plt.grid(True)
plt.xlabel('volatility')
plt.ylabel('expected return')
plt.colorbar(label = 'Sharpe ratio')
```

得到如图13-11所示的图形。

扫码看彩图

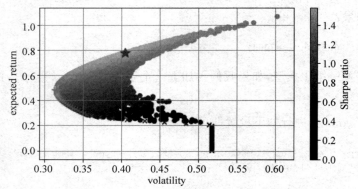

图13-11 资产组合的可行集和有效边界

练 习 题

某 4 个资产的投资组合,各个资产的预期收益率、标准差和资产之间的协方差矩阵如表 13-2 和表 13-3 所示,要求期望收益率为 15%,计算最优投资组合。

表 13-2 各资产的预期收益率

	资产 1	资产 2	资产 3	资产 4
预期收益率	12%	15%	10%	20%

表 13-3 各资产间的协方差矩阵

	资产 1	资产 2	资产 3	资产 4
资产 1	0.1254	−0.0005	0.0765	0.0213
资产 2	−0.0005	0.0986	0.0432	−0.0232
资产 3	0.0765	0.0432	0.1244	0.0654
资产 4	0.0213	−0.0232	0.0654	0.2145

第 14 章

Python 应用于存在无风险资产的均值方差模型

本章介绍存在无风险资产的均值方差模型,以及 Python 的应用。

14.1 存在无风险资产的均值方差模型及其 Python 应用

设投资者在市场上可以获得 $n+1$ 种资产,其中有 n 种风险资产,1 种无风险资产。无风险资产的投资权重可以为正,也可以为负。权重为正,表示储蓄;权重为负,表示购买风险资产。

在这种情况下,资产组合问题发生了如下变化:(1)没有预算约束 $\vec{1}^T X = 1$;(2)预算收益率必须超过无风险收益率 r_f,即风险溢价为 $(\vec{e} - r_f \vec{1})^T X = \mu - r_f$,这时,最小方差资产组合问题可以表示为以下优化问题:

$$\min \frac{1}{2}\sigma_P^2 = \frac{1}{2} X^T V X \tag{14-1}$$

$$\text{s.t. } (\vec{e} - r_f \vec{1})^T X = \mu - r_f$$

称之为存在无风险资产的均值方差模型。我们可以构造 Lagrange 函数求解(14-1)。令

$$L(X, \lambda) = \frac{1}{2} X^T V X + \lambda [\mu - r_f - (\vec{e} - r_f \vec{1})^T X] \tag{14-2}$$

则最优的一阶条件为

$$\frac{\partial L}{\partial X} = V X - \lambda (\vec{e} - r_f \vec{1}) = \vec{0} \tag{14-3}$$

由(14-3)得最优解

$$X = \lambda V^{-1} (\vec{e} - r_f \vec{1}) \tag{14-4}$$

又因为无风险资产的权重为

$$X_0 = 1 - \vec{1}^T X \tag{14-5}$$

所以无风险资产收益为

$$r_f X_0 = r_f 1 - r_f \vec{1}^T X$$

注意到 $\mu = \vec{e}^T X, a = \vec{1}^T V^{-1} \vec{1}, b = \vec{1}^T V^{-1} \vec{e}, c = \vec{e}^T V^{-1} \vec{e}, \Delta = ac - b^2$

将(14-4)代入(14-2),有

$$\mu - r_f = \lambda (\vec{e} - r_f \vec{1})^T V^{-1} (\vec{e} - r_f \vec{1}) = \lambda (c - 2r_f b + r_f^2 a)$$

第 14 章　Python 应用于存在无风险资产的均值方差模型

整理后有

$$\lambda = \frac{\mu - r_f}{c - 2r_f b + r_f^2 a} \tag{14-6}$$

将(14-6)代入(14-4),有

$$\boldsymbol{X} = \frac{\mu - r_f}{c - 2r_f b + r_f^2 a} \boldsymbol{V}^{-1}(\vec{e} - r_f \vec{1}) \tag{14-7}$$

由式(14-1),(14-6),(14-7),得最小方差资产组合的方差为：

$$\sigma_P^2 = \boldsymbol{X}^T \boldsymbol{V} \boldsymbol{X} = \boldsymbol{X}^T \lambda(\vec{e} - r_f \vec{1}) = \lambda(\boldsymbol{X}^T \vec{e} - r_f \boldsymbol{X}^T \vec{1})$$

$$= \lambda(\mu - r_f) = \frac{(\mu - r_f)^2}{c - 2r_f b + r_f^2 a} \tag{14-8}$$

至此,我们得到描述存在无风险资产条件下的最小方差资产组合的两个重要的量：

$$\boldsymbol{X} = \frac{\mu - r_f}{c - 2r_f b + r_f^2 a} \boldsymbol{V}^{-1}(\vec{e} - r_f \vec{1})$$

$$\sigma_P^2 = \frac{(\mu - r_f)^2}{c - 2r_f b + r_f^2 a}$$

编制求最小方差资产组合权重的 Python 语言函数如下：

```
def rfwport(V,e,u,ones,rf):
    a = ones.T * V.I * ones
    b = ones.T * V.I * e
    c = e.T * V.I * e
    h = (u - rf)/(c - 2 * rf * b + rf ** 2 * a)
    g = V.I * (e - rf * ones)
    ss = g.getA()    #矩阵转换为数组
    tt = h.getA()    #矩阵转换为数组
    x = tt * ss
    return x
```

编制求资产组合最小方差的 Python 语言函数如下：

```
def rfportvar(V,e,u,ones,rf):
    a = ones.T * V.I * ones
    b = ones.T * V.I * e
    c = e.T * V.I * e
    var = (u - rf) ** 2/(c - 2 * rf * b + rf ** 2 * a)
    return var
```

例：考虑一个资产组合,其预期收益率矩阵为 $\vec{e} = [0.2, 0.5]^T$,协方差矩阵是 $\boldsymbol{V} = \begin{bmatrix} 1 & 0 \\ 0 & 1 \end{bmatrix}$,无风险利率 $r_f = 0.1$,预期收益率是 0.2,求该资产组合最小方差资产组合的权重和方差。

```
e = mat('0.2;0.5')
```

```
V = mat('1 0;0 1')
ones = mat('1;1')
u = 0.2
rf = 0.1
rfwport(V,e,u,ones,rf)
```

得到如下结果:

```
Out[39]:
array([[ 0.05882353],
       [ 0.23529412]])
rfportvar(V,e,u,ones,rf)
```

得到如下结果:

```
Out[40]: matrix([[ 0.05882353]])
```

14.2　无风险资产对最小方差组合的影响

根据(14-8),有

$$\sigma_P^2 = \frac{(\mu-r_f)^2}{c-2r_fb+r_f^2a}, \quad \sigma_P = \pm\sqrt{\frac{(\mu-r_f)^2}{c-2r_fb+r_f^2a}}$$

在均值-方差坐标平面上,上式是一条抛物线;在均值-标准差平面上,上式是过公共交点$(0,r)$的两条射线,斜率分别是$\pm\sqrt{c-2r_fb+r_f^2a}$。

在均值-标准差坐标平面上无风险资产对上述两条直线的影响分为三种情况:
(1) $r_f<\mu$;(2) $r_f=\mu$;(3) $r_f>\mu$。

1. 当 $r_f<\mu$ 时,最小方差资产组合的含义和几何结构

若 $r_f<\mu$,式(14-8)可表示为

$$E(r_P) = r_f + \sigma_P\sqrt{c-2r_fb+r_f^2a} \tag{14-9}$$

$$E(r_P) = r_f - \sigma_P\sqrt{c-2r_fb+r_f^2a} \tag{14-10}$$

它们是图 14-1 所示的两条直线,一条向右上方倾斜,另一条向右下方倾斜。向右上方倾斜的一条与双曲线相切,另一条远离双曲线。

2. 当 $r_f=\mu$ 时,最小方差资产组合的含义和几何结构

若 $r_f=\mu$,式(14-9)可简化为

$$E(r_P) = \frac{b}{a} + \sigma_P\sqrt{\frac{\Delta}{a}} \tag{14-11}$$

$$E(r_P) = \frac{b}{a} - \sigma_P\sqrt{\frac{\Delta}{a}} \tag{14-12}$$

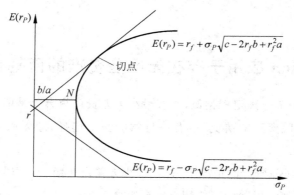

图 14-1　$r_f < \mu$ 时，最小方差资产组合的含义和几何结构

这两条直线是双曲线的渐近线，如图 14-2 所示。一条向右上方倾斜，另一条向右下方倾斜。向右上方倾斜的一条与双曲线相切，另一条远离双曲线。

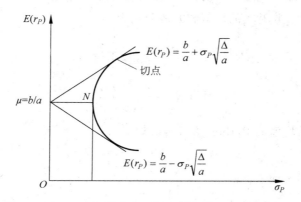

图 14-2　$r_f = \mu$ 时，最小方差资产组合的含义和几何结构

3. 当 $r_f > \mu$ 时，最小方差资产组合的含义和几何结构

随着两条直线与纵轴的交点 $(0, r)$ 向上移动，上边的直线离开有效组合，下边的直线向最小方差组合靠近，最后与最小方差组合边界有一个切点，如图 14-3 所示。在现实经济中，这种无风险收益率大于全局最小方差组合预期收益率的情况是不符合实际的。

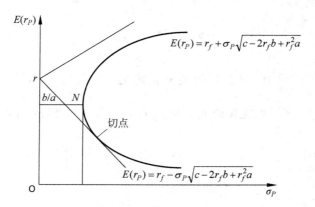

图 14-3　$r_f > \mu$ 时，最小方差资产组合的含义和几何结构

14.3　Python 应用于存在无风险资产的两基金分离定理

与第 13 章的两基金分离定理类似,所有最小方差资产组合仅是两个不同资产组合的资产组合。在存在无风险资产的情况下,有一自然的基金选择,即无风险资产和不含任何无风险资产的切点资产组合。

定理:在存在无风险资产的情况下,任一最小方差资产组合 X 都可唯一地表示成无风险资产组合和不含任何无风险资产的切点资产组合 $\overline{X}=(x_{0t},X_t)$,其中,

$$x_{t0}=0, \quad X_t = \frac{V^{-1}(\vec{e}-r_f\vec{1})}{b-ar_f} \tag{14-13}$$

这一定理称为存在无风险资产情况下的两基金分离定理。

切点处的资产组合收益率的均值和方差分别为

$$E(r_t) = \vec{e}^T X_t = \frac{c-br_f}{b-ar_f} \tag{14-14}$$

$$\sigma_t^2 = X_t^T V X_t = \frac{c-2br_f+r_f^2 a}{(b-ar_f)^2} \tag{14-15}$$

编制求切点处的均值的 Python 语言函数如下:

```
def qdmean(V,e,u,ones,rf):
    a = ones.T*V.I*ones
    b = ones.T*V.I*e
    c = e.T*V.I*e
    ert = (c-b*rf)/(b-a*rf)
    return ert
```

编制求切点处的方差的 Python 语言函数如下:

```
def qdportvar(V,e,u,ones,rf):
    a = ones.T*V.I*ones
    b = ones.T*V.I*e
    c = e.T*V.I*e
    var = (c-2*b*rf+rf**2*a)/(b-a*rf)**2
    return var
```

例:考虑一个资产组合,其预期收益率矩阵为 $\vec{e}=[0.2,0.5]^T$,协方差矩阵是 $V=\begin{bmatrix}1 & 0\\ 0 & 1\end{bmatrix}$,预期收益率 $\mu=0.2$,无风险利率为 $r_f=0.1$,求切点处资产组合的均值和方差。

```
e = mat('0.2;0.5')
V = mat('1 0;0 1')
ones = mat('1;1')
u = 0.075
```

```
rf = 0.1
qdmean(V,e,u,ones,rf)
```

得到如下结果:

```
Out[44]: matrix([[ 0.44]])
qdportvar(V,e,u,ones,rf)
```

得到如下结果:

```
Out[45]: matrix([[ 0.68]])
```

14.4 预期收益率与贝塔关系式

我们讨论存在无风险资产情况下的期望收益率。假设有一个无风险资产和 n 个风险资产,在切点处风险资产的收益率分别为 $r_1,\cdots,r_n$,权重分别为 $x_{t1},\cdots,x_{tn}$,则在切点处资产组合的收益率为 $r_t = \sum_{i=1}^{n} x_{ti} r_i$,故由(14-13)有

$$\mathrm{Cov}(\vec{r}-r_t) = VX_t = V\frac{V^{-1}(\vec{e}-r_f\vec{1})}{b-ar_f} = \frac{\vec{e}-r_f\vec{1}}{b-ar_f} \tag{14-16}$$

在上式两边左乘 X_t^T 得

$$\sigma_t^2 = X_t^\mathrm{T} V X_t = X_t^\mathrm{T} \frac{\vec{e}-r_f\vec{1}}{b-ar_f} = \frac{E(r_t)-r_f}{b-ar_f}$$

所以 $\vec{e}-r_f\vec{1} = \mathrm{Cov}(\vec{r},r_t)(b-ar_f) = \mathrm{Cov}(\vec{r},r_t)\dfrac{E(r_t)-r_f}{\sigma_t^2} = \beta_t(E(r_t)-r_f)$

其中 $\beta_t = \dfrac{\mathrm{Cov}(\vec{r},r_t)}{\sigma_t^2}$ (通常称之为贝塔值,其分量 $\beta_{ti} = \dfrac{\mathrm{Cov}(r_i,r_t)}{\sigma_t^2}$),于是我们有以下结果。

定理:当市场上存在无风险资产时,任意资产的收益率 $r_i(i=1,\cdots,n)$ 的风险溢价等比于切点资产组合的风险溢价,且等比于比例系数 $\beta_{ti} = \dfrac{\mathrm{Cov}(r_i,r_t)}{\sigma_t^2}$,即

$$E(r_i) - r_{f_i} = \beta_{ti}(E(r_t)-r_f)$$

类似地,我们不加证明给出如下定理:

定理:假设市场上的资产组合仅由风险资产组成,则可以任意选择最小方差资产组合 X_u 及与 X_u 零贝塔相关的资产组合(指贝塔值等于 0 的资产组合),使得任意风险资产的收益率 $r_i(i=1,\cdots,n)$ 的预期收益率可以表示为

$$E(r_i) = E(r_z) + \beta_{ui}(E(r_u) - E(r_z))$$

其中 r_z 是与 X_u 零贝塔相关的资产组合的收益率,r_u 是任意最小方差资产组合的收益率,$\beta_{ui} = \mathrm{Cov}(r_u,r_z)/\sigma_u^2$,这里的 σ_u^2 对应于 r_u 的方差。

14.5 Python 应用于一个无风险资产和两个风险资产的组合

假设两个风险资产的投资权重分别为 x_1 和 x_2,这样无风险资产的投资组合权重就是 $1-x_1-x_2$。由于我们可以将两个风险资产视为一个风险资产组合,因此三个资产构成的投资组合可行集就等价于一个风险资产组合与一个无风险资产构成的可行集。随着 x_1 和 x_2 变化,风险资产组合的期望收益和方差并不是确定的值,而是不断变化的。在图 14-4 的标准差-期望收益平面中,风险资产组合是图 14-4 中曲线上的某一点。给定 x_1 和 x_2 的某一比例 k,在标准差-期望收益平面中对应着一个风险资产组合。该组合与无风险资产的连线形成一条资本配置线。这条资本配置线就是市场中存在三个资产时的投资组合可行集。随着改变投资比例 k,风险资产组合的位置就会发生变化,资本配置线也相应变化。

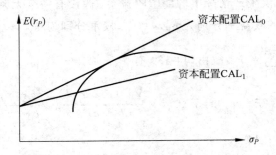

图 14-4 一个无风险资产和两个风险资产的组合的可行集

从图 14-4 可以看出,两个风险资产组成的有效边界上的任何一点与无风险资产的连线都能构成一条资本配置线。然而,比较图 14-4 中的两条资本配置线 CAL_0 和 CAL_1 可以发现,对于任一标准差,资本配置线 CAL_0 上资产组合的期望收益率都比 CAL_1 上的高。换句话说,相对于 CAL_0 上的资产组合,CAL_1 上的资产组合是无效的。事实上,我们可以很容易地发现,在所有的资本配置线中,斜率最高的资本配置线在相同标准差水平下拥有最大的期望收益率。从几何角度讲,这条资本配置线就是通过无风险资产并与风险资产组合的有效边界相切的一条线,我们称这条资本配置线为最优资本配置线。相应地,切点组合 P_0 被称为最优风险资产组合。因此,当市场中有一个无风险资产和两个风险资产的时候,有效的投资组合可行集就是通过无风险资产和风险资产组合,且斜率达到最大的资本配置线。

我们要得出最优风险资产组合,首先要建立债券和股票有效集,然后利用无风险资产建立资本配置线与有效集相切,切点即为最优风险组合所在的点。

1. 确定两种风险资产组合 P 中的每个风险资产比例

数学表达为

$$S_P = \frac{E(r_P) - r_f}{\sigma_P} = \max$$

满足 $E(r_P)=x_1E(r_1)+x_2E(r_2),\sigma_P^2=x_1^2\sigma_1^2+x_2^2\sigma_2^2+2x_1x_2\sigma_{12},x_1+x_2=1$。

$$\frac{\partial S_P}{\partial x_1}=\frac{-x_1(E(r_1)-r_f)-x_2(E(r_2)-r_f)}{x_1^2\sigma_1^2+x_2^2\sigma_2^2+2x_1x_2\sigma_{12}}(x_1\sigma_1^2+x_2\sigma_{21})+(E(r_1)-r_f)=0$$

$$\frac{\partial S_P}{\partial x_2}=\frac{-x_1(E(r_1)-r_f)-x_2(E(r_2)-r_f)}{x_1^2\sigma_1^2+x_2^2\sigma_2^2+2x_1x_2\sigma_{12}}(x_2\sigma_2^2+x_1\sigma_{12})+(E(r_2)-r_f)=0$$

由上两式可得

$$\frac{x_1\sigma_1^2+x_2\sigma_{21}}{x_2\sigma_2^2+x_1\sigma_{12}}=\frac{E(r_1)-r_f}{E(r_2)-r_f}$$

注意到 $\sigma_{12}=\sigma_{21}$,则

$$\frac{x_1\sigma_1^2+(1-x_1)\sigma_{21}}{(1-x_1)\sigma_2^2+x_1\sigma_{12}}=\frac{E(r_1)-r_f}{E(r_2)-r_f}$$

解关于 x 的一元一次方程得

$$x_1=\frac{(E(r_1)-r_f)\sigma_2^2-(E(r_2)-r_f)\sigma_{12}}{(E(r_1)-r_f)\sigma_2^2+(E(r_2)-r_f)\sigma_1^2-[E(r_1)-r_f+E(r_2)-r_f]\sigma_{12}}$$

$$x_2=1-x_1$$

编制 Python 语言函数如下:

```
def weight(er1,er2,rf,sig1,sig2,sig12):
x1 = ((er1 - rf) * sig2 ** 2 - (er2 - rf) * sig12)/((er1 - rf) * sig2 ** 2 + (er2 - rf) * sig1 ** 2 -
(er1 - rf + er2 - rf) * sig12)
    weight1 = x1
    weight2 = 1 - x1
    erp = x1 * er1 + (1 - x1) * er2
    sigp = np.sqrt(x1 ** 2 * sig1 ** 2 + (1 - x1) ** 2 * sig2 ** 2 + 2 * x1 * (1 - x1) * sig12)
    sp = (erp - rf)/sigp
    print ("weight1:",weight1)
    print ("weight2:",weight2)
    print ("E(rp):",erp)
    print ("sigp:",sigp)
    print ("sp:",sp)
```

例:给出债券、股票的预期收益率及风险如表 14-1 所示。

表 14-1 有 关 数 据

资 产	期望收益率(%)	风险 σ(%)
债券(1)	8	12
股票(2)	13	20
国库券	5	

其中债券和股票之间相关系数 $\rho_{12}=0.3$。

则 Python 函数调用如下:

```
er1 = 0.08;er2 = 0.13;rf = 0.05;sig1 = 0.12;sig2 = 0.20;sig12 = sig1 * sig2 * 0.3
weight(er1,er2,rf,sig1,sig2,sig12)
```

得到如下求解结果：

weight1: 0.4
weight2: 0.6
E(rp): 0.11
sigp: 0.141985914794
sp: 0.422577127364

2. 在组合C中引入无风险资产F，则C由F和P组成

引入效用函数 $U = E(r_C) - 0.5 A \sigma_C^2$

根据 $E(r_C) = y E(r_P) + (1-y) r_f$，又有 $\sigma_C = y \sigma_P$

$$\frac{\partial U}{\partial y} = 0 \Rightarrow y = \frac{E(r_P) - r_f}{A \sigma_P^2}$$

设 $A = 4, y = \dfrac{E(r_P) - r_f}{A \sigma_P^2} = \dfrac{11\% - 5\%}{4 \times 0.142^2 / 10000} = 0.744048$

3. 确定三种资产的投资比例

最后得到三种资产的投资比例，如表14-2所示。

表14-2 三种资产的投资比例

资　产	各种资产比例公式	各种资产比例
债券(1)	$y * x_1$	0.297619
股票(2)	$y * x_2$	0.446429
国库券	$1 - y$	0.255952
合计		1

14.6　Python应用于默顿定理

多年来，多资产组合一直困扰着金融学家和数学家。与两种资产相同，我们仍然希望计算处在边沿上的投资组合，画出这条漂亮的曲线。麻省理工研究院默顿Merton(1973)告诉我们，只要在坐标系中，垂直的坐标轴上任取一点c，画一条与边缘曲线相切的直线，切点就是一个边沿组合。默顿还告诉我们，如果已知两个边沿组合，其他所有的边沿组合都可以被写成已知组合的加权平均。

默顿定理1：已知所有资产的回报率向量为$\vec{e}$，资产间的方差协方差矩阵为V，选取一个数值c，与其对应的边沿投资组合可以计算为 $X = \dfrac{V^{-1}(\vec{e} - c)}{\sum V^{-1}(\vec{e} - c)}$，$X$是一个边沿投资组合。

我们选择7个点，用4个资产，看能不能在Python语言中画出有效边界。定义已知条件后，把相同的计算重复5遍。7个c为 0.0001, 0.021, 0.45, 0.6, 0.8, 0.9, 1。

默顿定理 1 的 Python 语言实现如下：

```
import pandas as pd
from numpy import *
import matplotlib.pyplot as plt  #绘图工具
Er = mat('0.1;0.2;0.15;0.01')
S = mat('0.10 0.01 0.30 0.05;0.01 0.3 0.06 -0.04;0.30 0.06 0.40 0.02;0.05 -0.04 0.02 0.50')
c = 0.00000001;a = S.I * (Er - c);b = sum(a);x1 = a/b
Er_x1 = x1.T * Er;sigma1 = sqrt(x1.T * S * x1)
c = 0.021;a = S.I * (Er - c);b = sum(a);x2 = a/b
Er_x2 = x2.T * Er;sigma2 = sqrt(x2.T * S * x2)
c = 0.45;a = S.I * (Er - c);b = sum(a);x3 = a/b
Er_x3 = x3.T * Er;sigma3 = sqrt(x3.T * S * x3)
c = 0.8;a = S.I * (Er - c);b = sum(a);x4 = a/b
Er_x4 = x4.T * Er;sigma4 = sqrt(x4.T * S * x4)
c = 4;a = S.I * (Er - c);b = sum(a);x5 = a/b
Er_x5 = x5.T * Er;sigma5 = sqrt(x5.T * S * x5)
sigma = [float(sigma3),float(sigma4),float(sigma5),float(sigma1),float(sigma2)]
ret = [float(Er_x3), float(Er_x4), float(Er_x5), float(Er_x1), float(Er_x2)]
plt.plot(sigma,ret,"--o")
plt.xlabel('sigma')
plt.ylabel('ret')
```

得到如图 14-5 所示的图形。

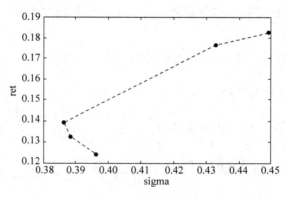

图 14-5　默顿定理图

默顿定理 2：已知两个边沿组合，其他组合都可以写成两个已知边沿组合的加权平均。让 X,Y 为两个边沿组合，让 $\lambda,1-\lambda$ 作为两个组合的比重，则任何边沿组合都写成：$\lambda X + (1-\lambda)Y = = \begin{pmatrix} \lambda x_1 + (1-\lambda)y_1 \\ \cdots\cdots\cdots\cdots\cdots \\ \lambda x_n + (1-\lambda)y_n \end{pmatrix}$。

14.7　Python 应用于布莱克-利特曼(Black-Litterman)模型

布莱克-利特曼(Black-Litterman)模型的核心是根据金融市场上的有关数据求资产组合中每个资产收益率均值。在默顿定理 1 中，公式中 X 的分母可以用 λ 来标记，这只是一

个定义，并不是用来计算 $\sum V^{-1}(\vec{e}-c)$。这样，默顿定理1中公式就可以简单地写为

$$X=\frac{V^{-1}(\vec{e}-c)}{\lambda}$$

即 $\lambda X=V^{-1}(\vec{e}-c)$

上式两边都乘以 V，得 $\lambda VX=\vec{e}-c$

上式两边都加上 c，得 $\lambda VX+c=\vec{e}$

用 r_f 来代替 c，得 $\lambda VX+r_f=\vec{e}$

但这里的 λ 还需要用下面的公式计算：

$$\lambda=\frac{E(r_P)-r_f}{\sigma_P^2}$$

下面来看一个实例。

例：我们现在来计算两只股票的收益率均值。先搜集市场上的一些信息如下：市场上有一种资产组合 P，由两只股票组成，达到了 0.09016 的年平均收益率，在 P 资产组合中，第一只股票占 0.246，第二只股票占 0.754，这两只股票的方差-协方差矩阵为 $V=\begin{bmatrix}0.11 & 0.0044\\0.0044 & 0.2000\end{bmatrix}$，银行定期一年存款利率为 0.05。因此已知数据如下：

$X^T=(0.246,0.754)$；$E(r_P)=0.09016$，$r_f=0.05$，$V=\begin{bmatrix}0.11 & 0.0044\\0.0044 & 0.2000\end{bmatrix}$

先计算这个资产组合的方差：

$$\sigma_P^2=X^T VX=(0.246,0.754)\begin{bmatrix}0.11 & 0.0044\\0.0044 & 0.2000\end{bmatrix}\begin{pmatrix}0.246\\0.754\end{pmatrix}=0.1210$$

再计算

$$\lambda=\frac{E(r_P)-r_f}{\sigma_P^2}=\frac{0.09016-0.05}{0.1210}=0.3292$$

再计算两只股票的收益率均值，输出的是一个向量。

$$\vec{r}=\lambda VX+r_f=\begin{pmatrix}0.06\\0.09999989\end{pmatrix}$$

所以第一只股票年收益率均值 0.06，第二只股票的年收益率均值 0.09999989。

此例 Black-Litterman 模型的 Python 语言代码如下：

```
# # Black - Litterman 模型
import pandas as pd
from numpy import *
import numpy as np
S = mat('0.1100 0.0044;0.0044 0.2000')
rf = 0.05;x = mat('0.246;0.754');Erp = 0.09016
varp = x.T * S * x
lamd = (Erp - rf)/varp
r = lamd[0,0] * S * x + rf
r
```

得到如下结果：

matrix([[0.06000035],
        [0.09999989]])

在此基础上，我们还可以融合投资经理的个人观点，如经理认为股票1的业绩将超过股票2的0.5个百分点，然后这个数据和上面给定的数据来进行修正0.06和0.09999989，并进一步进行资产组合优化，具体内容可参考滋维·博迪等著的《投资学》一书的布莱克-利特曼（Black-Litterman）模型。

练 习 题

1. 可选择的证券包括两种风险股票基金：A、B和短期国库券，所有数据如表14-3所示。

表14-3　股票基金：A、B和短期国库券数据

	期望收益%	标准差%
股票基金A	10	20
股票基金B	30	60
短期国库券	5	0

基金A和基金B的相关系数为-0.2。

（1）画出基金A和基金B的可行集（5个点）。

（2）找出最优风险投资组合P及其期望收益与标准差。

（3）找出由短期国库券与投资组合P支持的资本配置线的斜率。

（4）当一个投资者的风险厌恶程度$A=5$时，应在股票基金A、B和短期国库券中各投资多少？

2. 市场上有一种叫作P的资产组合，由两只股票组成，达到了0.10的年平均收益率，这个组合中，第一只股票占0.25，第二只股票占0.75，两只股票的方差协方差矩阵为$\begin{pmatrix} 0.1100 & 0.0050 \\ 0.0050 & 0.2200 \end{pmatrix}$，无风险资产利率为0.06。求两只股票的年平均收益率。

第 15 章

Python 在资本资产定价模型中的应用

资本资产定价模型(capital asset pricing model,CAPM)是继马科维茨资产组合理论之后第二个获得诺贝尔经济学奖的金融理论。它是美国金融学家夏普(Sharpe)在1964年发表的论文《资本资产定价:一个风险条件下的市场均衡理论》中最早提出的。资本资产定价模型的核心思想是在一个竞争均衡的市场中对有价证券定价。在竞争均衡的资本市场中,供给等于需求,所以投资者都处于最优消费和最优组合状况,有价证券的价格由此确定。这种状态下,经济处于一种稳定状况,所有投资者都感到满足,从而没有力量使经济发生变动。

15.1 资本资产定价模型假设

资本资产定价模型是在理想的资本市场中建立的,建立模型的假设是:
(1) 投资者是风险厌恶者,其投资行为是使其终期财富的预期效用最大化;
(2) 投资者不能通过买卖行为影响股票价格;
(3) 投资者都认同市场上所有资产的收益率服从均值为 $\bar{e}$、方差矩阵为 V 的多元正态分布;
(4) 资本市场上存在着无风险资产,且投资者可以无风险利率借贷;
(5) 资产数量是固定的,所有资产都可以市场化且无限可分割;
(6) 市场上的信息是充分的且畅通无阻,所有投资者都可无代价地获得所需要的信息。
(7) 资本市场无任何缺陷,如税收、交易成本、卖空限制等。

假设(3)保证了投资者的效用函数为均值-方差效用函数,假设(1)保证了效用函数关于均值和方差是单调的。在以上的假设中,假设(3)最重要,它说明,虽然市场上的投资者对资产的偏好可以不同,但是对某种资产的未来现金流的期望值却是相同的,这为资本资产定价模型的导出提供了很大的方便。

15.2 Python 应用于资本市场线

当不存在无风险资产时,最小方差资产组合是双曲线的右半支,如图 15-1 所示。但是当存在无风险资产时,最小方差资产组合是直线 $\sigma_P = \pm \dfrac{\mu - r_f}{\sqrt{c - 2r_f b + r_f^2 a}}$ 与双曲线的切点 t。

共有三种情况,这里只讨论 $r<b/a$ 的情况。

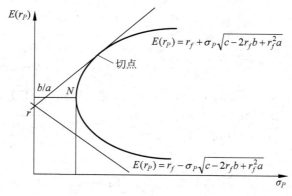

图 15-1　资本市场线

在图 15-1 中,对于直线 $E(r_P)=r_f+\sigma_P\sqrt{c-2r_f b+r_f^2 a}$ 上的点,不论位于何处,都可以通过点 $(0,r_f)$ 和切点的再组合表示出来。换言之,直线上的每个组合都是无风险资产和风险资产的再组合。

因为有效资产组合是连接点 $(0,r_f)$ 和切点 t 的直线,所以投资者都可从这条射线上确定一个点作为自己的最优资产组合。可见,切点 t 具有比较重要的意义。然而,切点 t 是根据直线与双曲线相切得到的,它与市场组合之间具有什么关系呢?

定义 1:设市场上有 n 种风险资产,一种无风险资产,每种资产的价格为 $P_i(i=0,1,\cdots,n)$,第 i 种资产的可交易数量为 $\bar{N}_i$,记 $\mathrm{mkt}_i=\dfrac{\bar{N}_i P_i}{\sum\limits_{i=1}^{n}\bar{N}_i P_i}$,则称 $\mathrm{mkt}=(\mathrm{mkt}_0,\mathrm{mkt}_1,\cdots,\mathrm{mkt}_n)$ 为市场资产组合的初始禀赋。

设市场中有 K 个投资者,且在某一时刻第 k 位投资者持有第 i 种资产的数量为 N_i^k,记 $x_i^m=\dfrac{\sum\limits_{k=1}^{K}N_i^k P_i}{\sum\limits_{i=1}^{n}(\sum\limits_{k=1}^{K}N_i^k)P_i}$,则称 $X^m=(x_0^m,x_1^m,\cdots,x_n^m)$ 为这一时刻投资者的市场资产组合。

性质 1:市场达到均衡的必要条件是 $\mathrm{mkt}=(\mathrm{mkt}_0,\mathrm{mkt}_1,\cdots,\mathrm{mkt}_n)$ 等比于切点处的资产组合 X_t。

性质 2:当市场达到均衡时,若记市场在风险资产上的初始资产组合为 X_M,则 $X_M=X_t$。特别地,当市场上无风险资产是零净供应的金融资产时,则 X_t 就是市场资产组合。其他情况下,市场资产组合在图 15-1 中连接点 $(0,r_f)$ 和切点的切线上的左下边某处。

定义 2:称过点 $(0,r_f)$ 和切点 t 的直线 $E(r_P)=r_f+\sigma_P\sqrt{c-2r_f b+r_f^2 a}$ 为资本市场线。

因为,切点 t 的风险溢价为

$$E(r_t)-r_f=\vec{e}^\mathrm{T}X_t-r_f \tag{15-1}$$

根据(15-1),有

$$E(r_t) = \vec{e}^T X_t = \frac{c - br_f}{b - ar_f} \quad (15\text{-}2)$$

因此,有结果

$$E(r_t) - r_f = \vec{e}^T X_t - r_f = \frac{c - br_f}{b - ar_f} - r_f = \frac{c - 2br_f + ar_f^2}{b - ar_f} \quad (15\text{-}3)$$

将上式代入 $E(r_P) = r_f + \sigma_P \sqrt{c - 2r_f b + r_f^2 a}$,并利用式(14-15),有

$$E(r_P) = r_f + \sigma_P \sqrt{c - 2r_f b + r_f^2 a} = r_f + \sigma_P (b - ar_f) \sqrt{\frac{c - 2r_f b + r_f^2 a}{(b - ar_f)^2}}$$

$$= r_f + (b - ar_f) \sigma_P \sigma_t = r_f + (b - ar_f) \frac{\sigma_t^2}{\sigma_t} \sigma_P = r_f + (b - ar_f) \frac{c - 2r_f b + r_f^2 a}{(b - ar_f)^2 \sigma_t} \sigma_P$$

$$= r_f + \frac{c - 2r_f b + r_f^2 a}{(b - ar_f) \sigma_t} \sigma_P = r_f + \frac{E(r_t) - r_f}{\sigma_t} \sigma_P$$

所以,有结果

$$E(r_P) = r_f + \frac{E(r_t) - r_f}{\sigma_t} \sigma_P \quad (15\text{-}4)$$

(15-4)为过点$(0, r_f)$和切点t的直线。所有投资者的最优资产组合均来自该直线。

例:假设无风险利率 0.06,市场组合的期望收益率和标准差分别为 0.2 和 0.4,则资本市场线的斜率为$(0.2 - 0.06)/0.4 = 0.35$。如果我们尝试 0.2,0.3 来作为标准差,则期望收益率为

$$E(r_{P1}) = r_f + \frac{E(r_M) - r_f}{\sigma_M} \sigma_{P1} = 0.06 + 0.35 \times 0.2 = 0.13$$

$$E(r_{P2}) = r_f + \frac{E(r_M) - r_f}{\sigma_M} \sigma_{P2} = 0.06 + 0.35 \times 0.3 = 0.165$$

把 σ_{P1}, σ_{P2} 和 $E(r_{P1}) E(r_{P2})$ 相应地画在图上就得到这条资本市场线,而且斜率是 0.35。如果我们认为 0.3 的风险太高,不宜使用,我们可以使用 0.2 的风险来搭配已有的有效组合,还有无风险资产。σ_{P1}/σ_M 是需要分配给有效组合的部分,$1 - \sigma_{P1}/\sigma_M$ 是需要分配给无风险投资的部分。使用 0.2 的风险,50%的资金需要给这个有效组合,另外 50%的资金需要做无风险投资。因此,资本市场线的 Python 语言代码如下:

```
import matplotlib.pyplot as plt  #绘图工具
rf = 0.06; ErM = 0.2; sigmaM = 0.4
slope = (ErM - rf)/sigmaM
Er1 = rf + slope * 0.2
Er2 = rf + slope * 0.3
ret = [Er1, Er2]
sigma = [0.2, 0.3]
plt.plot(sigma, ret,'-- o')
plt.xlabel('sigma')
plt.ylabel('ret')
```

得到如图 15-2 所示的图形。

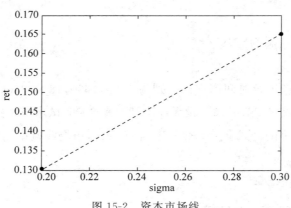

图 15-2 资本市场线

15.3 Python 应用于证券市场线

资本市场线反映的是有效资产组合的预期收益率与风险之间的关系，由于任何单个风险资产不是有效资产组合，因此资本市场线并没有告诉我们单个风险资产的预期收益率与风险之间的关系。所以我们有必要作进一步分析。

定理 1：假设市场上无风险资产可以获得，则当市场达到均衡时，任意风险资产的风险溢价与风险资产的市场资产组合风险溢价成比例，即有关系式

$$\vec{e} - r_f \vec{1} = \vec{\beta}_M (E(r_M) - r_f) \tag{15-5}$$

其中 $\vec{\beta}_M = \text{Cov}(\vec{r}, r_M)/\text{Var}(r_M)$，$r_M$ 是市场组合的收益率。

证明：由性质 2，当市场达到均衡时有 $X_m = X_t$，将其代入式(15-5)即得

$$\vec{e} - r_f \vec{1} = \frac{VX_t}{X_t^T V X_t}(\vec{e}^T X_t - r_f) = \frac{VX_M}{X_M^T V X_M}(\vec{e}^T X_M - r_f) = \vec{\beta}_M(E(r_M) - r_f)$$

写成分量的形式即为

$$E(r_i) = \frac{\text{Cov}(r_i, r_M)}{\sigma_M^2}[E(r_M) - r_f] + r_f = \beta_{iM}[E(r_M) - r_f] + r_f \tag{15-6}$$

式(15-6)所表示的直线称为证券市场线。它反映了单个风险资产与市场组合之间的关系。如果我们以 $E(r_i)$ 为纵坐标，贝塔 β_{iM} 为横坐标，则证券市场线就是一条截距为 r_f，斜率为 $E(r_M) - r_f$ 的直线，如图 15-3 所示。

编制资本资产定价模型的 Python 语言函数如下：

```
def ecapm(r,rm,rf):
```

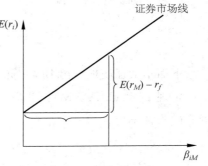

图 15-3 证券市场线

```
        averrm = mean(rm)
        xf = cov(r,rm)
        a = xf[0,1]
        beta = a/rm.var()
        eri = rf + beta * (averrm − rf)
        return eri
```

例:假设市场资产组合时间序列值分别为 1500,1600,1800,2100;证券价格的时间序列值分别是 6.24,6.38,6.26,6.30。设无风险利率是 0.06,试求该证券的预期收益率。

价格转化为收益率的公式 $r_t=(P_t-P_{t-1})/P_{t-1}$,市场收益率和证券收益率为:

```
import pandas as pd
from pandas import Series
from numpy import *
r = pd.Series([0.022436, −0.01881,0.00639])
rm = pd.Series([0.066667,0.125,0.166667])
rf = 0.06
ecapm(r,rm,rf)
```

得到如下结果:

```
Out[16]: 0.0483748612784461218
```

例:银行存款利率 0.04,市场组合的期望收益率为 0.12,市场组合的方差 0.0008,有一个股票 X,它与市场组合之间的协方差 0.001。问 X 的期望收益率是多少?

先算贝塔值,$\beta=0.001/0.0008=1.25$

代入 $E(r_i)=\beta_{iM}[E(r_M)-r_f]+r_f=1.25\times(0.12-0.04)+0.04=0.14$

因此股票 X 的期望收益率是 0.14。

如果今年 X 的股价是 50 元,问明年定价 57 元合适吗?

$$50\times(1+0.14)=57(元)$$

所以 57 元在明年是一个合适的公平价格。

证券市场线的 Python 语言代码如下:

```
rf = 0.04;ErM = 0.12;cov = 0.001;var = 0.0008
beta = cov/var
r = rf + beta * (ErM − rf)
rr = 50 * (1 + r)
print rr
57.0
```

下面不加证明地给出 Black 资本资产定价模型(也称零贝塔模型)。

定理 2(Black CAPM):假设市场上没有无风险资产,则当市场达到均衡时,任意风险资产的收益率为

$$\vec{e}=E(r_Z)\vec{1}+\vec{\beta}_M[E(r_M)-E(r_Z)] \tag{15-7}$$

其中,r_Z 是与市场资产组合零贝塔相关的资产组合的收益率。

15.4 Python 应用于价格型资本资产定价模型

标准资本资产定价模型经过适当变形,可以得到价格形式。

假设市场上第 i 种资产期末的价格是 P_i,当前的价格是 P_{i0},其收益率为

$$r_i = \frac{P_i - P_{i0}}{P_{i0}} = \frac{P_i}{P_{i0}} - 1 \tag{15-8}$$

同样市场资产组合收益率为

$$r_M = \frac{P_M - P_{M0}}{P_{M0}} = \frac{P_M}{P_{M0}} - 1 \tag{15-9}$$

其中 P_{M0} 是市场资产组合的当前值,P_M 是市场组合的期末值。

将(15-8),(15-9)代入(15-6)

$$\frac{\overline{P}_i}{P_{i0}} - 1 - r_f = \frac{\mathrm{Cov}(r_i, r_M)}{\mathrm{Var}(r_M)}\left(\frac{\overline{P}_M}{P_{M0}} - 1 - r_f\right) \tag{15-10}$$

其中 $\overline{P}_i$ 是第 i 种资产收益率的均值,$\overline{P}_M$ 是市场组合收益率的均值。将 $\mathrm{Cov}(r_i, r_M)$ 写成价格形式

$$\mathrm{Cov}(r_i, r_M) = E\left[\left(\frac{P_i}{P_{i0}} - 1 - \left(\frac{\overline{P}_i}{P_{i0}} - 1\right)\right)\left(\frac{P_M}{P_{M0}} - 1 - \left(\frac{\overline{P}_M}{P_{M0}} - 1\right)\right)\right] = \frac{1}{P_{i0}P_{M0}}\mathrm{Cov}(P_i, P_M)$$

$$\mathrm{Var}(r_M) = \frac{1}{P_{M0}^2} = \mathrm{Var}(P_M)$$

将这些结果代入(15-10),有

$$\frac{\overline{P}_i}{P_{i0}} - 1 - r_f = \frac{\dfrac{1}{P_{i0}P_{M0}}\mathrm{Cov}(P_i, P_M)}{\dfrac{1}{P_{M0}^2}\mathrm{Var}(P_M)}\left(\frac{\overline{P}_M}{P_{M0}} - 1 - r_f\right)$$

$$= \frac{P_{M0}\mathrm{Cov}(P_i, P_M)}{P_{i0}\mathrm{Var}(P_M)}\left(\frac{\overline{P}_M}{P_{M0}} - 1 - r_f\right)$$

上式两边同乘以 P_{i0},得

$$\overline{P}_i = (1 + r_f)P_{i0} + \frac{\mathrm{Cov}(P_i - P_M)}{\mathrm{Var}(P_M)}\left[\overline{P}_M - (1 + r_f)P_{M0}\right]$$

解出 P_{i0},得

$$P_{i0} = \frac{1}{1 + r_f}\left\{\overline{P}_i - \frac{\mathrm{Cov}(P_i - P_M)}{\mathrm{Var}(P_M)}\left[\overline{P}_M - (1 + r_f)P_{M0}\right]\right\}$$

这就是价格型的资本资产定价模型。它可以直接给出某一时刻风险资产的价格。

编制 Python 语言函数如下:

```
def pcapm(p,pm,rf,pm0):
    apm = mean(pm)
    api = mean(p)
    pre = 0.00
    pbeta = cov(p,pm)[0,1]/var(pm)
    pre = (api - (apm - (1 + rf) * pm0) * pbeta)/(1 + rf)
    return pre
```

例：假设市场资产组合时间序列值分别为 $1500,1600,1800,2100$；证券价格的时间序列值分别是 $6.24,6.38,6.26,6.30$。设无风险利率是 0.06，试求该证券的购买价格。

调用价格型资本资产定价模型的 Python 语言函数如下：

```
import pandas as pd
from pandas import Series
from numpy import *
p = pd.Series([6.24,6.38,6.26,6.30])
pm = pd.Series([1500,1600,1800,2100])
rf = 0.06
pm0 = 1500
pcapm(p,pm,rf,pm0)
```

得到如下结果：

Out[20]: 5.9377208745133281

该函数直接给出了该资产的理论价格是 5.93796，参考这个价格并根据资产的市场价格，可判断是否应该投资。

15.5 Python 应用于资本资产定价模型 CAPM 实际数据

资本资产定价模型 CAPM 提出以后，迅速在学术界和实务界得到广泛应用。在学术界，CAPM 在研究公司金融方面已经成为学者们必用的检测模型；在投资方面的研究中，CAPM 被用来验证新的投资策略是否有效；也有学者从模型本身出发，试图让 CAPM 模型进一步贴近现实。在投资界，很多券商会提供个股的贝塔以供投资者参考，Alpha 策略也成为专业投资人士必备的技能。

CAPM 模型公式中个股与大盘指数的收益率都是期望值，即

$$E(r_i) = \beta_{iM}[E(r_M) - r_f] + r_f$$

Jensen(1968)在研究共同基金表现时将 CAPM 模型写成如下形式：

$$r_{it} - r_f = \beta_{iM}(r_{Mt} - r_f) + \varepsilon_{it}$$

进行实证分析，r_{it},r_f,r_{Mt} 是对应的个股 i、无风险资产(通常用银行存款、国债、货币市场基金)、市场指数(大盘指数)的收益率的时间序列数据，对这些数据进行线性回归分析，得到未知参数 α_i 和 β_i 的估计值 $\hat{\alpha}_i$ 和 $\hat{\beta}_i$，上式中的 α 是 Jensen 引入的，所以又称为 Jensen's Alpha。根据 CAPM 模型的假设，r_{it} 是服从正态分布的随机数，这样就可以判断

$\hat{\alpha}_i$ 和 $\hat{\beta}_i$ 的统计显著性。$\hat{\beta}_i$ 可以解释个股过去的收益率与风险之间的关系。从 CAPM 模型来看，所有资产的 $\hat{\alpha}_i$ 都应该是 0（或者是不显著地异于 0），若 $\hat{\alpha}_i$ 显著异于 0，则个股 i 有异常收益率，Alpha 值代表收益率胜过大盘的部分，常常用来衡量基金经理人的绩效。现在所有投资者在做的事情可以用一句话归纳总结：试图利用各种分析方法创造显著的正 Alpha。这些分析方法大致分为：基本面分析、技术面分析和 Alpha 策略。

基本面分析就是通过研究公司财务状况来判断公司的价值，可以从三个方面研究：经济环境分析、产业分析、公司分析，运用基本面分析的投资策略很简单，买入被低估的股票，卖出被高估股票，通常基本面分析的投资决策适合作为中长期投资参考。

技术面分析的基本信仰是"历史会重演"，只分析市场价格（股价走势、成交量、主力资金等），由此来判断股价的走势。但技术面分析缺乏理论上的支持，因此备受争议。

Alpha 策略的出发点是 CAPM 模型，其核心思想是通过构建投资组合对冲掉系统风险，锁定 Alpha 超额收益。

使用资本资产定价模型的关键在于，估计斜率贝塔。因为在现实中，收益率的方差和协方差的准确数值是根本不可能知道的，通过方差和协方差来计算贝塔是行不通的。还好，这些斜率贝塔，可以作为线性回归的参数来估计。并且可以通过参数估计来检验资本资产定价模型的合理性。

例：我们用沪深 300 作为市场资产组合，考虑其与平安银行股票收益率的线性关系。股票的价格通过 Python 语言的挖地兔财经数据接口 Tushare 程序包，在线获取 2017-1-1 到 2017-12-31 之间 1 年的天数据。将价格转换成收益率十分简单，只要使用 Python 代码：

```
logret = np.log(data / data.shift(1))
```

线性回归模型是通过 Python 语言 Statsmodels.api 中的函数 sm.OLS(y, X) 计算的。可以看到，数值 0.0005 是模型截距的估计值，数值 1.4621 是我们所需模型斜率贝塔的估计值。从理论上讲，资本资产定价模型的截距参数是基本上等于 0 的。而且这里的截距 0.0005 也非常小，与理论相符。通常在统计学中需要使用 p 值＝0.000 来检验参数的显著性，但是在这里我们使用了近 300 个样本，解释 p 值已毫无意义。

使用贝塔的估计值，可以帮助我们计算平安股票的收益率均值。如果截距不为 0，从资本资产定价模型的角度说明，股票的定价不恰当，如果截距大于 0，说明期望收益率太高，股价定价太低。这是一个资产值得买入的标志。但我们也需要小心，当估计的截距不接近 0，也可能是因为我们选择的市场组合不是处在边界上（即不是有效的）。当资本资产定价模型得到了非常出色的结果，截距、贝塔的估计值全都与理论相符。这也只能说明我们选择的市场组合处在边界上，我们根本不可能知道它是否是一个有效组合。

资本资产定价模型的贝塔估计的 Python 代码如下：

```
import tushare as ts
import pandas as pd
```

```python
import numpy as np
import scipy.stats as stats
from pandas.core import datetools
import statsmodels.api as sm
import matplotlib.pyplot as plt
data = pd.DataFrame()
df000001 = ts.get_k_data('000001', start = '2018 - 01 - 01', end = '2019 - 12 - 31')
hs300 = ts.get_k_data('hs300', start = '2018 - 01 - 01', end = '2019 - 12 - 31')
# 沪深 300 收盘价
data['hs300'] = hs300['close']
# 平安银行收盘价转为收益率
data['000001'] = df000001['close']
# 收盘价转为收益率
logret = np.log(data / data.shift(1))
# 数据清理
logret = logret.dropna()
# 无风险利率化为天
rf = 1.04 ** (1/250) - 1
# 两者的超额收益率
logret = logret - rf
y = logret['000001']
x = logret['hs300']
plt.scatter(x, y)
plt.show()
```

运行上述代码,得到如图 15-4 所示的散点图。

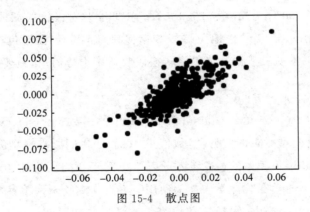

图 15-4　散点图

```python
np.corrcoef(x, y)[0, 1]
cor, pval = stats.pearsonr(x, y)
print (cor, pval)
```

输出结果为:

0.761593643279065 3.1407107143695105e - 93
```python
# model matrix with intercept
X = sm.add_constant(x)
# least squares fit
model = sm.OLS(y, X)
fit = model.fit()
print (fit.summary())
```

输出结果为：

```
                            OLS Regression Results
==============================================================================
Dep. Variable:                 000001   R-squared:                       0.580
Model:                            OLS   Adj. R-squared:                  0.579
Method:                 Least Squares   F-statistic:                     668.4
Date:                Fri, 05 Jun 2020   Prob (F-statistic):           3.14e-93
Time:                        07:41:49   Log-Likelihood:                 1406.7
No. Observations:                 486   AIC:                            -2809.
Df Residuals:                     484   BIC:                            -2801.
Df Model:                           1
Covariance Type:            nonrobust
==============================================================================
                 coef    std err          t      P>|t|      [0.025      0.975]
------------------------------------------------------------------------------
const          0.0004      0.001      0.717      0.474      -0.001       0.002
hs300          1.2063      0.047     25.854      0.000       1.115       1.298
==============================================================================
Omnibus:                       40.083   Durbin-Watson:                   1.911
Prob(Omnibus):                  0.000   Jarque-Bera (JB):              118.693
Skew:                           0.349   Prob(JB):                     1.68e-26
Kurtosis:                       5.318   Cond. No.                         76.7
==============================================================================
```

根据 OLS() 的拟合结果，2018—2019 年平安股票与沪深 300 指数的关系为

$$r_{pa} - r_f = 0.0004 + 1.2063(r_{hs300} - r_f) + \varepsilon_t$$

不过，alpha 值并不显著地异于 0，从贝塔值来看，平安银行的风险大于大盘指数沪深 300 的风险是统计显著的。

练 习 题

1. 如果 $r_f = 60\%, E(r_M) = 14\%, E(r_p) = 18\%$，资产组合的 β 值等于多少？

2. 一证券的市场价格为 50 美元，期望收益率为 14%，无风险利率为 6%，市场风险溢价为 8.5%。如果这一证券与市场资产组合的协方差加倍（其他变量保持不变），该证券的市场价格是多少？假定该股票预期会永远支付固定红利。

3. 假定你是一家大型制造公司的咨询顾问，考虑有一下列净税后现金流的项目（单位：100 万美元），如表 15-1 所示。

表 15-1 项目的净税后现金流

年 份	税后现金流	年 份	税后现金流
0	−40	1-10	15

项目的 β 值为 1.8。假定 $r_f = 8\%, E(r_M) = 16\%$，项目的净现值是多少？在其净现值变成负数之前，项目可能的最高 β 估计值是多少？

第5篇

Python量化投资策略

第16章　贝塔对冲策略
第17章　量化选股策略
第18章　量化择时策略
第19章　量化选股与量化择时组合策略
第20章　量化投资统计套利的协整配对交易策略
第21章　基于Python环境的配对交易策略
第22章　人工智能机器学习算法量化金融策略
第23章　Backtrader量化交易软件介绍

第 16 章

贝塔对冲策略

本章介绍贝塔对冲策略,内容包括:贝塔对冲模型、贝塔对冲策略、市场风险对冲策略案例等。

16.1 贝塔对冲模型

贝塔对冲模型的描述如下。

(1) 假设市场完全有效,那么根据 CAPM 模型有 $R_s=R_f+\beta_s(R_m-R_f)$。式中,R_s 表示股票收益,R_f 表示无风险收益率,R_m 表示市场收益,β_s 表示股票相比于市场的波动程度,用以衡量股票的系统性风险。

(2) 遗憾的是,市场并非完全有效,个股仍存在 α 超额收益。根据 Jensen's α 的定义:$\alpha_s=R_s-[R_f+\beta_s(R_m-R_f)]$,除掉被市场解释的部分,超越市场基准的收益即为 α 超额收益。

(3) 实际中,股票的收益是受多方面因素影响的,比如经典的 Fama-French 三因素就告诉我们,市值大小、估值水平及市场因子就能解释股票收益,而且低市值、低估值能够获取超额收益。那么,我们就可以通过寻找能够获取 α 的驱动因子来构建组合。

(4) 假设我们已经知道了哪些因子能够获取超额收益,那么我们根据这些因子构建股票组合(比如持有低市值、低估值的股票)。那么组合的收益理论上是能够获取超额收益的,简单来讲就是,组合的累计收益图应该是在基准(比如沪深 300)累计收益图之上的,而且两者的差应该是扩大的趋势。

(5) 由于组合的涨跌我们是不知道的,我们能够确保的是组合与基准的收益差在不断扩大,那么持有组合,做空基准,对冲获取稳定的 α 超额收益,这就是市场中性策略。

16.2 贝塔对冲策略

本节介绍因子模型、贝塔(β)因子、对冲以及市场风险的相关内容。

1. 因子模型

因子模型是通过其他若干项资产回报的线性组合来解释一项资产回报的一种方式,因子模型的一般形式为

$$Y = \alpha + \beta_1 X_1 + \beta_2 X_2 + \cdots + \beta_n X_n$$

它看起来很熟悉,因为它正是多元线性回归模型。

2. 贝塔(β)的含义

一项资产的 β 是该资产收益率与其他资产收益率通过上述模型回归拟合的 β。比如,我们用回归模型 $Y_{gzmt} = \alpha + \beta X_{benchmark}$ 来描述贵州茅台收益率相对于沪深 300 指数期货回归的 β 值,如果我们使用模型 $Y_{gzmt} = \alpha + \beta_1 X_{benchmark} + \beta_2 X_{wly}$,那么就会出现两个 β,一个是贵州茅台对沪深 300 的风险暴露,一个是贵州茅台对五粮液的风险暴露。

通常而言,β 更多地指该资产相对于基准指数的风险暴露,即只相对于市场基准的一元线性回归所得到的回归系数。

3. 对冲的含义

如果我们确定投资组合的回报与市场的关系如下面公式所示:

$$Y_{portfolio} = \alpha + \beta X_{hs300}$$

于是,我们可以建立沪深 300 空头头寸来对冲市场风险,对冲的市值为 $-\beta V$,如果我们持有多头组合的市值是 V。因为我们多头组合的收益为 $\alpha + \beta X_{hs300}$,沪深 300 对冲空头的收益为 $-\beta X_{hs300}$,于是我们最终的收益为 $\alpha + \beta X_{hs300} - \beta X_{hs300} = \alpha$,于是我们的收益来源只有 α,而与市场系统风险没有关系。

4. 市场风险暴露

一般而言,β 描述的是持有资产所承担的系统风险敞口这一概念。如果一项资产相对沪深 300 基准指数具有较高的 β 暴露水平,那么在市场上涨时,它的表现将会很好,当市场下跌时,它表现很差。高 β 对应于高系统风险(高市场风险),意味着投资更具有波动性。

在量化交易中,我们重视尽可能没有系统风险暴露的市场中性策略。这意味着策略中的所有回报都在模型的 α 部分,而与市场无关。因为这意味着该策略与市场系统风险无关,不管是牛市还是熊市,它都具有稳定的业绩表现。市场中性策略对于拥有大量现金池的机构(银行、保险、公募基金等)最具吸引力。

5. 风险管理

减少因子风险暴露的过程称为风险管理。对冲是在实践中进行风险管理的最佳方式之一。

下面通过具体实例来了解如何做到市场风险对冲的,我们使用贵州茅台(600519.SHA)和基准沪深 300 来构建我们的投资组合,将沪深 300 的权重设为 $-\beta$(由于持有基准空头头寸)。

16.3 市场风险对冲策略案例

本节用我国资本市场的实际数据来说明市场风险对冲策略。

导入相应的模块

```python
import numpy as np
from statsmodels import regression
import statsmodels.api as sm
import matplotlib.pyplot as plt
import math
# 获取一段时间的股票数据
start_date = '2014-01-01'
end_date = '2015-01-01'
asset = D.history_data('600519.SHA', start_date, end_date, fields = ['close']).set_index('date')['close']
benchmark = D.history_data('000300.SHA', start_date, end_date, fields = ['close']).set_index('date')['close']
asset.name = '600519.SHA'
benchmark.name = '000300.SHA'

# 计算收益率
r_a = asset.pct_change()[1:]
r_b = benchmark.pct_change()[1:]

# 绘制
r_a.plot(figsize = [9,6])
r_b.plot()
plt.ylabel("Daily Return")
plt.legend();
```

得到如图 16-1 所示的图形。

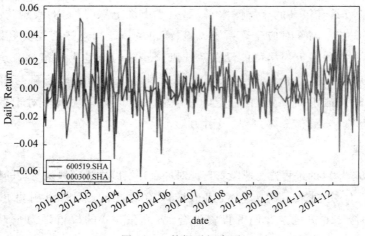

图 16-1　数据时间序列

现在我们可以通过回归求出 α 和 β。

```
X = r_b.values
Y = r_a.values
x = sm.add_constant(X)

def linreg(x,y):
```

```
# 增加一个常数项
x = sm.add_constant(x)
model = regression.linear_model.OLS(y,x).fit()
# 再把常数项去掉
x = x[:, 1]
return model.params[0], model.params[1]

alpha, beta = linreg(X,Y)
print('alpha: ' + str(alpha))
print('beta: ' + str(beta))
```

得到如下结果:

```
alpha: 0.00116253939056
beta: 0.672934653004
# 绘制图形
X2 = np.linspace(X.min(), X.max(), 100)
Y_hat = X2 * beta + alpha

plt.scatter(X, Y, alpha = 0.3) # 画出原始数据散点
plt.xlabel("000300.SHA Daily Return")
plt.ylabel("600519.SHA Daily Return")

# 增加一条红色的回归直线
plt.plot(X2, Y_hat, 'r', alpha = 0.9);
```

得到如图 16-2 所示的图形。

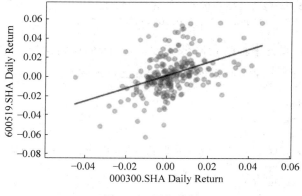

图 16-2　回归分析

```
# 构建一个市场中性组合
portfolio = -1 * beta * r_b + r_a
portfolio.name = "600519.SHA + Hedge"

# 绘制各自的收益曲线
portfolio.plot(alpha = 0.9, figsize = [9,6])
r_b.plot(alpha = 0.5);
r_a.plot(alpha = 0.5);
plt.ylabel("Daily Return")
```

```
plt.legend();
```

得到如图 16-3 所示的图形。

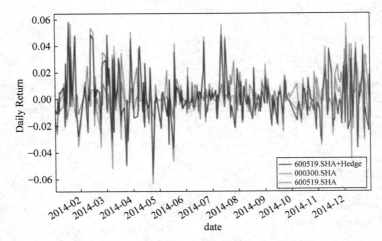

图 16-3　三个资产的收益率序列

从图 16-3 中可以看到，组合（贵州茅台＋沪深 300）的收益率和贵州茅台收益率走势相当接近。我们可以通过计算两者的平均回报率和风险（收益率的标准差）来量化其表现的差异。

```
print("means: ", portfolio.mean(), r_a.mean())
print("volatilities: ", portfolio.std(), r_a.std())
means:  0.0011625392362475395 0.002370904665440321
volatilities:  0.017851769924163820 0.019634943455457687
```

可以看出，我们以收益率为代价降低了波动，在降低风险的同时，收益也相应降低了。接下来，我们来检查一下 α 是否与以前一样，而 β 已被消除。

```
P = portfolio.values
alpha, beta = linreg(X,P)
print('alpha: ' + str(alpha))
print('beta: ' + str(beta))   # alpha 和以前仍然一样 beta 已经被消除,beta 几乎为 0
alpha: 0.00116253937709
beta: -1.24623531113e-09
```

16.4　市场风险对冲的进一步分析

这里我们使用历史数据构建了市场中性策略。我们还可以通过在不同的时间框架内验证资产和对冲投资组合的 α 和 β 值来检查其是否仍然有效。

```
# 得到过去一年得到的 alpha 和 beta 值
start_date = '2014-01-01'
```

```python
end_date = '2015-01-01'
asset = D.history_data('600519.SHA', start_date, end_date, fields=['close']).set_index('date')['close']
benchmark = D.history_data('000300.SHA', start_date, end_date, fields=['close']).set_index('date')['close']
r_a = asset.pct_change()[1:]
r_b = benchmark.pct_change()[1:]
X = r_b.values
Y = r_a.values
historical_alpha, historical_beta = linreg(X, Y)
print('Asset Historical Estimate:')
print('alpha: ' + str(historical_alpha))
print('beta: ' + str(historical_beta))
# 获取下一年的数据
start_date = '2015-01-01'
end_date = '2015-06-01'
asset = D.history_data('600519.SHA', start_date, end_date, fields=['close']).set_index('date')['close']
benchmark = D.history_data('000300.SHA', start_date, end_date, fields=['close']).set_index('date')['close']
asset.name = '600519.SHA'
benchmark.name = '000300.SHA'
# 重复前面的过程来计算 alpha 和 beta 值
r_a = asset.pct_change()[1:]
r_b = benchmark.pct_change()[1:]
X = r_b.values
Y = r_a.values
alpha, beta = linreg(X, Y)
print('Asset Out of Sample Estimate:')
print('alpha: ' + str(alpha))
print('beta: ' + str(beta))

# 构建对冲投资组合来计算 alpha、beta
portfolio = -1 * historical_beta * r_b + r_a
P = portfolio.values
alpha, beta = linreg(X, P)
print('Portfolio Out of Sample:')
print ('alpha: ' + str(alpha))
print ('beta: ' + str(beta))

# 绘制图形
portfolio.name = "600519.SHA + Hedge"
portfolio.plot(alpha=0.9, figsize=[9,6])
r_a.plot(alpha=0.5);
r_b.plot(alpha=0.5)
plt.ylabel("Daily Return")
plt.legend();
```

得到如下结果：

```
Asset Historical Estimate:
```

alpha: 0.00116253939056
beta: 0.672934653004
Asset Out of Sample Estimate:
alpha: 0.00020366206079
beta: 0.866552969103
Portfolio Out of Sample:
alpha: 0.000203662008879
beta: 0.193618313006

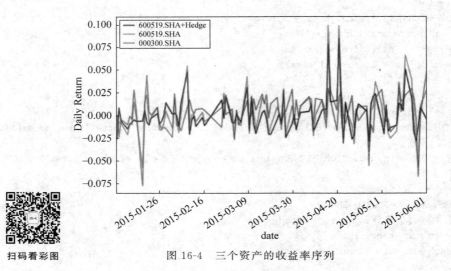

图 16-4　三个资产的收益率序列

从图 16-4 中可以看出，对冲后的收益降低了，但波动性也降低了。历史估计出的贝塔值在样本外的一年中是有效的，将资产的贝塔值 0.673 通过对冲降低到了 0.193，也就是说降低了 2/3，这样的对冲效果是比较明显的，而且也反映出历史的贝塔值是有效的，当然，要得到更好的效果，可以采取滚动估计贝塔的方法。

练 习 题

对本章例题的数据，使用 Python 重新操作一遍。

第 17 章

量化选股策略

17.1 小市值的量化选股策略

本章介绍基于市值的选股策略。了解 α 策略和 Fama_French 三因子模型的人们都知道,市值因子是一个长期有效的超额收益来源,对股票收益率有一定的解释作用,小市值的股票更容易带来超额收益。因为小市值类股票往往表现活跃,容易引发炒作风潮。此外,还有首次公开发行(IPO)管制的原因(大量排队企业选择借壳),也有市场风险偏好提升的原因(市场恶性循环越来越偏爱小市值)。

策略逻辑:市值可以带来超额收益

策略内容:每月月初买入市值最小的 30 只股票,持有至下个月月初再调仓

资金管理:等权重买入

风险控制:无单只股票仓位上限控制、无止盈止损

第一步:获取数据,并整理买入股票列表

BigQuant 平台获取数据的代码如下:

```
def prepare(context):
    # 引进 prepare 数据准备函数是为了保持回测和模拟能够通用
    # 获取股票代码
    instruments = D.instruments()
    start_date = context.start_date
    # 确定结束时间
    end_date = context.end_date
    # 获取股票总市值数据,返回 DataFrame 数据格式
    market_cap_data = D.history_data(instruments,context.start_date,context.end_date,
             fields = ['market_cap','amount'])

    # 获取每日按小市值排序(从低到高)的前三十只股票
    daily_buy_stock = market_cap_data.groupby('date').apply(lambda df:df[(df['amount'] > 0)].
sort_values('market_cap')[:30])
    context.daily_buy_stock = daily_buy_stock
```

在上面的代码中,history_data 是我们平台获取数据的一个重要 API。fields 参数为列表形式,传入的列表即为我们想要获取的数据。

第二步：回测主体

```python
# 回测参数设置,initialize 函数只运行一次
def initialize(context):
    # 手续费设置
    context.set_commission(PerOrder(buy_cost = 0.0003, sell_cost = 0.0013, min_cost = 5))
    # 调仓规则(每月的第一天调仓)
    context.schedule_function(rebalance, date_rule = date_rules.month_start(days_offset = 0))

# handle_data 函数会每天运行一次
def handle_data(context,data):
    pass

# 换仓函数
def rebalance(context, data):
    # 当前的日期
    date = data.current_dt.strftime('%Y-%m-%d')
    # 根据日期获取调仓需要买入的股票的列表
    stock_to_buy = list(context.daily_buy_stock.loc[date].instrument)
    # 通过 positions 对象,使用列表生成式的方法获取目前持仓的股票列表
    stock_hold_now = [equity.symbol for equity in context.portfolio.positions]
    # 继续持有的股票:调仓时,如果买入的股票已经存在于目前的持仓里,那么应继续持有
    no_need_to_sell = [i for i in stock_hold_now if i in stock_to_buy]
    # 需要卖出的股票
    stock_to_sell = [i for i in stock_hold_now if i not in no_need_to_sell]

    # 卖出
    for stock in stock_to_sell:
        # 如果该股票停牌,则没法成交.因此需要用 can_trade 方法检查下该股票的状态
        # 如果返回真值,则可以正常下单,否则会出错
        # 因为 stock 是字符串格式,我们用 symbol 方法将其转化成平台可以接受的形式:Equity 格式

        if data.can_trade(context.symbol(stock)):
            # order_target_percent 是平台的一个下单接口,表明下单使得该股票的权重为 0,
            #   即卖出全部股票,可参考回测文档
            context.order_target_percent(context.symbol(stock), 0)

    # 如果当天没有买入的股票,就返回
    if len(stock_to_buy) == 0:
        return

    # 等权重买入
    weight = 1 / len(stock_to_buy)

    # 买入
    for stock in stock_to_buy:
        if data.can_trade(context.symbol(stock)):
            # 下单使得某只股票的持仓权重达到 weight,因为
            # weight 大于 0,因此是等权重买入
            context.order_target_percent(context.symbol(stock), weight)
```

第三步：回测接口

```
m = M.trade.v4(
    instruments = D.instruments(),
    start_date = '2013 - 01 - 01',
    end_date = '2017 - 11 - 08',
    # 必须传入 initialize,只在第一天运行
    prepare = prepare,
    initialize = initialize,
    # 必须传入 handle_data,每个交易日都会运行
    handle_data = handle_data,
    # 买入以开盘价成交
    order_price_field_buy = 'open',
    # 卖出也以开盘价成交
    order_price_field_sell = 'open',
    # 策略本金
    capital_base = 1000000,
    # 比较基准:沪深 300
    benchmark = '000300.INDX',
)
```

运行上述代码得到如图 17-1 所示的结果。

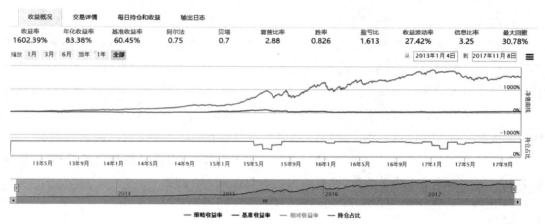

图 17-1　小市值选股策略表现

扫码看彩图

回测结果比较真实,小市值策略在过去几年确实是这样的表现。2017 年以来,中小盘风格转换明显,创业板、中小板走势比较弱,因此该策略也面临较大回撤。

17.2　基本面财务指标的量化选股策略

公司的基本面因素一直具备滞后性,令基本面的量化出现巨大困难。而从上市公司的基本面因素来看,一般只有每个季度的公布期才会有财务指标的更新,而这种财务指标的滞后性对股票表现是否有影响呢？如何去规避基本面滞后产生的风险呢？下面我们将重

点介绍量化交易在公司基本面分析上的应用,即平时常说的基本面量化(quantamental)。

1. 哪些财务指标较真实反映上市公司经营优劣?

首先我们简单介绍下可能运用在量化策略上的基本面指标,相信大部分投资者都对上市公司的基本面有一定的了解,上市公司的基本面情况总是同公司业绩相关,而衡量业绩的主要基本面指标有每股收益、净资产收益率、主营业务收入等等。

而上市公司财务指标又常常存在相关的性质,比如每股收益和主营业务收入和产品毛利率相关,所以当我们把一堆财务指标放在一起统计可能就会产生相关性问题,从而降低了模型对市场走势的解释程度。因此,如何选出合适的独立性指标就成为我们进行财务指标量化模型设计的基础。

那么怎样的财务指标会较真实地反映上市公司的经营优劣呢?

具有延续性的财务指标,比如近三年净利润增速,这一个指标把3年的净利润增速平均起来,这种增长性具备一定的长期特征;

与现金流相关的指标,由于涉及真实的资金往来,现金流能够比较真实反映上市公司的经营状况。

2. 选择用作财务量化模型的指标

1) 每股现金流量/每股业绩

每股现金流量比每股盈余更能显示从事资本性支出及支付股利的能力。每股现金流量通常比每股盈余要高,这是因为公司正常经营活动所产生的净现金流量还会包括一些从利润中扣除出去但又不影响现金流出的费用调整项目,如折旧费等。但每股现金流量也有可能低于每股盈余。一家公司的每股现金流量越高,说明这家公司的每股普通股在一个会计年度内所赚得的现金流量越多;反之,则表示每股普通股所赚得的现金流量越少。

而每股现金流量常常与上市公司的业绩、总股本相关,所以用每股现金流量/每股业绩来衡量上市公司的现金流动情况,比单纯用每股盈余更为合理。

2) 净资产收益率

净资产收益率又称股东权益收益率,是净利润与平均股东权益的百分比,是公司税后利润除以净资产得到的百分比率,该指标反映股东权益的收益水平,用以衡量公司运用自有资本的效率。指标值越高,说明投资带来的收益越高。

净资产收益率通过净资金去计量每年上市公司收益的百分比,净资产收益率比每股净利润、资产收益率等更合理地衡量归于股东的上市公司权益的增值速度。

3) 销售毛利率

销售毛利率,表示每一元销售收入扣除销售成本后,有多少钱可以用于各项期间费用和形成盈利。销售毛利率是企业销售净利率的最初基础,没有足够大的毛利率便不能盈利。

在分析企业主营业务的盈利空间和变化趋势时,销售毛利率是一个重要指标。该指标的优点在于可以对企业某一主要产品或主要业务的盈利状况进行分析，这对于判断企业核心竞争力的变化趋势及其企业成长性极有帮助。

3. 基本面量化的具体实现

1）确定三个财务因子为销售毛利率、净资产收益率、每股现金流量/每股业绩
2）通过 features 数据接口获取全市场 3000 多家上市公司的财务数据
3）单独筛选每个财务因子前 500 的上市公司
4）最终确定三个因子都能排在前 500 的股票篮子
5）买入该股票篮子，等权重买入
6）一个月换仓一次，买入新确定的股票篮子

4. 量化选股的 Python 代码

1）数据准备函数

```
def prepare(context):
    # 确定起始时间
    start_date = context.start_date
    # 确定结束时间
    end_date = context.end_date
    instruments = context.instruments
    fields = ['fs_gross_profit_margin_0', 'fs_roe_0', 'fs_free_cash_flow_0', 'fs_net_profit_0']
    raw_data = D.features(instruments, start_date, end_date, fields)
    raw_data['cash_flow/profit'] = raw_data['fs_free_cash_flow_0'] / raw_data['fs_net_profit_0']
    context.daily_buy_stock = pd.DataFrame(raw_data.groupby('date').apply(seek_stock))

def seek_stock(df):
    ahead_f1 = set(df.sort_values('fs_roe_0',ascending = False)['instrument'][:500])
    ahead_f2 = set(df.sort_values('fs_gross_profit_margin_0',ascending = False)['instrument'][:500])
    ahead_f3 = set(df.sort_values('cash_flow/profit',ascending = False)['instrument'][:500])
    return list(ahead_f1 & ahead_f2 & ahead_f3)
```

2）策略逻辑主体函数

```
# 回测参数设置, initialize 函数只运行一次
def initialize(context):
    # 手续费设置
    context.set_commission(PerOrder(buy_cost = 0.0003, sell_cost = 0.0013, min_cost = 5))
    # 调仓规则(每月的第一天调仓)
    context.schedule_function(rebalance, date_rule = date_rules.month_start(days_offset = 0))

# handle_data 函数会每天运行一次
def handle_data(context,data):
    pass

# 换仓函数
def rebalance(context, data):
```

```python
# 当前的日期
date = data.current_dt.strftime('%Y-%m-%d')
# 根据日期获取调仓需要买入的股票的列表
stock_to_buy = list(context.daily_buy_stock.loc[date][0])
# 通过 positions 对象,使用列表生成式的方法获取目前持仓的股票列表
stock_hold_now = [equity.symbol for equity in context.portfolio.positions]
# 继续持有的股票:调仓时,如果买入的股票已经存在于目前的持仓里,那么应继续持有
no_need_to_sell = [i for i in stock_hold_now if i in stock_to_buy]
# 需要卖出的股票
stock_to_sell = [i for i in stock_hold_now if i not in no_need_to_sell]

# 卖出
for stock in stock_to_sell:
    # 如果该股票停牌,则没法成交.因此需要用 can_trade 方法检查下该股票的状态
    # 如果返回真值,则可以正常下单,否则会出错
    # 因为 stock 是字符串格式,我们用 symbol 方法将其转化成平台可以接受的形式:Equity 格式
    if data.can_trade(context.symbol(stock)):
        # order_target_percent 是平台的一个下单接口,表明下单使得该股票的权重为 0,
        #     即卖出全部股票,可参考回测文档
        context.order_target_percent(context.symbol(stock), 0)

# 如果当天没有买入的股票,就返回
if len(stock_to_buy) == 0:
    return

# 等权重买入
weight = 1 / len(stock_to_buy)

# 买入
for stock in stock_to_buy:
    if data.can_trade(context.symbol(stock)):
        # 下单使得某只股票的持仓权重达到 weight,因为
        # weight 大于 0,因此是等权重买入
        context.order_target_percent(context.symbol(stock), weight)
```

3) 策略回测接口

```python
# 策略运行调用函数
m = M.trade.v4(
    instruments = D.instruments(market = 'CN_STOCK_A'),
    start_date = '2013-01-01',
    end_date = '2017-05-01',
    prepare = prepare,  # 在实盘或模拟交易,每天会更新数据,因此必须传入数据准备函数
    # 必须传入 initialize,只在第一天运行
    initialize = initialize,
    # 必须传入 handle_data,每个交易日都会运行
    handle_data = handle_data,
    # 买入以开盘价成交
    order_price_field_buy = 'open',
```

```
    # 卖出也以开盘价成交
    order_price_field_sell = 'open',
    # 策略本金
    capital_base = 1000000,
    # 比较基准:沪深 300
    benchmark = '000300.INDX',
    m_deps = 'quantamental'
)
```

得到如图 17-2 所示的图形。

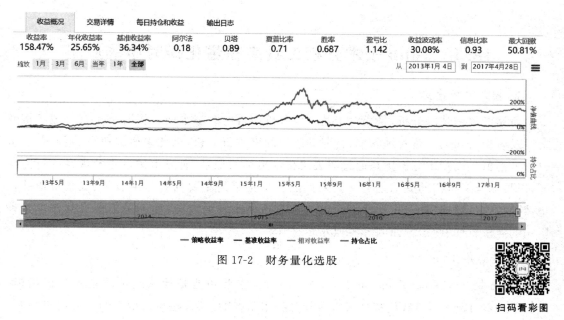

图 17-2　财务量化选股

练 习 题

对本章例题的数据,使用 Python 重新操作一遍。

第 18 章

量化择时策略

18.1 Talib 技术分析工具库在量化择时中的应用

1. 技术分析含义

所谓股票的技术分析,是相对于基本面分析而言的。基本面分析着重于对一般经济情况以及各个公司的经营管理状况、行业动态等因素进行分析,以此来研究股票的价值,衡量股价的高低。而技术分析则是通过图表或技术指标的记录,研究市场过去及现在的行为反应,以推测未来价格的变动趋势。其依据的技术指标的主要内容是由股价、成交量或涨跌指数等数据计算而得的,技术分析只关心证券市场本身的变化,而不考虑会对其产生某种影响的经济方面、政治方面的等各种外部的因素。

2. 什么是 Talib

Talib 是 Technical Analysis Library 的简称,主要功能是计算股价的技术分析指标。先简单看看 Talib 都给我们提供了哪些计算技术指标的函数,按技术指标的类型示例如下。

函数名:CDL2CROWS

名称:Two Crows 两只乌鸦

简介:三日 K 线模式,第一天长阳,第二天高开收阴,第三天再次高开继续收阴,收盘比前一日收盘价低,预示股价下跌。

例子:integer = CDL2CROWS(open, high, low, close)

函数名:CDL3STARSINSOUTH

名称:Three Stars In The South 南方三星

简介:三日 K 线模式,与大敌当前相反,三日 K 线皆阴,第一日有长下影线,第二日与第一日类似,K 线整体小于第一日,第三日无下影线实体信号,成交价格都在第一日振幅之内,预示下跌趋势反转,股价上升。

例子:integer = CDL3STARSINSOUTH(open, high, low, close)

函数名:MA

名称:Moving average 移动平均值

简介:移动平均值是在一定范围内的价格平均值。

例子：ma ＝ MA(close，timeperiod＝30，matype＝0)

函数名：ADX

名称：Average Directional Movement Index 平均趋向指数

简介：ADX 指数是反映趋向变动的程度，而不是方向的本身。

例子：adx ＝ ADX(high，low，close，timeperiod＝14)

函数名：ATR

名称：Average True Range 平均真实波幅

简介：主要用来衡量价格的波动。因此，这一技术指标并不能直接反映价格走向及其趋势稳定性，而只是表明价格波动的程度。

例子：atr ＝ ATR(high，low，close，timeperiod＝14)

函数名：OBV

名称：On Balance Volume 能量潮

简介：通过统计成交量变动的趋势推测股价趋势。

计算公式：以某日为基期，逐日累计每日上市股票总成交量，若隔日指数或股票上涨，则基期 OBV 加上本日成交量为本日 OBV。隔日指数或股票下跌，则基期 OBV 减去本日成交量为本日 OBV

例子：obv ＝ OBV(close，volume)

由于篇幅有限，技术分析指标不能在此详细介绍，可以参考 Talib 官方文档 http://mrjbq7.github.io/ta-lib/funcs.html。

3. Talib 如何使用：MA 实例

已知 MA 这个函数的调用方式为：ma ＝ MA(close，timeperiod＝30，matype＝0)

close 表示收盘价序列，timeperiod 指定义好均线的计算长度即几日均线，不输入的话，默认为 30 日，matype 可以默认不用输入，然后就可以得到均线的值。

因此简单来讲，只要获取收盘价，就可以轻松计算移动平均值。

下面以平安银行(000001.SZA)为例进行说明：

```
# 获取数据
df = D.history_data(['000001.SZA'],'2015-12-01','2016-02-20',
                    fields=['date','close']).set_index('date')
# 通过 rolling_mean 函数计算移动平均值(方法 1)
#df['MA10_rolling'] = pd.rolling_mean(df['close'],10) # 旧版
df['MA10_rolling'] = df['close'].rolling(10).mean()
# 将价格数据转化成 float 类型
close = [float(x) for x in df['close']]
# 通过 talib 计算移动平均值(方法 2)
df['MA10_talib'] = talib.MA(np.array(close), timeperiod = 10)
# 检查两种方法计算结果是否一致
df.tail(12)
```

计算结果如图 18-1 所示。

date	instrument	close	MA10_rolling	MA10_talib
2016-01-28	000001.SZA	833.282654	882.729260	882.729260
2016-01-29	000001.SZA	859.940857	878.773535	878.773535
2016-02-01	000001.SZA	842.742004	873.527893	873.527893
2016-02-02	000001.SZA	855.641113	866.992340	866.992340
2016-02-03	000001.SZA	847.041748	861.058752	861.058752
2016-02-04	000001.SZA	855.641113	857.876971	857.876971
2016-02-05	000001.SZA	853.061279	853.749255	853.749255
2016-02-15	000001.SZA	841.882080	848.761597	848.761597
2016-02-16	000001.SZA	860.800781	849.965515	849.965515
2016-02-17	000001.SZA	872.839966	852.287360	852.287360
2016-02-18	000001.SZA	867.680298	855.727124	855.727124
2016-02-19	000001.SZA	863.380615	856.071100	856.071100

图 18-1　计算移动平均值

我们就这样很方便地计算出了移动平均线的值,接下来我们计算下稍微复杂一点的 EMA 和 MACD。

```
# 调用 talib 计算 6 日指数移动平均线的值
df['EMA12'] = talib.EMA(np.array(close), timeperiod = 6)
df['EMA26'] = talib.EMA(np.array(close), timeperiod = 12)
# 调用 talib 计算 MACD 指标
df['MACD'],df['MACDsignal'],df['MACDhist'] = talib.MACD(np.array(close),
                    fastperiod = 6, slowperiod = 12, signalperiod = 9)
df.tail(12)
```

得到如图 18-2 所示的结果。

date	instrument	close	MA10_rolling	MA10_talib	EMA12	EMA26	MACD	MACDsignal	MACDhist
2016-01-28	000001.SZA	833.282654	882.729260	882.729260	863.302504	888.666007	-25.363569	-22.264525	-3.099044
2016-01-29	000001.SZA	859.940857	878.773535	878.773535	862.342033	884.246753	-21.904767	-22.192573	0.287806
2016-02-01	000001.SZA	842.742004	873.527893	873.527893	856.742025	877.861407	-21.119416	-21.977942	0.858526
2016-02-02	000001.SZA	855.641113	866.992340	866.992340	856.427479	874.442900	-18.015446	-21.185443	3.169997
2016-02-03	000001.SZA	847.041748	861.058752	861.058752	853.745841	870.227338	-16.481514	-20.244657	3.763143
2016-02-04	000001.SZA	855.641113	857.876971	857.876971	854.287348	867.983304	-13.695968	-18.934919	5.238951
2016-02-05	000001.SZA	853.061279	853.749255	853.749255	853.937042	865.687608	-11.750574	-17.498050	5.747476
2016-02-15	000001.SZA	841.882080	848.761597	848.761597	850.492767	862.025219	-11.532458	-16.304932	4.772474
2016-02-16	000001.SZA	860.800781	849.965515	849.965515	853.437914	861.836844	-8.398934	-14.723732	6.324798
2016-02-17	000001.SZA	872.839966	852.287360	852.287360	858.981358	863.529632	-4.548277	-12.688641	8.140364
2016-02-18	000001.SZA	867.680298	855.727124	855.727124	861.466769	864.168196	-2.701429	-10.691199	7.989770
2016-02-19	000001.SZA	863.380615	856.071100	856.071100	862.013582	864.047030	-2.033449	-8.959649	6.926200

图 18-2　复杂一点的 EMA 和 MACD

从图 18-2 可以看到,Talib 模块可以很方便地帮助我们计算技术分析指标。

补充说明一下,close 是收盘价,timeperiod 指的是指数移动平均线 EMA 的长度,

fastperiod 指更短时段的 EMA 的长度，slowperiod 指更长时段的 EMA 的长度，signalperiod 指 DEA 长度。

4．技术分析指标 MACD 策略

当 macd 下穿 signal 时，卖出股票；

当 macd 上穿 signal 时，买入股票。

1）策略参数

```
import talib
instruments = ['000651.SZA'] # 以格力电器为例
start_date = '2010 - 09 - 16' # 起始时间
end_date = '2017 - 11 - 08' # 结束时间
```

2）策略主体

```
def initialize(context):

    context.set_commission(PerDollar(0.0015)) # 手续费设置
    # 需要设置计算 MACD 的相关参数
    context.short = 12
    context.long = 26
    context.smoothperiod = 9
    context.observation = 100

def handle_data(context, data):

    if context.trading_day_index < 100: # 在 100 个交易日以后才开始真正运行
        return

    sid = context.symbol(instruments[0])
    # 获取价格数据
    prices = data.history(sid, 'price', context.observation, '1d')
    # 用 Talib 计算 MACD 取值，得到三个时间序列数组，分别为 macd, signal 和 hist
    macd, signal, hist = talib.MACD(np.array(prices), context.short,
                                    context.long, context.smoothperiod)

    # 计算现在 portfolio 中股票的仓位
    cur_position = context.portfolio.positions[sid].amount

    # 策略逻辑
    # 卖出逻辑 macd 下穿 signal
    if macd[-1] - signal[-1] < 0 and macd[-2] - signal[-2] > 0:
        # 进行清仓
        if cur_position > 0 and data.can_trade(sid):
            context.order_target_value(sid, 0)

    # 买入逻辑  macd 上穿 signal
    if macd[-1] - signal[-1] > 0 and macd[-2] - signal[-2] < 0:
        # 买入股票
        if cur_position == 0 and data.can_trade(sid):
            context.order_target_percent(sid, 1)
```

3) 回测接口

```
m = M.trade.v4(
    instruments = instruments,
    start_date = start_date,
    end_date = end_date,
    initialize = initialize,
    handle_data = handle_data,
    order_price_field_buy = 'open',
    order_price_field_sell = 'open',
    capital_base = float("1.0e6"),
    benchmark = '000300.INDX',
)
```

得到如图 18-3 所示的结果。

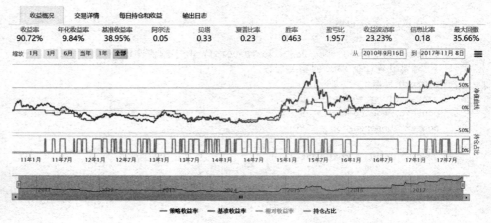

扫码看彩图

图 18-3　技术分析指标 MACD 策略

18.2　海龟量化择时策略

海龟量化择时策略：当当日的开盘价大于过去 20 个交易日中的最高价时，以开盘价买入；

买入后，当开盘价小于过去 10 个交易日中的最低价时，以开盘价卖出。

1．策略参数

```
instruments = ['600519.SHA']            # 选择的投资标的贵州茅台
start_date = '2014 - 07 - 17'           # 回测开始日期
end_date = '2017 - 11 - 08'             # 回测结束日期
```

2．策略主体函数

```
def initialize(context):
    context.set_commission(PerDollar(0.0015))    # 手续费设置
```

```
def handle_data(context, data):
    if context.trading_day_index < 20:           # 在 20 个交易日以后才开始真正运行
        return

    sid = context.symbol(instruments[0])
    price = data.current(sid, 'price')           # 当前价格

    high_point = data.history(sid, 'price', 20, '1d').max()  # 20 日高点
    low_point = data.history(sid, 'price', 10, '1d').min()   # 10 日低点

    # 持仓
    cur_position = context.portfolio.positions[sid].amount

    # 交易逻辑
    # 最新价大于 20 日高点,并且处于空仓状态,并且该股票当日可以交易
    if price >= high_point  and cur_position == 0 and data.can_trade(sid):
        context.order_target_percent(sid, 1)
    # 最新价小于等于 10 日低点,并且持有股票,并且该股票当日可以交易
    elif price <= low_point  and cur_position > 0 and data.can_trade(sid):
        context.order_target_percent(sid, 0)
```

3．回测接口

```
m = M.trade.v4(
    instruments = instruments,
    start_date = start_date,
    end_date = end_date,
    initialize = initialize,
    handle_data = handle_data,
    order_price_field_buy = 'open',      # 买入股票订单成交价为开盘价
    order_price_field_sell = 'open',     # 卖出股票订单成交价为开盘价
    capital_base = float("1.0e6"),       # 初始资金为 100 万
    benchmark = '000300.INDX',           # 比较基准为沪深 300 指数
)
```

运行以上代码,得到如图 18-4 所示的图形。

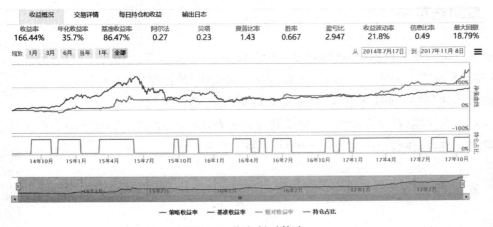

扫码看彩图

图 18-4　海龟择时策略

18.3　金叉死叉双均线量化择时策略

18.3.1　均线策略

对于每一个交易日,都可以计算出前 N 天的移动平均值,然后把这些移动平均值连起来,成为一条线,就叫作 N 日移动平均线。

比如前 5 个交易日的收盘价分别为 10,9,9,10,11 元,那么,5 日的移动平均股价为 9.8 元。同理,如果下一个交易日的收盘价为 12,那么在下一次计算移动平均值的时候,需要计算 9,9,10,11,12 元的平均值,也就是 10.2 元。

将这些平均值连起来,就是均线。

如图 18-5 所示,收盘价是蓝线,橙色的线表示 5 日的移动平均线。

扫码看彩图

图 18-5　均线

18.3.2　双均线策略

顾名思义就是两条天数不同的移动平均线,比如说,一条是 5 天的移动平均线,另一条是 10 天的移动平均线。如图 18-6 所示,蓝色的是 5 天均线,黄色的是 10 天均线。

一般的双均线策略,通过建立 m 天移动平均线,n 天移动平均线,则两条均线必有交点。若 $m>n$,n 天平均线"上穿越"m 天均线则为买入点,反之为卖出点。该策略基于不同天数均线的交叉点,抓住股票的强势和弱势时刻,进行交易。

18.3.3　金叉和死叉

由时间短的均线(如图 18-6 中蓝色的线)在下方向上穿越时间长一点的均线(如图 18-6 中黄色的线),为"金叉",反之为"死叉"。

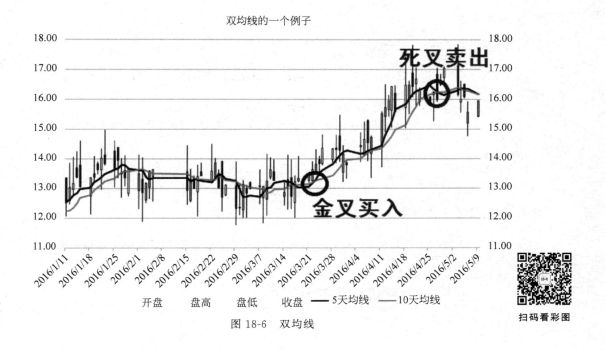

图 18-6 双均线

18.3.4 金叉死叉双均线择时策略

本节向读者介绍如何在 BigQuant 平台开发金叉死叉双均线择时策略,旨在帮助读者对 BigQuant 平台回测有初步印象。

金叉死叉策略其实就是双均线策略。策略思想是:当短期均线上穿长期均线时,形成金叉,此时买入股票。当短期均线下穿长期均线时,形成死叉,此时卖出股票。研究表明,双均线策略虽然简单,但只要严格执行,也能长期盈利。

首先,我们选择要交易的股票,用 instruments 表示,然后确定回测的开始时间和结束时间。记住,如果是单只股票,那么 instruments 就是含有一个元素的列表,如果是多只股票,instruments 就是含有多个元素的列表。

金叉死叉策略:

当短期均线上穿长期均线,出现金叉,买入;当短期均线下穿长期均线,出现死叉,卖出。

1. 主要参数

```
# 选择投资标的
instruments = ['600519.SHA']
# 设置回测开始时间
start_date = '2012-05-28'
# 设置回测结束时间
end_date = '2017-07-18'
```

2. 策略回测主体

然后,编写策略初始化部分。

```python
# initialize 函数只会运行一次,在第一个日期运行,因此可以把策略一些参数放在该函数定义
def initialize(context):
    # 设置手续费,买入是万分之 3,卖出是千分之 1.3,不足 5 元以 5 元计
    context.set_commission(PerOrder(buy_cost = 0.0003, sell_cost = 0.0013, min_cost = 5))
    # 短均线参数
    context.short_period = 5
    # 长均线参数
    context.long_period = 50
```

接着,编写策略主体部分。

```python
# handle_data 函数会每个日期运行一次,可以把行情数据理解成 K 线,然后 handle_data 函数会在
# 每个 K 线上依次运行
def handle_data(context, data):
    # 当运行的 K 线数量还达不到长均线时直接返回
    if context.trading_day_index < context.long_period:
        return
    # 投资标的
    k = instruments[0]
    sid = context.symbol(k)
    # 最新价格
    price = data.current(sid, 'price')
    # 短周期均线值
    short_mavg = data.history(sid, 'price',context.short_period, '1d').mean()
    # 长周期均线值
    long_mavg = data.history(sid, 'price',context.long_period, '1d').mean()
    # 账户现金
    cash = context.portfolio.cash
    # 账户持仓
    cur_position = context.portfolio.positions[sid].amount

    # 策略逻辑部分
    # 空仓状态下,短周期均线上穿长周期均线,买入股票
    if short_mavg > long_mavg and cur_position == 0  and data.can_trade(sid):
        context.order(sid, int(cash/price/100) * 100)
    # 持仓状态下,短周期均线下穿长周期均线,卖出股票
    elif short_mavg < long_mavg  and cur_position > 0 and   data.can_trade(sid):
        context.order_target_percent(sid, 0)
```

3. 回测接口

最后,编写策略回测接口。

```python
m = M.trade.v4(
    instruments = instruments,
    start_date = start_date,
    end_date = end_date,
```

```
    initialize = initialize,
    handle_data = handle_data,
    # 股票买入的时候,假设以次日开盘价成交
    order_price_field_buy = 'open',
    # 股票卖出的时候,假设以次日开盘价成交
    order_price_field_sell = 'open',
    capital_base = 100000,
)
```

执行上述代码,得到如图 18-7 所示的图形。

扫码看彩图

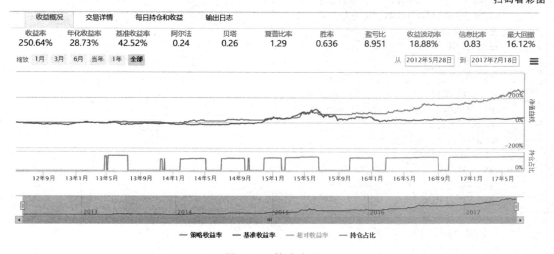

图 18-7　策略表现

18.4　基于 Python 环境的量化择时策略

18.4.1　获取金融数据

在 TushareAPI 里,曾经被用户喜欢和作为典范使用的 API get_hist_data,经历了数据的一些缺失和错误之后,在用户的呼唤下,终于变成了 Tushare 中的一个 history,迎来了一个集分钟数据、日周月数据、前后复权数据,囊括所有股票、指数和 ETF 于一体的 get_k_data。未来,还将加入期货与期权等品种,所以,get_k_data 将会成为未来一个"著名"的行情数据 API,接口名称和特点如下:get_k_data 含义是获取 k 线数据,所以起了这么一个简单的名称。虽然一贯的不标准,不规范,但主要看数据。

新接口融合了 get_hist_data 和 get_h_data 两个接口的功能,既能方便获取日周月的低频数据,也可以获取 5、15、30 和 60 分钟相对高频的数据。同时,上市以来的前后复权数据也能在一行代码中轻松获得,当然,也可以选择不复权。

我们主要还是应该掌握如何用 Tushare 获取股票行情数据,使用的是 ts.get_k_data() 函数。输入参数为:

code:股票代码,即 6 位数字代码,或者指数代码(sh = 上证指数 sz = 深圳成指 hs300 = 沪深 300 指数 sz50 = 上证 50 zxb = 中小板 cyb = 创业板)
 start:开始日期,格式 YYYY - MM - DD
 end:结束日期,格式 YYYY - MM - DD
 ktype:数据类型,D = 日 k 线 W = 周 M = 月 5 = 5 分钟 15 = 15 分钟 30 = 30 分钟 60 = 60 分钟,默认为 D
 retry_count:当网络异常后重试次数,默认为 3
 pause:重试时停顿秒数,默认为 0
返回值说明:
 date:日期
 open:开盘价
 high:最高价
 close:收盘价
 low:最低价
 volume:成交量
 price_change:价格变动
 p_change:涨跌幅
 ma5:5 日均价
 ma10:10 日均价
 ma20:20 日均价
 v_ma5:5 日均量
 v_ma10:10 日均量
 v_ma20:20 日均量
 turnover:换手率[注:指数无此项]

我们首先导入如下程序:

```python
import tushare as ts
import numpy as np
# from pandas.core import datetools
import pandas as pd
import seaborn
import statsmodels
import matplotlib.pyplot as plt
from statsmodels.tsa.stattools import coint
```

18.4.2 量化择时收益计算策略

(1) 使用 Tushare 包获取某股票的历史行情数据。

```python
# 获取 k 线数据,加载至 DataFrame 中,这个是茅台的股票
df = ts.get_k_data("600519",start = "1999 - 01 - 01") # 从 Tushare 中获取数据存储至本地
df.to_csv("F://2glkx//data//600519.csv")
# 将原数据中的时间作为行索引,并将字符串类型的时间序列化成时间对象类型,并且给显示索引
df = pd.read_csv("F://2glkx//600519.csv", index_col = 'date',parse_dates = ['date'])[['open',
```

'close','high','low']]

(2)输出该股票所有收盘比开盘上涨3%以上的日期。

```
#指定条件输出该股票所有收盘比开盘上涨3%以上的日期。
condition = (df['close']-df['open'])/df['open']>0.03 #获取满足条件的行索引
df.loc[condition].index
```

输出结果:

```
DatetimeIndex(['2001-08-27', '2001-08-28', '2001-09-10', '2001-12-21',
               '2002-01-18', '2002-01-31', '2003-01-14', '2003-10-29',
               '2004-01-05', '2004-01-14',
               ...
               '2019-02-11', '2019-03-01', '2019-03-18', '2019-04-10',
               '2019-04-16', '2019-05-10', '2019-05-15', '2019-06-11',
               '2019-06-20', '2019-09-12'],
              dtype='datetime64[ns]', name='date', length=302, freq=None)
```

(3)输出该股票所有开盘比前日收盘跌幅超过2%的日期。

```
# 因为是与前日做对比,
# shift(1)  行索引不变,值向下移动一位
condition = (df['open']-df['close'].shift(1))/df['close'].shift(1)<=-0.02
condition
```

输出结果:

```
date
2001-08-27    False
2001-08-28    False
2001-08-29    False
2001-08-30    False
2001-08-31    False
2001-09-03    False
2001-09-04    False
2001-09-05    False
2001-09-06    False
......
df[condition].index
```

输出结果:

```
DatetimeIndex(['2001-09-12', '2002-06-26', '2002-12-13', '2004-07-01',
               '2004-10-29', '2006-08-21', '2006-08-23', '2007-01-25',
               '2007-02-01', '2007-02-06', '2007-03-19', '2007-05-21',
               '2007-05-30', '2007-06-05', '2007-07-27', '2007-09-05',
               '2007-09-10', '2008-03-13', '2008-03-17', '2008-03-25',
               '2008-03-27', '2008-04-22', '2008-04-23', '2008-04-29',
               '2008-05-13', '2008-06-10', '2008-06-13', '2008-06-24',
               '2008-06-27', '2008-08-11', '2008-08-19', '2008-09-23',
               '2008-10-10', '2008-10-15', '2008-10-16', '2008-10-20',
```

```
                    '2008 - 10 - 23', '2008 - 10 - 27', '2008 - 11 - 06', '2008 - 11 - 12',
                    '2008 - 11 - 20', '2008 - 11 - 21', '2008 - 12 - 02', '2009 - 02 - 27',
                    '2009 - 03 - 25', '2009 - 08 - 13', '2010 - 04 - 26', '2010 - 04 - 30',
                    '2011 - 08 - 05', '2012 - 03 - 27', '2012 - 08 - 10', '2012 - 11 - 22',
                    '2012 - 12 - 04', '2012 - 12 - 24', '2013 - 01 - 16', '2013 - 01 - 25',
                    '2013 - 09 - 02', '2014 - 04 - 25', '2015 - 01 - 19', '2015 - 05 - 25',
                    '2015 - 07 - 03', '2015 - 07 - 08', '2015 - 07 - 13', '2015 - 08 - 24',
                    '2015 - 09 - 02', '2015 - 09 - 15', '2017 - 11 - 17', '2018 - 02 - 06',
                    '2018 - 02 - 09', '2018 - 03 - 23', '2018 - 03 - 28', '2018 - 07 - 11',
                    '2018 - 10 - 11', '2018 - 10 - 24', '2018 - 10 - 25', '2018 - 10 - 29',
                    '2018 - 10 - 30', '2019 - 05 - 06', '2019 - 05 - 08'],
                    dtype = 'datetime64[ns]', name = 'date', freq = None)
```

(4) 假如我从 2010 年 1 月 1 日开始，每月第一个交易日买入 1 手股票，每年最后一个交易日卖出所有股票，到今天为止，我的收益如何？

```
price_last = df['open'][-1]
df = df['2010 - 01':'2019 - 01']              #剔除首尾无用的数据
#Pandas 提供了 resample 函数用便捷的方式对时间序列进行重采样，根据时间粒度的变大或者变小
分为降采样和升采样：
df_monthly = df.resample("M").first()
df_yearly = df.resample("A").last()[:-1]#去除最后一年
cost_money = 0
hold = 0                                       #每年持有的股票
for year in range(2010, 2019):
    cost_money -= df_monthly.loc[str(year)]['open'].sum() * 100
    hold += len(df_monthly[str(year)]['open']) * 100
    if year != 2019:
        cost_money += df_yearly[str(year)]['open'][0] * hold
        hold = 0                               #每年持有的股票
cost_money += hold * price_last
print(cost_money)
```

输出结果：

281602.69999999984

18.4.3 量化择时双均线策略

(1) 使用 Tushare 包获取某股票的历史行情数据。

贵州茅台，2001 年 8 月 27 日茅台股票在上海证交所上市，首日的开盘价是在 5.39 元。虽然贵州茅台从上市以来每年年报都有分红，不过当时的茅台在上市的时候有一段时间业绩并没有体现得多好。而且，那时候 A 股的大盘也正是熊市的时候，所以茅台股票的上市并没有引起市场的关注。2020-05-29 贵州茅台的成交价是 1332.1 元。

```
df = pd.read_csv("F://2glkx//600519.csv", index_col = 'date', parse_dates = ['date'])[['open',
```

```
'close','low','high']]
```

（2）使用 Pandas 包计算该股票历史数据的 5 日均线和 30 日均线。

```
df['ma5'] = df['open'].rolling(5).mean()
df['ma30'] = df['open'].rolling(30).mean()
```

什么是均线？

对于每一个交易日，都可以计算出前 N 天的移动平均值，然后把这些移动平均值连起来，成为一条线，就叫作 N 日移动平均线。移动平均线常用线有 5 天、10 天、30 天、60 天、120 天和 240 天的指标。

5 天和 10 天的是短线操作的参照指标，称作日均线指标；

30 天和 60 天的是中期均线指标，称作季均线指标；

120 天和 240 天的是长期均线指标，称作年均线指标。

均线计算方法：$MA=(C_1+C_2+C_3+\ldots+C_n)/N$，$C$：某日收盘价，$N$：移动平均周期（天数）

（3）使用 Matplotlib 包可视化历史数据的收盘价和两条均线。

```
import matplotlib.pyplot as plt
plt.plot(df[['close','ma5','ma30']].iloc[:100])
```

输出结果：如图 18-8 所示。

扫码看彩图

图 18-8　历史数据的收盘价和两条均线

（4）分析输出所有金叉日期和死叉日期。

股票分析技术中的金叉和死叉，可以简单解释为：图 18-9 中的两根线，一根为短时间内的指标线（ma5），另一根为较长时间的指标线（ma30）。

图中指标线（ma5）方向拐头向上，并且穿过了较长时间的指标线，这种状态叫"金叉"；

如果短时间的指标线方向拐头向下，并且穿过了较长时间的指标线，这种状态叫"死叉"。

一般情况下，出现金叉后，操作趋向买入；出现死叉后，则操作趋向卖出。当然，金叉和死叉只是分析指标之一，要和其他很多指标配合使用，才能增加操作的准确性。

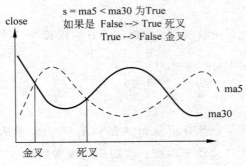

图 18-9　金叉、死叉

```
sr1 = df['ma5'] < df['ma30']
sr2 = df['ma5'] >= df['ma30']
death_cross = df[sr1 & sr2.shift(1)].index
```

输出结果：

```
DatetimeIndex(['2001-10-15', '2002-01-17', '2002-01-31', '2002-04-01',
               '2002-07-30', '2002-12-30', '2003-03-18', '2003-04-23',
               '2003-06-23', '2003-07-01', '2003-08-05', '2004-03-01',
               '2004-05-12', '2004-08-23', '2004-11-24', '2005-04-21',
               '2005-05-17', '2005-06-16', '2005-09-27', '2006-07-11',
               '2006-08-01', '2007-02-09', '2007-02-27', '2007-04-24',
               '2007-04-30', '2007-05-14', '2007-07-12', '2007-09-13',
               '2007-09-20', '2007-11-14', '2007-11-23', '2008-01-31',
               '2008-03-17', '2008-05-13', '2008-05-23', '2008-08-13',
               '2008-12-31', '2009-03-13', '2009-04-30', '2009-08-20',
               '2009-09-03', '2009-10-21', '2009-12-21', '2010-01-22',
               '2010-02-05', '2010-03-01', '2010-06-24', '2010-10-18',
               '2010-11-02', '2010-12-27', '2011-03-03', '2011-03-31',
               '2011-09-09', '2011-12-12', '2012-04-06', '2012-07-25',
               '2012-08-03', '2012-08-14', '2012-09-24', '2012-11-08',
               '2012-12-26', '2013-01-18', '2013-03-19', '2013-06-21',
               '2013-07-16', '2013-10-28', '2013-11-27', '2013-12-04',
               '2014-04-01', '2014-04-30', '2014-08-25', '2014-09-17',
               '2014-10-13', '2014-11-24', '2015-01-20', '2015-06-11',
               '2015-06-18', '2015-07-20', '2015-09-30', '2015-11-27',
               '2015-12-11', '2016-01-06', '2016-08-09', '2016-08-19',
               '2016-11-21', '2017-07-07', '2017-09-11', '2017-11-30',
               '2018-02-05', '2018-03-28', '2018-06-29', '2018-07-24',
               '2018-08-02', '2018-10-15', '2018-12-25', '2019-05-10',
               '2019-07-22'],
              dtype='datetime64[ns]', name='date', freq=None)
golden_cross = df[~(sr1 | sr2.shift(1))].index
```

输出结果：

```
DatetimeIndex(['2001-08-27', '2001-08-28', '2001-08-29', '2001-08-30',
               '2001-08-31', '2001-09-03', '2001-09-04', '2001-09-05',
```

```
                 '2001 - 09 - 06', '2001 - 09 - 07',
                 ...
                 '2017 - 12 - 15', '2018 - 03 - 19', '2018 - 05 - 10', '2018 - 07 - 19',
                 '2018 - 07 - 26', '2018 - 09 - 21', '2018 - 12 - 04', '2019 - 01 - 03',
                 '2019 - 06 - 17', '2019 - 08 - 13'],
                dtype = 'datetime64[ns]', name = 'date', length = 127, freq = None)
```

（5）假如从 2001 年 8 月开始，初始资金为 100000 元，金叉尽量买入，死叉全部卖出，那么到今天为止，我的炒股收益如何？

```
first_money = 100000
money = first_money
hold = 0 # 持有多少股
sr1 = pd.Series(1, index = golden_cross)
sr2 = pd.Series(0, index = death_cross)
# 根据时间排序
sr = sr1.append(sr2).sort_index()
for i in range(0, len(sr)):
    p = df['open'][sr.index[i]]
    if sr.iloc[i] == 1:         # 金叉
        buy = (money // (100 * p))
        hold += buy * 100
        money -= buy * 100 * p
    else:
        money += hold * p
        hold = 0
p = df['open'][-1]
now_money = hold * p + money
print(now_money - first_money)
```

输出结果：

13817807.699999994

（6）改进思路。

金叉意味着短线上穿长线，但是市场中常常出现所谓的假突破，金叉之后马上出现死叉的情况，或者金叉之后大幅下跌。因此应给金叉设定一个阈值，当短线上穿长线达到一定程度之后再买入股票，当短线即将下穿长线的时候提前卖出股票。代码如下：

```
import tushare as ts
import numpy as np
from pandas.core import datetools
import pandas as pd
import seaborn
import statsmodels
import matplotlib.pyplot as plt
from statsmodels.tsa.stattools import coint
# df = ts.get_k_data('600519', start = '1999 - 01 - 01')
# df.to_csv('F://2glkx//data//600519.csv')
```

```python
df = pd.read_csv('F:/2glkx//data//600519.csv',
                 index_col = 'date',
                 parse_dates = ['date'])[['open','close','high','low']]
df['ma5'] = df['open'].rolling(5).mean()
df['ma30'] = df['open'].rolling(30).mean()
df['ma5-ma30'] = df['ma5'] - df['ma30']   ##短线-长线
sd = 120                                   #设定一个阈值
sr1 = df['ma5-ma30']< sd                   #短线小于长线+80时就提前卖出
sr2 = df['ma5-ma30']> sd                   #短线高于长线才买进
death_cross = df[sr1 & sr2.shift(1)].index
golden_cross = df[~(sr1 | sr2.shift(1))].index
first_money = 100000
money = first_money
hold = 0
sr1 = pd.Series(1,index = golden_cross)
sr2 = pd.Series(0,index = death_cross)
sr = sr1.append(sr2).sort_index()
for i in range(0,len(sr)):
    p = df['open'][sr.index[i]]
    if sr.iloc[i] == 1:
        buy = (money//(100 * p))
        hold += buy * 100
        money -= buy * 100 * p
    else:
        money += hold * p
        hold = 0
p = df['open'][-1]
now_money = hold * p + money
print(now_money - first_money)
```

得到如下结果：

25726248.0

练 习 题

1. 对本章例题的数据，使用 Python 重新操作一遍。

2. 假如从 2010 年 1 月开始，初始资金为 100000 元，金叉尽量买入，死叉全部卖出，那么到今天为止，炒股收益率如何？

第 19 章

量化选股与量化择时组合策略

本章讨论交易中两个非常重要的命题:选股+择时,并将其两者结合起来开发策略。选股就是要选一只好股票,而择时就是选一个好的买卖时机。如果投资者选了一只很差的股票,无论怎样择时,都无法获得超额收益。但如果只选股而不进行择时,又可能面临系统性风险爆发的困境。如何将选股和择时策略有机地结合起来?

本章列出两个策略,第一个策略为纯选股策略,没有择时,即任何时候都有股票仓位。第二个策略为选股+择时,当大盘处于死叉(短期均线下穿长期均线)的时候就保持空仓。对比发现,有择时的策略资金曲线更为平滑。

19.1 量化纯选股策略

1. 获取股票市净率数据

```
# 获取股票代码
instruments = D.instruments()
# 确定起始时间
start_date = '2013 - 01 - 01'
# 确定结束时间
end_date = '2017 - 08 - 10'
# 获取股票市净率数据,返回 DataFrame 数据格式
market_cap_data = D.history_data(instruments,start_date,end_date,
        fields = ['pb_lf','amount'])
# 获取每日按市净率排序(从低到高)的前 30 只股票
daily_buy_stock = market_cap_data.groupby('date').apply(lambda df:df[(df['amount'] > 0)&((df
['pb_lf'] > 0))].sort_values('pb_lf')[:30])
```

2. 纯选股策略

```
# 回测参数设置,initialize 函数只运行一次
def initialize(context):
    # 手续费设置
    context.set_commission(PerOrder(buy_cost = 0.0003, sell_cost = 0.0013, min_cost = 5))
    # 调仓规则(每月的第一天调仓)
    context.schedule_function(rebalance, date_rule = date_rules.month_start(days_offset = 0))
    # 传入整理好的调仓股票数据
```

```python
    context.daily_buy_stock = daily_buy_stock

# handle_data 函数会每天运行一次
def handle_data(context,data):
    pass

# 换仓函数
def rebalance(context, data):
    # 当前的日期
    date = data.current_dt.strftime('%Y-%m-%d')
    # 根据日期获取调仓需要买入的股票的列表
    stock_to_buy = list(context.daily_buy_stock.loc[date].instrument)
    # 通过 positions 对象,使用列表生成式的方法获取目前持仓的股票列表
    stock_hold_now = [equity.symbol for equity in context.portfolio.positions]
    # 继续持有的股票:调仓时,如果买入的股票已经存在于目前的持仓里,那么应继续持有
    no_need_to_sell = [i for i in stock_hold_now if i in stock_to_buy]
    # 需要卖出的股票
    stock_to_sell = [i for i in stock_hold_now if i not in no_need_to_sell]

    # 卖出
    for stock in stock_to_sell:
        # 如果该股票停牌,则没法成交.因此需要用 can_trade 方法检查下该股票的状态
        # 如果返回真值,则可以正常下单,否则会出错
        # 因为 stock 是字符串格式,我们用 symbol 方法将其转化成平台可以接受的形式:Equity
        # 格式
        if data.can_trade(context.symbol(stock)):
            # order_target_percent 是平台的一个下单接口,表明下单使得该股票的权重为 0,
            #   即卖出全部股票,可参考回测文档
            context.order_target_percent(context.symbol(stock), 0)

    # 如果当天没有买入的股票,就返回
    if len(stock_to_buy) == 0:
        return

    # 等权重买入
    weight = 1 / len(stock_to_buy)

    # 买入
    for stock in stock_to_buy:
        if data.can_trade(context.symbol(stock)):
            # 下单使得某只股票的持仓权重达到 weight,因为
            # weight 大于 0,因此是等权重买入
            context.order_target_percent(context.symbol(stock), weight)
```

3. 回测接口

```python
m = M.trade.v4(
    instruments = instruments,
    start_date = start_date,
```

```
    end_date = end_date,
    # 必须传入 initialize,只在第一天运行
    initialize = initialize,
    #  必须传入 handle_data,每个交易日都会运行
    handle_data = handle_data,
    # 买入以开盘价成交
    order_price_field_buy = 'open',
    # 卖出也以开盘价成交
    order_price_field_sell = 'open',
    # 策略本金
    capital_base = 1000000,
    # 比较基准:沪深 300
    benchmark = '000300.INDX',
)
```

得到如图 19-1 所示的图形。

扫码看彩图

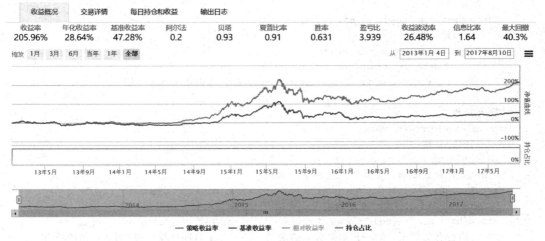

图 19-1　纯选股策略回测结果

19.2　量化选股与量化择时组合策略

1. 获取数据,并整理买入股票列表

市场状态判断

```
bm_price = D.history_data(['000300.SHA'], start_date = '2013 – 01 – 01', end_date = '2017 – 08
– 10', fields = ['close'])
bm_price['sma'] = bm_price['close'].rolling(5).mean()
bm_price['lma'] = bm_price['close'].rolling(32).mean()
bm_price['gold_cross_status'] = bm_price['sma'] > bm_price['lma']
bm_price['pos_percent'] = np.where(bm_price['gold_cross_status'],1,0)
pos_df = bm_price[['date', 'pos_percent']].set_index('date')
```

2. 回测主体

```python
# 回测参数设置,initialize 函数只运行一次
def initialize(context):
    # 手续费设置
    context.set_commission(PerOrder(buy_cost = 0.0003, sell_cost = 0.0013, min_cost = 5))
    # 调仓规则(每月的第一天调仓)
    context.schedule_function(rebalance, date_rule = date_rules.month_start(days_offset = 0))
    # 传入整理好的调仓股票数据
    context.daily_buy_stock = daily_buy_stock
    context.pos = pos_df

# handle_data 函数会每天运行一次
def handle_data(context,data):
    date = data.current_dt.strftime('%Y-%m-%d')
    stock_hold_now = [equity.symbol for equity in context.portfolio.positions]
    # 满足空仓条件
    if context.pos.loc[date].pos_percent == 0:
        # 全部卖出
        for stock in stock_hold_now:
            if data.can_trade(context.symbol(stock)):
                context.order_target_percent(context.symbol(stock), 0)

# 换仓函数
def rebalance(context, data):
    # 当前的日期
    date = data.current_dt.strftime('%Y-%m-%d')
    # 根据日期获取调仓需要买入的股票的列表
    stock_to_buy = list(context.daily_buy_stock.loc[date].instrument)
    # 通过 positions 对象,使用列表生成式的方法获取目前持仓的股票列表
    stock_hold_now = [equity.symbol for equity in context.portfolio.positions]
    # 继续持有的股票:调仓时,如果买入的股票已经存在于目前的持仓里,那么应继续持有
    no_need_to_sell = [i for i in stock_hold_now if i in stock_to_buy]
    # 需要卖出的股票
    stock_to_sell = [i for i in stock_hold_now if i not in no_need_to_sell]

    # 卖出
    for stock in stock_to_sell:
        # 如果该股票停牌,则没法成交.因此需要用 can_trade 方法检查下该股票的状态
        # 如果返回真值,则可以正常下单,否则会出错
        # 因为 stock 是字符串格式,我们用 symbol 方法将其转化成平台可以接受的形式:Equity
        格式
        if data.can_trade(context.symbol(stock)):
            # order_target_percent 是平台的一个下单接口,表明下单使得该股票的权重为 0,
            #    即卖出全部股票,可参考回测文档
            context.order_target_percent(context.symbol(stock), 0)

    # 如果当天没有买入的股票,就返回
    if len(stock_to_buy) == 0:
```

```
    return

# 等权重买入
weight =  1 / len(stock_to_buy)

# 买入
for stock in stock_to_buy:
    if data.can_trade(context.symbol(stock)):
        # 下单使得某只股票的持仓权重达到 weight,因为
        # weight 大于 0,因此是等权重买入
        context.order_target_percent(context.symbol(stock), weight)
```

3. 回测接口

```
m1 = M.trade.v4(
    instruments = instruments,
    start_date = start_date,
    end_date = end_date,
    # 必须传入 initialize,只在第一天运行
    initialize = initialize,
    # 必须传入 handle_data,每个交易日都会运行
    handle_data = handle_data,
    # 买入以开盘价成交
    order_price_field_buy = 'open',
    # 卖出也以开盘价成交
    order_price_field_sell = 'open',
    # 策略本金
    capital_base = 1000000,
    # 比较基准:沪深 300
    benchmark = '000300.INDX',
)
```

得到如图 19-2 所示的图形。

扫码看彩图

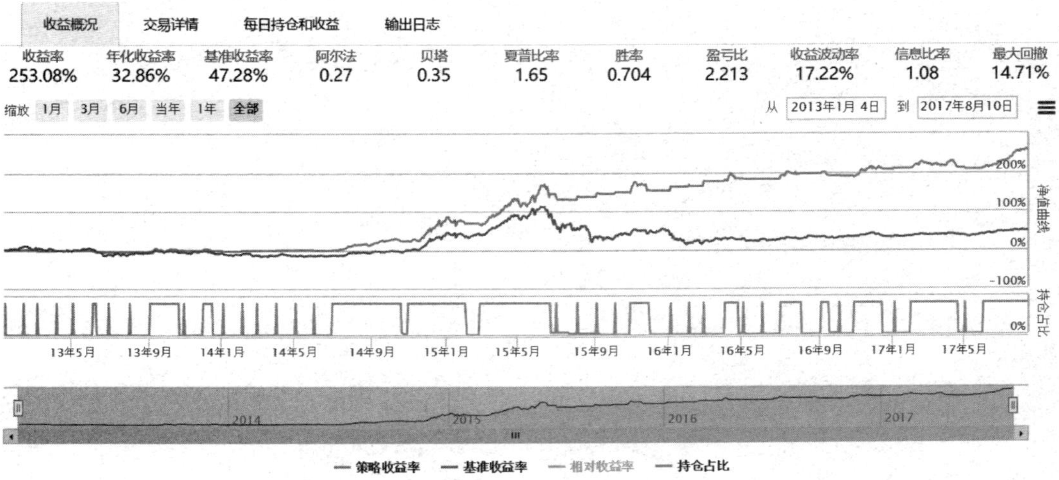

图 19-2 选股+择时策略回测结果

4. 结论

可以看出,加入择时的策略比没有择时只有选股的策略有较好的改善和提高,改进效果比较明显。如表 19-1 所示。

表 19-1 选股策略比较

项 目	选 股	选股+择时	改 进
年化收益	28.64%	32.86%	提高 4.22%
夏普比率	0.91	1.65	升高 0.74
收益波动率	26.48%	17.22%	降低 9.26%
最大回撤	40.30%	14.71%	降低 25.59%

本节我们分别给出纯选股策略和选股+择时策略的实例,并进行了比对,我们发现,选股+择时策略资金曲线会更加平滑,表现会更加优良。

练 习 题

对本章例题的数据,使用 Python 重新操作一遍。

第 20 章

量化投资统计套利的协整配对交易策略

20.1 协整基本知识

本节介绍协整理论的初步内容。

1. 协整的直观理解

协整是什么这个问题回答起来不是那么直观,因此我们先看图 20-1,了解一下具有协整性的两只股票其价格走势有什么规律。

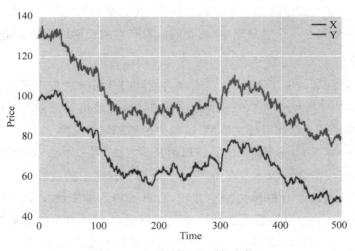

图 20-1 两只协整股票的走势

从图 20-1 中可以看出,两只股票具有同涨同跌的规律,长期以来两只股票的价差比较平稳,这种性质就是平稳性。如果两只股票具有强协整性,那么无论它们中途怎么走的,它们前进的方向总是一样的。

2. 平稳性

提到协整,就不得不提平稳性。简单地说,平稳性(stationarity)是一个序列在时间推移中保持稳定不变的性质,它是我们在进行数据的分析预测时非常重要的一个性质。如果一组时间序列数据是平稳的,那就意味着它的均值和方差保持不变,这样我们可以方便地在序列上使用一些统计技术。我们先看一个例子,了解平稳和非平稳序列直观上长什么样。

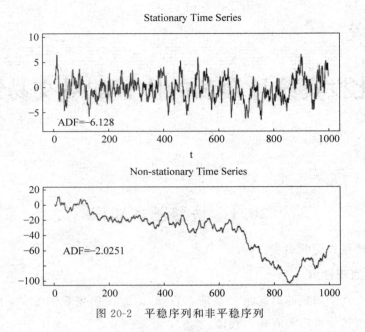

图 20-2 平稳序列和非平稳序列

在图 20-2 中,靠上的序列是一个平稳的序列,我们能看到它始终是围绕着一个长期均值在波动,靠下的序列是一个非平稳序列,我们能看到它的长期均值是变动的。

3. 问题的提出

由于许多经济问题是非平稳的,这就给经典的回归分析方法带来了很大限制。在金融市场上也是如此,很多时间序列数据也是非平稳的,通常采用差分方法消除序列中含有的非平稳趋势,使得序列平稳化后建立模型,比如使用 ARIMA 模型。

1987 年 Engle 和 Granger 提出的协整理论及其方法,为非平稳序列的建模提供了另一种途径。虽然一些经济变量的本身是非平稳序列,但是,它们的线性组合却有可能是平稳序列。这种平稳的线性组合被称为协整方程,且可解释为变量之间的长期稳定的均衡关系。协整(co-integration)可被看作这种均衡关系性质的统计表示。如果两个变量是协整的,在短期内,因为季节影响或随机干扰,这些变量有可能偏离均值,但因为具有长期稳定的均衡关系,它们终将回归均值。

4. 协整在量化投资中应用

基于协整的配对交易是一种基于数据分析交易策略,其盈利模式是通过两只证券的差价(spread)来获取,两者的股价走势虽然在中途会有所偏离,但是最终都会趋于一致。具有这种关系的两个股票,在统计上称作协整性(cointegration),即它们之间的差价会围绕某一个均值来回摆动,这是配对交易策略可以盈利的基础。当两只股票的价差过大,根据平稳性我们预期价差会收敛,因此买入低价的股票,卖空高价的股票,等待价格回归的时候进行反向操作从而获利。

需要特别注意的是协整性和相关性虽然比较像,但实际是不同的两个特性。两个变量之间可以相关性强,协整性却很弱,比如说两条直线,$y=x$ 和 $y=2x$,它们之间的相关性是 1,但是协整性却比较差;方波信号和白噪声信号,它们之间相关性很弱,但是却有强协整性。如图 20-3 所示。

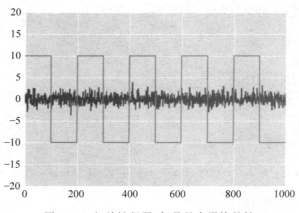

图 20-3　相关性很弱,但是具有强协整性

20.2　平稳性检验及其实例

1. 平稳性和检验方法

严格地说,平稳性可以分为严平稳(strictly stationary)和弱平稳(或叫协方差平稳、covariance stationary 等)两种。严平稳是指一个序列始终具有不变的分布函数,而弱平稳则是指序列具有不变的常量的描述性统计量。严平稳和弱平稳性质互不包含;但如果一个严平稳序列的方差是有限的,那么它是弱平稳。我们一般所说的平稳都是指弱平稳。在时间序列分析中,我们通常通过单位根检验(unit root test)来判断一个过程是否是弱平稳的。

一个常见的单位根检验方法是 Dickey-Fuller test,大致思路如下:假设被检测的时间序列 Y_t 满足自回归模型 $Y_t = \alpha Y_{t-1} + \varepsilon_t$,其中 α 为回归系数,ε_t 为噪声的随机变量。若经过检验,发现 $\alpha < 1$,则可以肯定序列是平稳的。

2. 实例

我们人为地构造两组数据,由此直观地看一下协整关系。

```
import numpy as np
import pandas as pd
import seaborn
import statsmodels
import matplotlib.pyplot as plt
from statsmodels.tsa.stattools import coint
```

首先,我们构造两组数据,每组数据长度为 500。第一组数据为 100 加一个向下趋势项再加一个标准正态分布。第二组数据在第一组数据的基础上加 30,再加一个额外的标准正

态分布。有

$$X_t = 100 + \gamma_t + \varepsilon_t$$

$$Y_t = X_t + 30 + \mu_t$$

其中 γ_t 为趋势项，ε_t 和 μ_t 为无相关性的正态随机变量。

代码如下：

```
np.random.seed(100)
x = np.random.normal(0, 1, 500)
y = np.random.normal(0, 1, 500)
X = pd.Series(np.cumsum(x)) + 100
Y = X + y + 30
for i in range(500):
    X[i] = X[i] - i/10
    Y[i] = Y[i] - i/10
T.plot(pd.DataFrame({'X':X, 'Y':Y}), chart_type = 'line', title = 'Price')
```

得到如图 20-4 所示的图形。

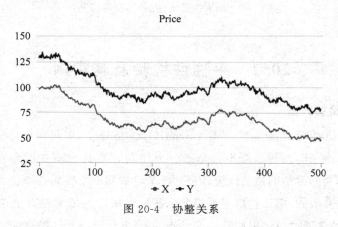

图 20-4　协整关系

显然，这两组数据都是非平稳的，因为均值随着时间的变化而变化。但这两组数据是具有协整关系的，因为它们的差序列 $Y_t - X_t$ 是平稳的：

```
T.plot(pd.DataFrame({'Y-X':Y-X,'Mean':np.mean(Y-X)}),chart_type = 'line', title = 'Price')
```

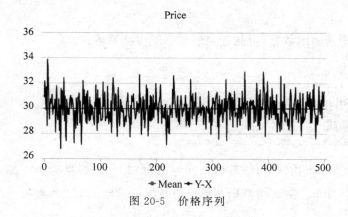

图 20-5　价格序列

在图 20-5 中，可以看出 $Y_t - X_t$ 一直围绕均值波动。而均值不随时间变化（其实方差也不随时间变化）。

20.3 基于 Bigquant 平台的协整配对交易策略

1. 配对交易

配对交易策略基本原理就是找出两只走势相关的股票。这两只股票的价格差距从长期来看在一个固定的水平内波动，如果价差暂时性地超过或低于这个水平，就买多价格偏低的股票，卖空价格偏高的股票。等到价差恢复正常水平时，进行平仓操作，赚取这一过程中价差变化所产生的利润。

使用这个策略的关键就是"必须找到一对价格走势高度相关的股票"，而高度相关在这里意味着在长期来看有一个稳定的价差，这就要用到协整关系的检验。

2. 协整关系

在前面的介绍中，我们知道，如果用 X_t 和 Y_t 代表两只股票价格的时间序列，并且发现它们存在协整关系，那么便存在实数 a 和 b，并且线性组合 $Z_t = aX_t - bY_t$ 是一个（弱）平稳的序列。如果 Z_t 的值较往常相比变得偏高，那么根据弱平稳性质，Z_t 将回归均值，这时，应该买入 b 份 Y 并卖出 a 份 X，并在 Z_t 回归时赚取差价。反之，如果 Z_t 走势偏低，那么应该买入 a 份 X 卖出 b 份 Y，等待 Z_t 上涨。所以，要使用配对交易，必须找到一对协整相关的股票。

3. 协整关系的检验

我们想使用协整的特性进行配对交易，那么要怎么样发现协整关系呢？

在 Python 的 Statsmodels 包中，有直接用于协整关系检验的函数 coint，该函数包含于 statsmodels.tsa.stattools 中。首先，我们构造一个读取股票价格，判断协整关系的函数。该函数返回的两个值分别为协整性检验的 p 值矩阵以及所有传入的参数中协整性较强的股票对。我们不需要在意 p 值具体是什么，可以这么理解它：p 值越低，协整关系就越强；p 值低于 0.05 时，协整关系便非常强。

```
import numpy as np
import pandas as pd
import statsmodels.api as sm
import seaborn as sns
# 输入是一 DataFrame,每一列是一只股票在每一日的价格
def find_cointegrated_pairs(dataframe):
    # 得到 DataFrame 长度
    n = dataframe.shape[1]
    # 初始化 p 值矩阵
    pvalue_matrix = np.ones((n, n))
```

```python
# 抽取列的名称
keys = dataframe.keys()
# 初始化强协整组
pairs = []
# 对于每一个 i
for i in range(n):
    # 对于大于 i 的 j
    for j in range(i + 1, n):
        # 获取相应的两只股票的价格 Series
        stock1 = dataframe[keys[i]]
        stock2 = dataframe[keys[j]]
        # 分析它们的协整关系
        result = sm.tsa.stattools.coint(stock1, stock2)
        # 取出并记录 p 值
        pvalue = result[1]
        pvalue_matrix[i, j] = pvalue
        # 如果 p 值小于 0.05
        if pvalue < 0.05:
            # 记录股票对和相应的 p 值
            pairs.append((keys[i], keys[j], pvalue))
# 返回结果
return pvalue_matrix, pairs
```

其次，我们挑选 12 只银行股，认为它们是业务较为相似，在基本面上具有较强联系的股票，使用上面构建的函数对它们进行协整关系的检验。在得到结果后，用热力图画出各个股票对之间的 pp 值，较为直观地看出它们之间的关系。

我们的测试区间为 2015 年 1 月 1 日至 2017 年 7 月 18 日。热力图画出的是 1 减去 pp 值，因此颜色越红的地方表示 pp 值越低。

```python
instruments = ["002142.SZA", "600000.SHA", "600015.SHA", "600016.SHA", "600036.SHA",
               "601009.SHA","601166.SHA", "601169.SHA", "601328.SHA", "601398.SHA",
               "601988.SHA", "601998.SHA"]

# 确定起始时间
start_date = '2015-01-01'
# 确定结束时间
end_date = '2017-07-18'
# 获取股票收盘价数据，返回 DataFrame 数据格式
prices_temp = D.history_data(instruments,start_date,end_date,
           fields=['close'])
prices_df = pd.pivot_table(prices_temp, values='close', index=['date'], columns=['instrument'])
pvalues, pairs = find_cointegrated_pairs(prices_df)
#画协整检验热度图，输出 pvalue < 0.05 的股票对
sns.heatmap(1-pvalues, xticklabels=instruments, yticklabels=instruments, cmap='RdYlGn_r',
    mask = (pvalues == 1))
print(pairs)
[('601328.SHA', '601988.SHA', 0.0050265192277696939), ('601328.SHA', '601998.SHA',
0.0069352163995946518)]
```

```
df = pd.DataFrame(pairs, index = range(0,len(pairs)), columns = list(['Name1','Name2','pvalue']))
# pvalue 越小表示相关性越大，按 pvalue 升序排名就是获取相关性从大到小的股票对
df.sort_values(by = 'pvalue')
```

得到如图 20-6 所示的图形。

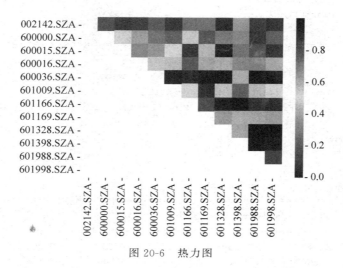

扫码看彩图

图 20-6　热力图

从图 20-6 中，可以看出，上述 12 只股票中有 3 对具有较为显著的协整性关系的股票对（红色表示协整关系显著）。我们选择使用其中 p 值最低（0.015970）的交通银行（601328.SHA）和中信银行（601998.SHA）这一对股票来进行研究。首先调取交通银行和中信银行的历史股价，画出两只股票的价格走势，如图 20-7 所示。

```
T.plot(prices_df[['601328.SHA','601998.SHA']], chart_type = 'line', title = 'Price')
```

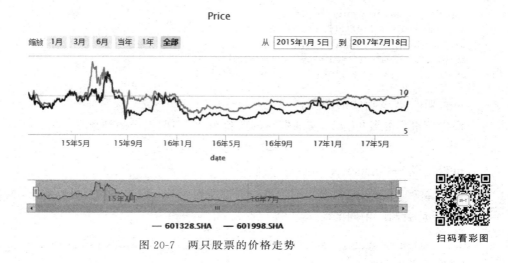

图 20-7　两只股票的价格走势

扫码看彩图

接下来，我们用这两只股票的价格来进行一次 OLS 线性回归，以此算出它们是以什么线性组合的系数构成平稳序列的。

```python
# ols
x = prices_df['601328.SHA']
y = prices_df['601998.SHA']
X = sm.add_constant(x)
result = (sm.OLS(y,X)).fit()
print(result.summary())
```

```
                            OLS Regression Results
==============================================================================
Dep. Variable:             601998.SHA   R-squared:                       0.682
Model:                            OLS   Adj. R-squared:                  0.682
Method:                 Least Squares   F-statistic:                     1323.
Date:                Fri, 10 Sep 2021   Prob (F-statistic):          1.20e-155
Time:                        09:22:50   Log-Likelihood:                -566.43
No. Observations:                 619   AIC:                             1137.
Df Residuals:                     617   BIC:                             1146.
Df Model:                           1
Covariance Type:            nonrobust
==============================================================================
                 coef    std err          t      P>|t|      [0.025      0.975]
------------------------------------------------------------------------------
const          0.3818      0.226      1.687      0.092      -0.063       0.826
601328.SHA     0.8602      0.024     36.378      0.000       0.814       0.907
==============================================================================
Omnibus:                        0.497   Durbin-Watson:                   0.070
Prob(Omnibus):                  0.780   Jarque-Bera (JB):                0.340
Skew:                           0.003   Prob(JB):                        0.844
Kurtosis:                       3.115   Cond. No.                         90.0
==============================================================================
```

系数是 0.8602，画出数据和拟合线。

```python
import matplotlib.pyplot as plt
fig, ax = plt.subplots(figsize=(8,6))
ax.plot(x, y, 'o', label="data")
ax.plot(x, result.fittedvalues, 'r', label="OLS")
ax.legend(loc='best')
```

得到如图 20-8 所示的图形。

设中信银行的股价为 Y，交通银行的股价为 X，回归拟合的结果是

$$Y = 0.3818 + 0.8602X$$

也就是说 $Y - 0.8602X$ 是平稳序列。

依照这个比例，我们画出它们价差的平稳序列，如图 20-9 所示。可以看出，虽然价差上下波动，但都会回归中间的均值。

```python
# T.plot(pd.DataFrame({'Stationary Series':0.8602 * x - y, 'Mean':[np.mean(0.8602 * x - y)]}),
        chart_type = 'line')
df = pd.DataFrame({'Stationary Series':y - 0.8602 * x, 'Mean':np.mean(y - 0.8602 * x)})
T.plot(df, chart_type = 'line', title = 'Stationary Series')
```

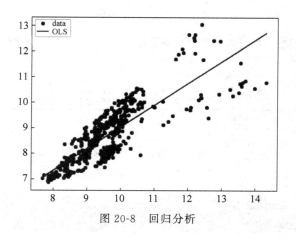

图 20-8　回归分析

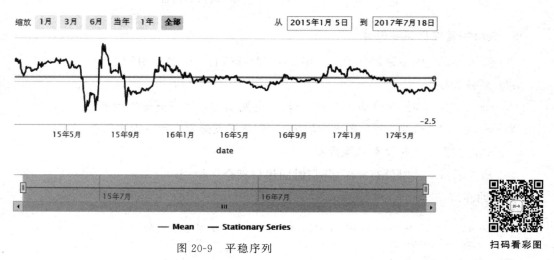

图 20-9　平稳序列

4．买卖时机的判断

这里，我们介绍 z-score，它是对时间序列偏离其均值程度的衡量，表示时间序列偏离了其均值多少倍的标准差。我们定义一个函数 zscore() 来计算 z-score：

一个序列在时间 t 的 z-score，是它在时间 t 的值减去序列的均值，再除以序列的标准差后得到的值。

```
def zscore(series):
    return (series - series.mean()) / np.std(series)
zscore_calcu = zscore(y - 0.8602 * x)
T.plot(pd.DataFrame({'zscore':zscore_calcu, 'Mean':np.mean(y - 0.8602 * x), 'upper':1, 'lower':
    -1}), chart_type = 'line', title = 'zscore')
```

运行以上代码，得到图 20-10 所示的图形。

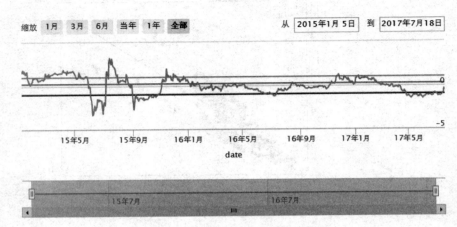

扫码看彩图

图 20-10　买卖时机的判断

5. 策略完整交易系统设计

（1）交易标的：中信银行（601998.SHA）和交通银行（601328.SHA）

（2）交易信号：

当 zscore 大于 1 时，全仓买入交通银行，全仓卖出中信银行→做空价差

当 zscore 小于－1 时，全仓卖出中信银行，全仓买入交通银行→做多价差

（3）风险控制：暂时没有风险控制

（4）资金管理：暂时没有择时，任何时间保持满仓

策略回测部分

```python
instrument = {'y':'601998.SHA','x':'601328.SHA'}    # 协整股票对
start_date = '2015-01-01'                            # 起始日期
end_date = '2017-07-18'                              # 结束日期
# 初始化账户和传入需要的变量
def initialize(context):
    context.set_commission(PerDollar(0.0015))        # 手续费设置
    context.zscore = zscore_calcu                    # 交易信号需要根据 zscore_calcu 的具体数值给出
    context.ins   = instrument                       # 传入协整股票对

# 策略主体函数
def handle_data(context, data):

    date = data.current_dt.strftime('%Y-%m-%d')      # 运行到当根 k 线的日期
    zscore = context.zscore.loc[date]                # 当日的 zscore
    stock_1 = context.ins['y']                       # 股票 y
    stock_2 = context.ins['x']                       # 股票 x

    symbol_1 = context.symbol(stock_1)               # 转换成回测引擎所需要的 symbol 格式
    symbol_2 = context.symbol(stock_2)
```

```python
# 持仓
cur_position_1 = context.portfolio.positions[symbol_1].amount
cur_position_2 = context.portfolio.positions[symbol_2].amount

# 交易逻辑
# 如果 zscore 大于上轨(>1),则价差会向下回归均值,因此需要买入股票 x,卖出股票 y
if zscore > 1 and cur_position_2 == 0 and data.can_trade(symbol_1) and data.can_trade(symbol_2):
    context.order_target_percent(symbol_1, 0)
    context.order_target_percent(symbol_2, 1)
    print(date, '全仓买入:交通银行')

# 如果 zscore 小于下轨(<-1),则价差会向上回归均值,因此需要买入股票 y,卖出股票 x
elif zscore < -1 and cur_position_1 == 0 and data.can_trade(symbol_1) and data.can_trade(symbol_2):
    context.order_target_percent(symbol_1, 1)
    print(date, '全仓买入:中信银行')
    context.order_target_percent(symbol_2, 0)
# 回测启动接口
m = M.trade.v4(
    instruments = list(instrument.values()), # 保证 instrument 是有字符串的股票代码组合成的列表(list)
    start_date = start_date,
    end_date = end_date,
    initialize = initialize,
    handle_data = handle_data,
    order_price_field_buy = 'open',
    order_price_field_sell = 'open',
    capital_base = 10000,
    benchmark = '000300.INDX',
)
```

运行结果如下:

```
[2021-09-10 09:25:40.511287] INFO: moduleinvoker: backtest.v7 开始运行..
[2021-09-10 09:25:40.530222] INFO: backtest: biglearning backtest:V7.3.0
[2021-09-10 09:25:43.060701] INFO: moduleinvoker: cached.v2 开始运行..
[2021-09-10 09:25:52.487278] INFO: moduleinvoker: cached.v2 运行完成[9.426591s].
[2021-09-10 09:25:52.530638] INFO: algo: TradingAlgorithm V1.8.5
[2021-09-10 09:25:53.033837] INFO: algo: trading transform...
[2021-09-10 09:25:54.310633] INFO: Performance: Simulated 619 trading days out of 619.
[2021-09-10 09:25:54.312446] INFO: Performance: first open: 2015-01-05 09:30:00+00:00
[2021-09-10 09:25:54.313661] INFO: Performance: last close: 2017-07-18 15:00:00+00:00
[2021-09-10 09:25:57.214358] INFO: moduleinvoker: backtest.v7 运行完成[16.703072s].
[2021-09-10 09:25:57.215902] INFO: moduleinvoker: trade.v2 运行完成[16.731799s].
2015-01-05 全仓买入:交通银行
2015-06-04 全仓买入:中信银行
2015-07-08 全仓买入:交通银行
2015-08-31 全仓买入:中信银行
2015-09-01 全仓买入:中信银行
```

2015 - 11 - 18 全仓买入:交通银行
2016 - 06 - 17 全仓买入:中信银行
2016 - 06 - 20 全仓买入:中信银行
2016 - 11 - 23 全仓买入:交通银行
2017 - 04 - 26 全仓买入:中信银行
2017 - 04 - 27 全仓买入:中信银行

得到如图 20-11 所示的结果。

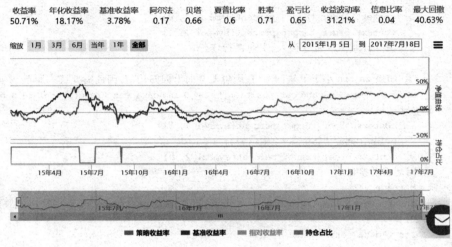

扫码看彩图

图 20-11　策略表现

练 习 题

对本章例题的数据,使用 Python 重新操作一遍。

第 21 章

基于 Python 环境的配对交易策略

在前面介绍的配对交易策略中,必须依赖于某个量化投资云计算平台,下面我们要介绍的配对交易策略,可以脱离某个云计算平台,在 Python 环境中独立运行。

21.1 策略介绍

在单边做多的市场行情中,投资者的资产收益往往容易受到市场波动较大的影响。在非理性的市场中,这种波动所带来的风险尤其难以规避。

配对交易思想为这种困境提供了既能避险又盈利的策略,其又称为价差交易或者统计套利交易,是一种风险小,交易较为稳定的市场中性策略。一般的做法,是在市场中寻找两只历史价格走势有对冲效果的股票,组成配对,使得股票配对的价差在一个范围内波动。一种可能的操作方式是,当股票配对价差正向偏离时,因预计价差在未来会回复,做空价格走势强势的股票同时做多价格走势较弱的股票。当价差收敛到长期正常水平时,即走势较强的股票价格回落,或者走势较弱的股票价格转强,平仓赚取价差收敛时的收益;当股票配对价差负向偏离时,反向建仓,在价差增回复至正常范围时再平仓,同样可以赚取收益。

21.2 策略相关方法

1. 寻找历史价格价差稳定的股票对

方法:最小距离法,即挑选出 SSD 最小的股票对。

原理:为了衡量两只股票价格的距离,首先对股票价格进行标准化处理。假设 $P_t^i(t=0,1,2,\cdots,T)$ 表示股票 i 在第 t 天的价格。那么,股票 i 在第 t 天的单期收益率比可以表示为 $r_t^i = \dfrac{P_t^i - P_{t-1}^i}{P_{t-1}^i}, t=0,1,2,\cdots,T$。用 $\hat{P}_t^i$ 表示股票在第 t 天的标准化价格,$\hat{P}_t^i$ 可由这 t 天内的累计收益率来计算,即 $\hat{P}_t^i = \sum_{T=1}^{t}(1+r_T^i)$。

假设有股票 X 和股票 Y,我们可以计算出其两者之间的标准化价格偏差值平方和

$$\text{SSD}_{X,Y}, \text{SSD}_{X,Y} = \sum_{t=1}^{T}(\hat{P}_t^X - \hat{P}_t^Y)^2$$。对产生的所有的股票对两两配对，算出全部的 SSD，将这些 SSD 由小到大的顺序排列，挑选出 SSD 最小的股票对，即挑选标准化价格序列距离最近的两只股票。

2. 判断两只股票的历史价格是否具有协整关系

方法 1：检验两只股票的收益率序列 $\{r_t\}$ 是否是平稳性时间序列。

原理：金融资产的对数价格一般可以视为一阶单整序列。用 P_t^X 表示 X 股票在第 t 日的价格，如果 X 股票的对数价格 $\{\log(P_t^X)\}$ $(t=0,1,2,\cdots,T)$ 是非平稳时间序列，且 $\{\log(P_t^X) - \log(P_{t-1}^X)\}, t=0,1,2,\cdots,T$，构成的时间序列是平稳的，则称 X 股票的对数价格 $\{\log(P_t^X)\}$ $(t=0,1,2,\cdots,T)$ 是一阶单整序列。

$$r_t^X = \frac{P_t^X - P_{t-1}^X}{P_{t-1}^X} = \frac{P_t^X}{P_{t-1}^X} - 1$$

$$\log(P_t^X) - \log(P_{t-1}^X) = \log\left(\frac{P_t^X}{P_{t-1}^X}\right) = \log(1 + r_t^X) \approx r_t^X$$

即 X 股票的简单单期收益率序列 $\{r_t^X\}$ 是平稳的。

arch 包的 ADF() 函数可以使用 ADF 单位根方法对序列的平稳性进行检验，ADF 单位根检验的原假设是"序列存在单位根"，如果我们不能拒绝原假设，则说明我们检查的序列可能存在单位根，序列是非平稳的；如果我们拒绝原假设，则序列不存在单位根，即序列是平稳时间序列。

方法 2：协整检验模型。

原理：假设 $\{\log(P_t^X)\}$ $(t=0,1,2,\cdots,T)$ 和 $\{\log(P_t^Y)\}$ $(t=0,1,2,\cdots,T)$，分别表示 X 股票和 Y 股票的对数价格序列，则 Engle 和 Granger 两步法可以对时间序列 $\{\log(P_t^X)\}$ 和 $\{\log(P_t^Y)\}$ 协整关系进行检验。在 $\{\log(\ )\}$ 和 $\{\log(\ )\}$ 都是一阶单整的前提下，用最小二乘法构造回归方程

$$\log(P_t^Y) = \alpha + \beta\log(P_t^X) + \varepsilon_t$$

得到回归系数 $\hat{\alpha}$ 和 $\hat{\beta}$，构造残差估计值：

$\hat{\varepsilon}_t = \log(P_t^Y) - (\hat{\alpha} + \hat{\beta}\log(P_t^X))$ 并检验 $\{\hat{\varepsilon}_t\}$ 序列的平稳性。如果 $\{\hat{\varepsilon}_t\}$ 序列是平稳的，说明 $\{\log(P_t^X)\}$ 和 $\{\log(P_t^Y)\}$ 具有协整关系。运用协整理论和协整模型，挑选出满足价格序列具有协整关系的股票对进行交易。

21.3 策略的步骤

配对交易策略的时期分为形成期和交易期。在形成期挑选历史价格走势存在规律的

股票对,并制定交易策略;在交易期模拟开仓平仓交易,而后计算收益。

(1) 在形成期寻找历史价差走势大致稳定的股票对。本策略采取选取同行业公司规模相近的股票进行配对的方法,本策略选取的行业为银行。选取的满足要求的银行业的股票有 25 只,两两配对,一共可以产生 300 个股票对,形成期为 244 天。利用最小距离法,在产生的 300 个股票对中,筛选出 SSD 最小的一个,即挑选标准化价格序列距离最近的两只股票。

(2) 分别对挑选出来的两只股票的对数价格数据进行一阶单整检验,再判断两只股票的历史价格是否具有协整关系。

(3) 找出两只股票配对比率 beta 和配对价差,计算价差的平均值和标准差。

(4) 选取交易期价格数据,构造开仓平仓区间。

(5) 根据开仓平仓点制定交易策略,并模拟交易账户。

(6) 配对交易策略绩效评价。

21.4　策略的演示

(1) 寻找满足 SSD 最小的股票对。

```python
import pandas as pd
import numpy as np
import tushare as ts                                        # 导入 tushare 财经数据接口
pro = ts.pro_api('ddcdb8fc6b4de07f1d7dddc4ef397b26647ff4e06ad2439f7577625b')
all = pro.stock_basic()
# #all = ts.get_stock_basics()
code = list(all[(all["industry"] == "银行")].ts_code)
allclose = ts.get_hist_data('sh','2020-01-01','2021-06-01').close
#allclose = ts.get_hist_data('sh').close
n = 0
codes = []
for i in code:
    i = i[0:6]
    codes.append(i)
code = codes
for i in code:                                              # 循环遍历沪深股票代码,获取股价
    print("正在获取第{}支股票数据".format(n))
    n += 1
    df = ts.get_hist_data(i)
    if df is None:
        continue
    else:
        df = df[::-1]                                       # 将时间序列反转,变为由远及近
        close = df.close
        close.name = i
        allclose = pd.merge(pd.DataFrame(allclose), pd.DataFrame(close), left_index = True,
```

```python
                  right_index = True, how = 'left')
## 将2015年尚未上市的股票清洗掉
popList = list()
for i in range(len(allclose.columns) - 1):
    data = allclose.iloc[0:10, i]
    data = data.dropna()
    if len(data) == 0:
        popList.append(allclose.columns[i])
for i in popList:
    allclose.pop(i)
minSSD = 100
PairX = ''
PairY = ''
spreadList = list()
for i in range(len(allclose.columns) - 1):
    for j in range(len(allclose.columns) - 1):
        print("第{}只股票,第{}个数据".format(i, j))
        if i == j:
            continue
        else:
            fromer = allclose.iloc[:, i]
            laster = allclose.iloc[:, j]
            fromer.name = allclose.columns[i]
            laster.name = allclose.columns[j]
            data = pd.concat([fromer, laster], axis = 1)
            data = data.dropna()
            if len(data) == 0:
                continue
            else:
                priceX = data.iloc[:, 0]
                priceY = data.iloc[:, 1]
                returnX = (priceX - priceX.shift(1)) / priceX.shift(1)[1:]
                returnY = (priceY - priceY.shift(1)) / priceY.shift(1)[1:]
                standardX = (returnX + 1).cumprod()
                standardY = (returnY + 1).cumprod()
                SSD = np.sum((standardY - standardX) ** 2) / len(data)
                if SSD < minSSD:
                    minSSD = SSD
                    PairX = allclose.columns[i]
                    PairY = allclose.columns[j]
print("标准化价差最小的两只股票为{},{}".format(PairX, PairY))
print("最小距离为{}".format(minSSD))
```

运行上述代码,得到如下结果:

标准化价差最小的两只股票为601288,601988
最小距离为0.0007954607653093586

(2) 即在"银行"行业中挑选出了标准化价格序列距离最近的两只股票分别为"601288
(农业银行)"和"601988(中国银行)"。接下来我们分别对中国银行和农业银行对数价格数据进行一阶单整检验。

对中国银行对数价格数据进行一阶单整检验:

```
import re
import pandas as pd
import numpy as np
from arch.unitroot import ADF
import statsmodels.api as sm
from statsmodels.tsa.stattools import adfuller
import tushare as ts                              # 导入tushare财经数据接口
import matplotlib.pyplot as plt
# 配对交易实测
# 提取形成期数据,601288(农业银行),601988(中国银行)
PAf = ts.get_k_data('601988','2018-01-01','2020-06-01').close[::-1]
PBf = ts.get_k_data('601288','2018-01-01','2020-06-01').close[::-1]
# 形成期协整关系检验
# 一阶单整检验
#将中国银行股价取对数
log_PAf = np.log(PAf)
#对中国银行对数价格进行单位根检验
adfA = ADF(log_PAf)
print(adfA.summary().as_text())
```

得到如下结果:

```
   Augmented Dickey-Fuller Results
=====================================
Test Statistic                 -2.443
P-value                         0.130
Lags                                5
-------------------------------------

Trend: Constant
Critical Values: -3.44 (1%), -2.87 (5%), -2.57 (10%)
Null Hypothesis: The process contains a unit root.
Alternative Hypothesis: The process is weakly stationary.
```

Test Statistic 是 ADF 检验的统计量计算结果,Critical Values 是该统计量在原假设下的 1、5 和 10 分位数。对中国银行的对数价格 log(PAf)进行单位根检验,结果为"Test Statistic:-2.443",而"Critical Values:-3.44(1%),-2.87(5%),-2.57(10%)",也就是说-2.443 大于原假设分布下的 1、5 和 10 分位数,从而不能拒绝原假设,进而说明中国银行的对数价格序列是非平稳的。

```
#对中国银行对数价格差分
retA = log_PAf.diff()[1:]
adfretA = ADF(retA)
print(adfretA.summary().as_text())
```

运行上述代码,得到如下结果:

```
    Augmented Dickey-Fuller Results
=====================================
Test Statistic                 -12.918
P-value                          0.000
Lags                                 4
-------------------------------------
Trend: Constant
Critical Values: -3.44 (1%), -2.87 (5%), -2.57 (10%)
Null Hypothesis: The process contains a unit root.
Alternative Hypothesis: The process is weakly stationary.
```

对中国银行的对数价格差分 retA 变量进行单位根检验,Test Statistic 为-12.918,从分析结果可以拒绝原假设,即中国银行的对数价格的差分不存在单位根,是平稳的。综上所述,说明中国银行的对数价格序列是一阶单整序列。

对农业银行对数价格数据进行一阶单整检验:

```
log_PBf = np.log(PBf)
adfB = ADF(log_PBf)
print(adfB.summary().as_text())
```

运行上述代码,得到如下结果:

```
    Augmented Dickey-Fuller Results
=====================================
Test Statistic                  -3.098
P-value                          0.027
Lags                                 0
-------------------------------------
Trend: Constant
Critical Values: -3.44 (1%), -2.87 (5%), -2.57 (10%)
Null Hypothesis: The process contains a unit root.
Alternative Hypothesis: The process is weakly stationary.
```

对农业银行的对数价格 PAflog 进行单位根检验,结果为"Test Statistic:-3.098",而"Critical Values:-3.44(1%),-2.87(5%),-2.57(10%)",根据检验的结果,在1%的显著性水平下,我们不能拒绝原假设,即农业银行的对数价格序列是非平稳的。

对农业银行对数价格数据差分进行一阶单整检验:

```
retB = log_PBf.diff()[1:]
adfretB = ADF(retB)
print(adfretB.summary().as_text())
```

运行上述代码,得到如下结果:

```
    Augmented Dickey-Fuller Results
=====================================
Test Statistic                 -24.105
```

```
P-value                                   0.000
Lags                                      0
---------------------------------
Trend: Constant
Critical Values: -3.44 (1%), -2.87 (5%), -2.57 (10%)
Null Hypothesis: The process contains a unit root.
Alternative Hypothesis: The process is weakly stationary.
```

对农业银行的对数价格差分 retB 变量进行单位根检验,Test Statistic 为 -24.105,从分析结果可以拒绝原假设,即农业银行的对数价格的差分不存在单位根,是平稳的。综上所述,说明在 1‰ 的显著性水平下,农业银行的对数价格序列是一阶单整序列。

```
#绘制中国银行与农业银行的对数价格时序图
import matplotlib.pyplot as plt
import math
# from matplotlib.font_manager import FontProperties
# font = FontProperties(fname = 'C:/Windows/Fonts/msyh.ttf')
log_PAf.plot(label = '601988zgyh',style = '--')
log_PBf.plot(label = '601288nyyj',style = '-')
plt.legend(loc = 'upper left')
# plt.title('2018-2020 年中国银行与农业银行对数价格时序图',fontproperties = font)
plt.title('2018-2020 two bank log price time series')
```

得到如图 21-1 所示的结果。

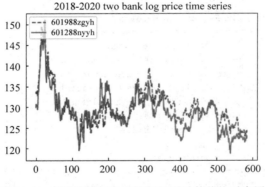

图 21-1　中国银行与农业银行股票对数价格时序图

扫码看彩图

如图 21-1 所示的虚线和实线,可以看出中国银行和农业银行的股票的对数价格有一定的趋势,不是平稳的。

```
#绘制中国银行与农业银行股票对数价格差分的时序图
retA.plot(label = '601988zgyh',style = '--')
retB.plot(label = '601288nyyj',style = '-')
plt.legend(loc = 'lower left')
# plt.title('中国银行与农业银行对数价格差分(收益率)',fontproperties = font)
plt.title('2018-2020 two bank log price diff time series')
```

得到如图 21-2 所示的结果。

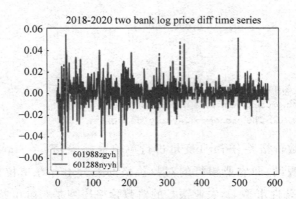

扫码看彩图

图 21-2　中国银行与农业银行股票对数价格差分的时序图

从图 21-2 可以看出，中国银行和农业银行股票对数价格的差分序列是平稳的，整体上都在 0 附近上下波动。

```
#用协整模型检验中国银行与农业银行的股票的对数价格
# 协整关系检验
#因变量是中国银行(A)股票的对数价格
#自变量是农业银行(B)股票的对数价格
import statsmodels.api as sm
model = sm.OLS(log_PBf, sm.add_constant(log_PAf)).fit()
model.summary()
```

得到如下结果：

```
                           OLS Regression Results
==============================================================================
Dep. Variable:                  close   R-squared:                       0.792
Model:                            OLS   Adj. R-squared:                  0.792
Method:                 Least Squares   F-statistic:                     2226.
Date:                Sat, 19 Jun 2021   Prob (F-statistic):          3.16e-201
Time:                        18:52:39   Log-Likelihood:                 1399.7
No. Observations:                 585   AIC:                            -2795.
Df Residuals:                     583   BIC:                            -2787.
Df Model:                           1
Covariance Type:            nonrobust
==============================================================================
                 coef    std err          t      P>|t|      [0.025      0.975]
------------------------------------------------------------------------------
const          0.1142      0.025      4.586      0.000       0.065       0.163
close          0.9034      0.019     47.183      0.000       0.866       0.941
==============================================================================
Omnibus:                       38.003   Durbin-Watson:                   0.087
Prob(Omnibus):                  0.000   Jarque-Bera (JB):               43.646
Skew:                           0.644   Prob(JB):                     3.33e-10
Kurtosis:                       3.366   Cond. No.                         56.3
==============================================================================
```

将中国银行股票的对数价格和农业银行股票的对数价格做线性回归，从回归结果中，系数与截距项的 p 值都远小于 0.025 的显著性水平，所以系数和截距项均统计显著。接下来对回归残差进行平稳性检验。

```
# 提取回归截距项
alpha = model.params[0]
# 提取回归系数
beta = model.params[1]
# 残差单位根检验
# 求残差
spreadf = log_PBf - beta * log_PAf - alpha
adfSpread = ADF(spreadf)
print(adfSpread.summary().as_text())
mu = np.mean(spreadf)
sd = np.std(spreadf)
```

得到如下结果：

```
   Augmented Dickey-Fuller Results
=====================================
Test Statistic                 -2.924
P-value                         0.043
Lags                                3
-------------------------------------

Trend: Constant
Critical Values: -3.44 (1%), -2.87 (5%), -2.57 (10%)
Null Hypothesis: The process contains a unit root.
Alternative Hypothesis: The process is weakly stationary.
```

根据上面的检验的结果，在10%的显著性水平下，我们可以拒绝原假设，即残差序列不存在单位根，残差序列是平稳的。通过上述分析，我们可以得知中国银行与农业银行股票的对数价格序列具有协整关系。

```
# 绘制残差序列的时序图
spreadf.plot()
# plt.title('价差序列',fontproperties = font)
plt.title('Spread of Price')
# Text(0.5,1,'Spread of Price')
```

得到如图 21-3 所示的结果。

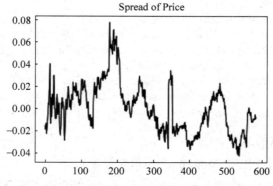

图 21-3 中国银行与农业银行配对残差时序图

(3) 找出两只股票配对比率 beta 和配对价差,计算价差的平均值和标准差。

```
# 找出配对比例 beta 和配对价差
print(beta)
# 计算价差的平均值和标准差
print(mu)
print(sd)
```

得到如下结果:

0.9033620910821728
4.489760889755494e-16
0.0221118962962051

(4) 选取交易期价格数据,构造开仓平仓区间。

```
# 设定交易期
PAt = ts.get_k_data('601988','2019-06-01','2020-06-1').close[::-1]
PBt = ts.get_k_data('601288','2019-06-01','2020-06-1').close[::-1]
CoSpreadT = np.log(PBt) - beta * np.log(PAt) - alpha
CoSpreadT.describe()
```

得到如下结果:

```
count    249.000000
mean      -0.012775
std        0.016810
min       -0.042475
25%       -0.026491
50%       -0.016281
75%       -0.003300
max        0.034195
Name: close, dtype: float64
```

(5) 绘制价差区间图

```
# 绘制价差区间图
CoSpreadT.plot()
# plt.title('交易期价差序列(协整配对)',fontproperties = font)
plt.title('Spread of Price series')
plt.axhline(y = mu, color = 'black')
plt.axhline(y = mu + 0.2 * sd, color = 'blue', ls = '-', lw = 2)
plt.axhline(y = mu - 0.2 * sd, color = 'blue', ls = '-', lw = 2)
plt.axhline(y = mu + 1.5 * sd, color = 'green', ls = '--', lw = 2.5)
plt.axhline(y = mu - 1.5 * sd, color = 'green', ls = '--', lw = 2.5)
plt.axhline(y = mu + 2.5 * sd, color = 'red', ls = '-.', lw = 3)
plt.axhline(y = mu - 2.5 * sd, color = 'red', ls = '-.', lw = 3)
```

得到如图 21-4 所示的结果。

(6) 根据开仓平仓点制定交易策略,并模拟交易账户。

交易规则:在交易期内,设定 $u \pm 1.5\sigma$ 和 $u \pm 0.2\sigma$ 为开仓和平仓的阈值,将 $u \pm 2.5\sigma$ 视

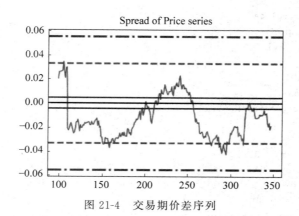

图 21-4 交易期价差序列

为协整关系可能破裂强制平仓的阈值,具体交易规则如下:

- 当价差上穿 $u+1.5\sigma$ 时,做空配对股票,反向建仓(卖出农业银行股票,同时买入中国银行股票,中国银行和农业银行股票资金比值为 beta);
- 当价差下穿 $u+0.2\sigma$ 之间时,做多配对股票,反向平仓;
- 当价差下穿 $u-1.5\sigma$ 时,做多配对股票,正向建仓(买入农业银行股票,同时卖出中国银行股票,中国银行和农业银行股票资金比值为 beta);
- 当价差又回复到 $u-0.2\sigma$ 上方时,做空配对股票,正向平仓;
- 当价差突破 $u\pm2.5\sigma$ 之间时,及时平仓。

按如下方式设置:

```
level = (float('-inf'), mu - 2.5 * sd, mu - 1.5 * sd, mu - 0.2 * sd, mu + 0.2 * sd, mu
 + 1.5 * sd, mu + 2.5 * sd, float('inf'))
prcLevel = pd.cut(CoSpreadT, level, labels = False) - 3

#根据prcLevel,构造交易信号函数
def TradeSig(prcLevel):
    n = len(prcLevel)
    signal = np.zeros(n)
    for i in range(1, n):
        if prcLevel[i - 1] == 1 and prcLevel[i] == 2:
            signal[i] = -2
        elif prcLevel[i - 1] == 1 and prcLevel[i] == 0:
            signal[i] = 2
        elif prcLevel[i - 1] == 2 and prcLevel[i] == 3:
            signal[i] = 3
        elif prcLevel[i - 1] == -1 and prcLevel[i] == -2:
            signal[i] = 1
        elif prcLevel[i - 1] == -1 and prcLevel[i] == 0:
            signal[i] = -1
        elif prcLevel[i - 1] == -2 and prcLevel[i] == -3:
            signal[i] = -3
    return(signal)
```

```python
prcLevel = prcLevel.values
signal = TradeSig(prcLevel)
position = [signal[0]]
ns = len(signal)

for i in range(1, ns):
    position.append(position[-1])
    if signal[i] == 1:
        position[i] = 1
    elif signal[i] == -2:
        position[i] = -1
    elif signal[i] == -1 and position[i - 1] == 1:
        position[i] = 0
    elif signal[i] == 2 and position[i - 1] == -1:
        position[i] = 0
    elif signal[i] == 3:
        position[i] = 0
    elif signal[i] == -3:
        position[i] = 0
position = pd.Series(position, index = CoSpreadT.index)
position.tail()

#构造模拟交易函数
def TradeSim(priceX, priceY, position):
    n = len(position)
    size = 1000
    shareY = size * position
    shareX = [(-beta) * shareY[0] * priceY[0] / priceX[0]]
    cash = [2000]
    for i in range(1, n):
        shareX.append(shareX[i - 1])
        cash.append(cash[i - 1])
        if position[i - 1] == 0 and position[i] == 1:
            shareX[i] = (-beta) * shareY[i] * priceY[i] / priceX[i]
            cash[i] = cash[i - 1] - (shareY[i] * priceY[i] + shareX[i] * priceX[i])
        elif position[i - 1] == 0 and position[i] == -1:
            shareX[i] = (-beta) * shareY[i] * priceY[i] / priceX[i]
            cash[i] = cash[i - 1] - (shareY[i] * priceY[i] + shareX[i] * priceX[i])
        elif position[i - 1] == 1 and position[i] == 0:
            shareX[i] = 0
            cash[i] = cash[i - 1] + (shareY[i - 1] * priceY[i] + shareX[i - 1] * priceX[i])
        elif position[i - 1] == -1 and position[i] == 0:
            shareX[i] = 0
            cash[i] = cash[i - 1] + (shareY[i - 1] * priceY[i] + shareX[i - 1] * priceX[i])
    cash = pd.Series(cash, index = position)
    shareY = pd.Series(shareY, index = position)
    shareX = pd.Series(shareX, index = position)
    asset = cash + shareY * priceY + shareX * priceX
    account = pd.DataFrame({'Position': position, 'ShareY': shareY, 'ShareX': shareX, 'Cash':
```

```
           cash, 'Asset': asset})
    return (account)

PAt = PAt.values
PBt = PBt.values
position = position.values

account = TradeSim(PAt,PBt,position)
account.tail()
```

得到如下结果：

	Asset	Cash	Position	ShareX	ShareY
-1.0	-5223.218705	1793.934822	-1.0	-862.875275	-1000.0
-1.0	-5185.961199	1793.934822	-1.0	-862.875275	-1000.0
-1.0	-5185.961199	1793.934822	-1.0	-862.875275	-1000.0
-1.0	-5148.703694	1793.934822	-1.0	-862.875275	-1000.0
-1.0	-5128.703694	1793.934822	-1.0	-862.875275	-1000.0

练 习 题

对本章例题的数据，使用 Python 重新操作一遍。

第 22 章
人工智能机器学习算法量化金融策略

22.1 引　　言

机器学习算法是实现人工智能最基本的工具和手段,因此,本章先介绍十种机器学习算法及其 Python 代码,然后介绍机器学习的支持向量机在量化投资中的应用。

下面做一篇通俗易懂的机器学习入门。

问题 1:把大象放进冰箱总共分几步?

答:三步。

第一步,打开冰箱门;

第二步,把大象放进去;

第三步,把冰箱门关上。

问题 2:利用机器学习构建量化模型总共分几步?

答:三步。

第一步,构建变量(打开冰箱门);

第二步,把数据放进去(把大象放进去);

第三步,利用训练好的模型进行分类或预测(把冰箱门关上)。

机器学习的实际流程其实就是上面说的这三步,但在操作上没那么简单。

既然是专业学习,那就不再说大象的事了,让我们谈谈冰箱!

首先,我们需要一个冰箱!

在这里冰箱就是一个机器学习模型,我们需要先造一个冰箱,才能把大象放进去!

下面说一下怎么造冰箱。

首先,要基本了解一下有哪几种冰箱。目前 Python 支持最常见的机器学习包是 Sklearn,它的前身是 Scikit-learn,所以在网上看到这两个名字说的是同一个东西。

Sklearn 将常见的机器学习算法打包,使用者只需要通过参数的调整就可以实现原本复杂的代码修改。

22.2　机器学习算法分类

一般来说,机器学习算法有三类。

1. 监督式学习算法

这个算法由一个目标变量或结果变量（或因变量）组成。这些变量由已知的一系列预示变量（自变量）预测而来。利用这一系列变量，可以生成一个将输入值映射到期望输出值的函数。这个训练过程会一直持续，直到模型在训练数据上获得期望的精确度。监督式学习的例子有：回归、决策树、随机森林、K-近邻算法、逻辑回归等。

2. 非监督式学习算法

这个算法没有任何目标变量或结果变量要预测或估计。它用在不同的组内聚类分析。这种分析方式被广泛地用来细分客户，根据干预的方式分为不同的用户组。非监督式学习的例子有：关联算法和K-均值算法等。

非监督学习可以分为3种类型：

a. 关联：就是去发觉在同一个数据集合中不同条目同时发生的概率。广泛地用于市场篮子分析。例如：如果一位顾客买了面包，那么他有80%的可能性购买鸡蛋。

b. 聚类：把更加相似的对象归为一类，而不是其他类别对象。

c. 降维：顾名思义，降维就是减少数据集变量，同时要保证重要信息不丢失。降维可以通过使用特征提取和特征选择方法来完成。特征选择方法会选择原始变量的一个子集。特征提取完成了从高维空间到低维空间的数据变换。例如，主成分分析（PCA）就是一个特征提取方法。

3. 强化学习算法

这个算法训练机器进行决策。原理是这样的：把机器放在一个能让它通过反复试错来训练自己的环境中。机器从过去的经验中进行学习，并且尝试利用了解最透彻的知识作出精确的商业判断；强化学习的例子有马尔可夫决策过程等。

22.3 常见的机器学习算法及其 Python 代码与实例

常见的机器学习算法有：(1)线性回归，(2)逻辑回归，(3)决策树，(4)支持向量机 (SVM)，(5)朴素贝叶斯，(6)K最近邻算法，(7)K均值算法，(8)随机森林算法，(9)降维算法，(10)Gradient Boost 和 Adaboost 算法。

下面我们对上面的机器学习算法逐一介绍，并给出其主要的 Python 代码。

22.3.1 线性回归

线性回归通常用于根据连续变量估计实际数值（房价、呼叫次数、总销售额等）。我们通过拟合最佳直线来建立自变量和因变量的关系。这条最佳直线叫作回归线，并且用 $Y = aX + b$ 这个线性等式来表示。

假设在不问对方体重的情况下,让一个五年级的孩子按体重从轻到重的顺序对班上的同学排序,你觉得这个孩子会怎么做?他(她)很可能会目测人们的身高和体型,综合这些可见的参数来排列他们。这是现实生活中使用线性回归的例子。实际上,这个孩子发现了身高和体型、体重有一定的关系,这个关系看起来很像上面的等式。在这个等式中:

Y——因变量;

X——自变量;

a——斜率;

b——截距。

系数 a 和 b 可以通过最小二乘法获得。

如图 22-1 所示。

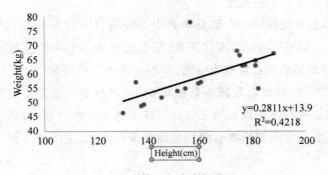

图 22-1　体重与身高的关系

我们找出最佳拟合直线 $y = 0.2811x + 13.9$。已知人的身高(Height),我们可以通过这个等式求出体重(Weight)。

线性回归的两种主要类型是一元线性回归和多元线性回归。一元线性回归的特点是只有一个自变量。多元线性回归的特点正如其名,存在多个自变量。找最佳拟合直线的时候,你可以拟合到多项或者曲线回归。这些就被叫作多项或曲线回归。

LinearRegression 的 Python 代码:

```
from sklearn.linear_model import LinearRegression        # 线性回归 #
module = LinearRegression()
module.fit(x, y)
module.score(x, y)
## module.predict(test)
```

实例:

```
import pandas as pd
import numpy as np
# 读取数据并创建数据表,名称为 data。
data = pd.DataFrame(pd.read_excel('F:\\2glkx\\data\\sgtz.xlsx'))
data.head()
x = np.array(data[['sg']])
```

```
y = np.array(data[['tz']])
from sklearn.linear_model import LinearRegression         # 线性回归 #
module = LinearRegression()
module.fit(x, y)
module.score(x, y)
module.coef_
module.intercept_
##身高1.90米体重预测
module.intercept_ + module.coef_ * 1.9
array([[68.96135402]])
```

22.3.2 逻辑回归

这是一个分类算法而不是一个回归算法。该算法可根据已知的一系列因变量估计离散数值（比方说二进制数值 0 或 1，是或否，真或假）。简单来说，它通过将数据拟合进一个逻辑函数来预估一个事件出现的概率。因此，它也被叫作逻辑回归。因为它预估的是概率，所以它的输出值大小在 0 和 1 之间（正如所预计的一样）。如图 22-2 所示。

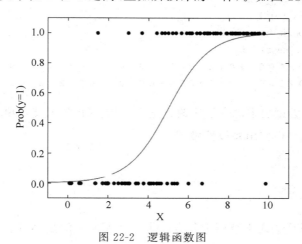

图 22-2　逻辑函数图

我们再通过一个简单的例子来理解这个算法。

假设你朋友让你解开一个谜题。只会有两个结果：你解开了或是没有解开。想象你要解答很多道题来找出你所擅长的主题。这个研究的结果就会像是这样：假设题目是一道十年级的三角函数题，你有 70% 的可能会解开这道题。然而，若题目是个五年级的历史题，你只有 30% 的可能性回答正确。这就是逻辑回归能提供给你的信息。

从数学上看，在结果中，概率的对数使用的是预测变量的线性组合模型。

```
odds = p/(1-p) = probability of event occurrence / probability of not event occurrence
ln(odds) = ln(p/(1-p))
logit(p) = ln(p/(1-p)) = b0 + b1*X1 + b2*X2 + b3*X3 + … + bk*X
```

在上面的式子里，p 是我们感兴趣的特征出现的概率。它选用使观察样本值的可能性最大化的值作为参数，而不是通过计算误差平方和的最小值（就如一般的回归分析用到的一样）。

```
## 数据准备 x_train, x_test, y_train, y_test
from sklearn.datasets import load_iris
from sklearn.model_selection import train_test_split
from sklearn.linear_model import LogisticRegression
from sklearn.metrics import accuracy_score, mean_squared_error, r2_score
iris_sample = load_iris()
x_train, x_test, y_train, y_test = train_test_split(
iris_sample.data, iris_sample.target, test_size = 0.25, random_state = 123)
```

LogisticRegression 的 Python 代码：

```
from sklearn.linear_model import LogisticRegression        # 逻辑回归 #
module = LogisticRegression()
module.fit(x_train,y_train)
module.score(x_train,y_train)
# module.predict(x_test)
print ('预测值:',module.predict(x_test))
print ('实际值:',y_test)
预测值: [1 2 2 1 0 2 1 0 0 1 2 0 1 2 2 2 0 0 1 0 0 1 0 2 0 0 2 2 0 2 2 0 0 1 1 2 0]
实际值: [1 2 2 1 0 2 1 0 0 1 2 0 1 2 2 2 0 0 1 0 0 2 0 2 0 0 0 2 2 0 2 2 0 0 1 1 2 0]
```

更进一步：可以尝试更多的方法来改进这个模型：（1）加入交互项；（2）精简模型特性；（3）使用正则化方法；（4）使用非线性模型。

22.3.3 决策树

这个监督式学习算法通常被用于分类问题。令人惊奇的是，它同时适用于分类变量和连续因变量。在这个算法中，我们将总体分成两个或更多的同类群。这是根据最重要的属性或者自变量来分成尽可能不同的组别。如图 22-3 所示。

在图 22-3 中可以看到，根据多种属性，人群被分成了不同的四个小组，来判断"他们会不会去玩"。为了把总体分成不同组别，需要用到许多技术，比如说 Gini、Information Gain、Chi-square、entropy。

DecisionTree 的 Python 代码：

```
from sklearn import tree                                   # 决策树分类器 #
module = tree.DecisionTreeClassifier(criterion = 'gini')
module.fit(x, y)
module.score(x, y)
module.predict(test)
```

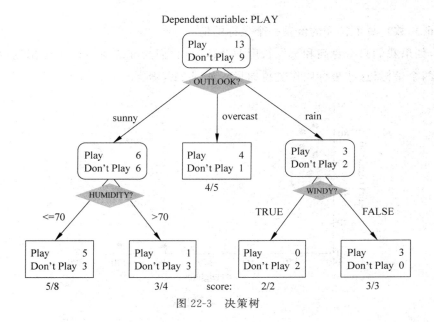

图 22-3 决策树

实例：

```
from sklearn import datasets
from sklearn import tree
#from sklearn.cross_validation import train_test_split
data = datasets.load_iris()['data']
target = datasets.load_iris()['target']
#导入数据,data 是鸢尾花的花萼宽度长度、花瓣长度宽度,target 是该鸢尾花的品种,有 0,1,2 三种类型
trainx,testx,trainy,testy = train_test_split(data,target,test_size = 0.2)
#造一个大象,将源数据拆分成训练集和测试集,测试集是总数据的 20%
clf = tree.DecisionTreeClassifier()
#创建一个名为 clf 的冰箱,创建一个模型,参数全部用默认
clf.fit(trainx,trainy)
#把大象塞进冰箱,训练这个模型
print ('预测值:',clf.predict(testx))
#看看训练完的冰箱的工作能力
print ('实际值:',testy)
#看看实际的值
print ('预测准确率:%2.2f%%'%(clf.score(testx,testy) * 100))
#输出准确率
```

计算结果如下：

预测值：[2 1 2 1 0 1 0 0 1 1 0 2 2 1 2 1 0 1 2 1 2 0 0 1 1 2 2 1 0 1]
实际值：[2 1 2 1 0 1 0 0 1 1 0 2 2 1 2 1 0 1 1 2 2 0 0 1 1 2 2 1 0 1]

预测准确率：93.33%

22.3.4 支持向量机分类

这是一种分类方法。在这个算法中,我们将每个数据在 N 维空间中用点标出(N 是你

所有的特征总数),每个特征的值是一个坐标的值。

例如,如果我们只有身高和头发长度两个特征,我们会在二维空间中标出这两个变量,每个点有两个坐标(这些坐标叫作支持向量),如图 22-4 所示。

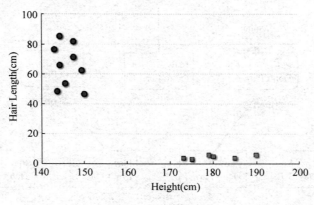

图 22-4　支持向量

现在,我们会找到将两组不同数据分开的一条直线。两个分组中距离最近的两个点到这条线的距离同时最优化,如图 22-5 所示。

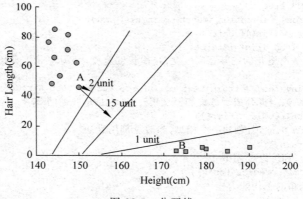

图 22-5　分开线

图 22-5 中的黑线将数据分类优化成两个小组,两组中距离最近的点(图中 A、B 点)到达黑线的距离满足最优条件。这条直线就是我们的分割线。接下来,测试数据落到直线的哪一边,我们就将它分到哪一类去。

SVM 的 Python 代码:

```
from sklearn import svm                              #支持向量机#
module = svm.SVC()
module.fit(x, y)
module.score(x, y)
module.predict(test)
#module.predict_proba(test)
```

实例：

```
## 数据准备 x_train, x_test, y_train, y_test
from sklearn.datasets import load_iris
from sklearn.model_selection import train_test_split
from sklearn.linear_model import LogisticRegression
from sklearn.metrics import accuracy_score, mean_squared_error, r2_score
iris_sample = load_iris()
x_train, x_test, y_train, y_test = train_test_split(
iris_sample.data, iris_sample.target, test_size = 0.25, random_state = 123)
from sklearn import svm                                      #支持向量机#
module = svm.SVC()
module.fit(x_train,y_train)
module.predict(y_test)
y_test
module.score(x_train,y_train)
```

22.3.5 朴素贝叶斯算法分类

朴素贝叶斯算法(Naive Bayesian algorithm)是应用最为广泛的分类算法之一，在垃圾邮件分类等场景展露出了非常优秀的性能。

1. 朴素贝叶斯公式来历

朴素贝叶斯，名字中的朴素二字就代表着该算法对概率事件做了很大的简化，简化内容就是各个要素之间是相互独立的。

比如今天刮风和气温低，两个要素导致了不下雨的结果。实际上刮风可能导致气温低，而且刮风对于天晴的影响会更大，朴素贝叶斯认为刮风和气温之间相互独立，且对于是否下雨这个结果的影响没有轻重之分。用公式来表示这种独立性就是：

$$P(风量=大,气温=低)=P(风量=大) \cdot P(气温=低)$$

在介绍朴素贝叶斯公式前，先介绍一下条件概率公式。条件概率表示在 B 已经发生的条件下，A 发生概率。

$$P(A \mid B) = \frac{P(A,B)}{P(B)}$$

朴素贝叶斯公式就是条件概率的变形。

假设已有数据为

$$(x_1,y_1),(x_2,y_2),\cdots,(x_n,y_n)$$

其中 x 为属性值，y 为分类结果，共有 n 个已有数据。每个 x 有多种属性，以第一组数据为例，上标表示第几个属性值，x 的具体表示如下：

$$(x_1^1,x_1^2,\cdots,x_1^m)$$

假设 y 的可取值为 $(c_1,c_2,\cdots,c_k)$，则贝叶斯公式表示为

$$P(y=c_n \mid x=X) = \frac{P(x=X, y=c_n)}{P(x=X)} = \frac{P(x=X \mid y=c_n)P(y=c_n)}{P(x=X)}$$

由公式可以看出,贝叶斯公式就是条件概率的公式。贝叶斯公式的解释很简单:在已有数据的基础上,出现了一个新数据,只有 $X=(a_1, a_2, \cdots, a_m)$,来预测 y 的取值。贝叶斯公式就是求在目前 X 发生的情况下,y 取不同值的概率大小进行排序,取最大概率的 y 值。

其中 X 有多个属性,朴素贝叶斯假设各个属性之间是独立的,因此

$$P(x=X \mid y=c_n) = \prod_{i=1}^{m} P(x^i=a_i \mid y=c_n)$$

因此朴素贝叶斯公式可以写成

$$P(x=X \mid y=c_n) = \frac{P(y=c_n)\prod_{i=1}^{m} P(x^i=a_i \mid y=c_n)}{P(x=X)}$$

此公式的含义就是在目前已知历史数据的前提下,出现了一个新的 X,求在 X 已经发生的条件下,y 取不同值的概率,然后取使得条件概率最大的 y 作为预测结果。也就是说寻找 y 的取值 c_n,使得上式最大,用公式表示就是

$$f(x) = \underset{c_n}{\operatorname{argmax}} \left(\frac{P(y=c_n)\prod_{i=1}^{m} P(x^i=a_i \mid y=c_n)}{P(x=X)} \right)$$

这里可以看出,不论求 y 取任何值 c_i 的概率,分母都不变,为 $P(x=X)$,因此该公式可以简化为(正因为将 $P(x=X)$ 省略了,所以我们没有将 $P(x=X)$ 写成全概率公式的样子)

$$f(x) = \underset{c_n}{\operatorname{argmax}} \left(P(y=c_n)\prod_{i=1}^{m} P(x^i=a_i \mid y=c_n) \right)$$

其中 $P(y=c_n)$ 是指 y 取 c_n 的值的数量占所有 y 值数量的百分比;$P(x_i=a_i \mid y=c_n)$ 表示在 y 取值为 c_n 的条件下,$x_i=a_i$ 的条件概率。公式表示如下:(函数表示当括号内的条件成立时,记为1。)

$$P(y=c_n) = \frac{\sum_{i=1}^{N} I(y=c_n)}{N}, \quad n=1,2,\cdots,K$$

$$P(x^i=a_j \mid y=c_n) = \frac{\sum_{i=1}^{N} I(x_i^j=a_j \mid y=c_n)}{\sum_{i=1}^{N} I(y_i=c_n)}$$

到这里,朴素贝叶斯的基础原理就完了。顺便提一下生成模型和判别模型。大家可以看到,朴素贝叶斯算法在进行判断时,每次都要用到历史数据,在求得概率分布的情况下再对新数据预测,这就是生成模型。什么是判别模型呢?简单地说就是像神经网络算法那种,训练完将各种权重保存起来,有了新数据直接使用权重代入进行计算,最后得出判别结

果。这只是顺带提了一句,让读者有个大概的认识,语言并不是很严谨,如果读者想了解更多的内容,请寻找相关的专业介绍生成和判别模型的文章。

举例 1

这里使用了《统计学习方法》(李航)[①]里的例子。历史数据如下:

	1	2	3	4	5	6	7	8	9	10	11	12	13	14	15
$x(1)$	1	1	1	1	1	2	2	2	2	2	3	3	3	3	3
$x(2)$	S	M	M	S	S	S	M	M	L	L	L	M	M	L	L
y	-1	-1	1	1	-1	-1	-1	1	1	1	1	1	1	1	-1

x 是二维向量,第一维度可取值 $(1,2,3)$,第二维度可取值 (S,M,L),y 可取值 $(-1,1)$。目前有一个新数据 $x(2,S)$,使用朴素贝叶斯算法确定 y 的取值。

解:

目标是比较在数据 $x(2,S)$ 下,不同 y 值的条件概率,也就是求 $P(y=1|x=(2,S))$ 和 $P(y=-1|x=(2,S))$ 的大小。

$$P(x=X \mid y=c_n) = \frac{P(y=c_n)\prod_{i=1}^{m}P(x^i=a_i \mid y=c_n)}{P(x=X)}$$

由此公式可知,分母相同,只需要对比分子的大小。

$$P(x=(2,S) \mid y=1) = P(y=1) \cdot P(x^1=2 \mid y=1) \cdot P(x^2=S \mid y=1)$$

因为

$$P(y=1) = \frac{9}{15}$$

$$P(x^1=2 \mid y=1) = \frac{3}{9}$$

$$P(x^2=S \mid y=1) = \frac{1}{9}$$

因此

$$P(x=(2,S) \mid y=1) = \frac{9}{15} \times \frac{3}{9} \times \frac{1}{9} = \frac{1}{45}$$

$$P(x=(2,S) \mid y=-1) = P(y=-1) \cdot P(x^1=2 \mid y=-1) \cdot P(x^2=S \mid y=-1)$$

因为

$$P(y=-1) = \frac{6}{15}$$

$$P(x^1=2 \mid y=-1) = \frac{2}{6}$$

$$P(x^2=S \mid y=-1) = \frac{3}{6}$$

[①] 李航.统计学习方法[M].2 版.北京:清华大学出版社,2019.

因此
$$P(x=(2,S)|y=-1)=\frac{6}{15}\times\frac{2}{6}\times\frac{3}{6}=\frac{1}{15}$$

所以 y 的取值是 -1。

2. 原始朴素贝叶斯公式的问题

大家在解例子的时候有没有发现一个问题？假如

$$P(x=X\mid y=c_n)=\frac{P(y=c_n)\prod_{i=1}^{m}P(x^i=a_i\mid y=c_n)}{P(x=X)}$$

连乘中有一项为 0，也就是说在 y 取值为 c_n 的条件下，a_i 的值没有出现过，所以 $P(x=X|y=c_n)=0$，也就是说 y 取 c_n 的可能性为 0，与实际不符。很明显这种情况产生了严重的偏差。

为了纠正这种情况产生的偏差，对等式右边的概率计算进行了改进。

先验概率改进计算公式：

$$P_\lambda(y=c_n)=\frac{\sum_{i=1}^{N}I(y_i+c_n)+\lambda}{N+K\lambda},\quad n=1,2,\cdots,K$$

式中 $\lambda\geqslant 0$，K 是 y 可取值的总数。当 $\lambda=0$ 时，和原来的公式一样，当 $\lambda=1$ 时称为拉普拉斯平滑（这个名词的背后历史就不提了，λ 常取的值就是 1）。

不难看出有如下规律：

$$P_\lambda(y=c_n)\geqslant 0$$
$$\sum_{i=1}^{K}P_\lambda(y=c_i)=1$$

说明 P_λ 也是一种概率分布，既解决了某些值概率可能为 0 的问题，又基本符合原来的概率分布。

条件概率改进计算公式：

$$P_\lambda(x^j=a_j\mid y=c_n)=\frac{\sum_{i=1}^{N}I(x_i^j=a_j\mid y=c_n)+\lambda}{\sum_{i=1}^{N}I(y_i=c_n)+S_j\lambda}$$

同样地，$\lambda\geqslant 0$，S_j 表示 x 第 j 个维度可取值的总数。同样地对于 $P_\lambda(x_j=a_j|y=c_n)$ 也是一种概率分布，近似代表着改进之前的概率分布。

有了改进后的先验概率和条件概率的公式，便可以解决单一条件概率为 0 时判断不准确的问题。

举例 2

对于例子 1，使用拉普拉斯平滑后的概率计算公式来预测。解答如下。

解：
$$P(x=(2,S)\mid y=1)=P(y=1)*P(x^1=2\mid y=1)*P(x^2=S\mid y=1)$$

因为 $P(y=1)=\dfrac{9+1}{15+2\times 1}$ ［2 表示 y 有 2 个取值，1 为 λ］

$P(x^1=2\mid y=1)=\dfrac{3+1}{9+3\times 1}$ ［3 表示 x^1 有 3 个取值］

$P(x^2=S\mid y=1)=\dfrac{1+1}{9+3\times 1}$ ［3 表示 x^2 有 3 个取值］

因此 $P(x=(2,S)\mid y=1)=\dfrac{10}{17}\times\dfrac{4}{12}\times\dfrac{2}{12}=\dfrac{5}{153}$

$$P(x=(2,S)\mid y=-1)=P(y=-1)\times P(x^1=2\mid y=-1)\times P(x^2=S\mid y=-1)$$

因为 $P(y=-1)=\dfrac{6+1}{15+2\times 1}$ ［2 表示 y 有 2 个取值，1 为 λ］

$P(x^1=2\mid y=-1)=\dfrac{2+1}{6+3\times 1}$ ［3 表示 x^1 有 3 个取值］

$P(x^2=S\mid y=-1)=\dfrac{3+1}{6+3\times 1}$ ［3 表示 x^2 有 3 个取值］

因此 $P(x=(2,S)\mid y=-1)=\dfrac{7}{17}\times\dfrac{3}{9}\times\dfrac{4}{9}=\dfrac{28}{459}$

可以看出，$y=-1$ 的概率更大，因此预测结果为 -1。这个结果与举例 1 的结果相同。

3. 朴素贝叶斯的优缺点

优点：

（1）算法逻辑简单，易于实现（算法思路很简单，只要使用贝叶斯公式转化即可！）

（2）分类过程中时空开销小（假设特征相互独立，只会涉及二维存储）

缺点：

朴素贝叶斯假设属性之间相互独立，这种假设在实际过程中往往是不成立的。在属性之间相关性越大，分类误差也就越大。

4. 朴素贝叶斯实战

Sklearn 中有 3 种不同类型的朴素贝叶斯。

高斯分布型：用于 classification 问题，假定属性/特征服从正态分布的。

多项式型：用于离散值模型中。比如文本分类问题中，我们不光看词语是否在文本中出现，也得看出现次数。如果总词数为 n，出现词数为 m 的话，有点像掷骰子 n 次出现 m 次这个词的场景。

伯努利型：最后得到的特征只有 0（没出现）和 1（出现过）。

我们使用 iris 数据集进行分类。

```
from sklearn.naive_bayes import GaussianNB
```

```
from sklearn.model_selection import cross_val_score
from sklearn import datasets
iris = datasets.load_iris()
gnb = GaussianNB()
scores = cross_val_score(gnb, iris.data, iris.target, cv = 10)
print("Accuracy: %.3f" % scores.mean())
```

输出:

Accuracy:0.953

22.3.6　KNN 分类（K-最近邻算法）

该算法可用于分类问题和回归问题。然而，在业界内，K-最近邻算法更常用于分类问题。K-最近邻算法是一个简单的算法。它储存所有的案例，通过周围 K 个案例中的大多数情况划分新的案例。根据一个距离函数，新案例会被分配到它的 K 个近邻中最普遍的类别中去。

这些距离函数可以是欧式距离、曼哈顿距离、明氏距离或者是汉明距离。前三个距离函数用于连续函数，第四个距离函数（汉明函数）则被用于分类变量。如果 $K=1$，新案例就直接被分到离其最近的案例所属的类别中。有时候，使用 KNN 建模时，选择 K 的取值是一个挑战。如图 22-6 所示。

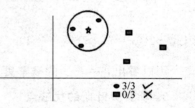

图 22-6　K-最近邻算法

在现实生活中广泛地应用了 KNN。例如：想要了解一个完全陌生的人，你也许想要去找他的好朋友或者他的圈子来获得他的信息。

KNN 的 Python 代码：

```
from sklearn.neighbors import KNeighborsClassifier     #K近邻#
from sklearn.neighbors import KNeighborsRegressor
module = KNeighborsClassifier(n_neighbors = 6)
module.fit(x_train, y_train)
predicted = module.predict(x_test)
module.score(x_train, y_train)
```

实例:

```
from sklearn.neighbors import KNeighborsClassifier     #K近邻#
from sklearn.neighbors import KNeighborsRegressor
module = KNeighborsClassifier(n_neighbors = 3)
module.fit(x_train, y_train)

predicted = module.predict(x_test)
module.score(x_train, y_train)
```

22.3.7 K-均值算法

K-均值算法是一种非监督式学习算法,它能解决聚类问题。使用 K-均值算法来将一个数据归入一定数量的集群(假设有 k 个集群)的过程是简单的。一个集群内的数据点是均匀齐次的,并且异于别的集群。

K-均值算法形成集群的步骤如下:

(1) K-均值算法给每个集群选择 k 个点。这些点称作质心。

(2) 每一个数据点与距离最近的质心形成一个集群,也就是 k 个集群。

(3) 根据现有的类别成员,找出每个类别的质心。现在我们有了新质心。

(4) 当我们有新质心后,重复步骤(2)和步骤(3)。找到距离每个数据点最近的质心,并与新的 k 集群联系起来。重复这个过程,直到数据都收敛了,也就是当质心不再改变。

如何决定 K 值:

K-均值算法涉及集群,每个集群有自己的质心。一个集群内的质心和各数据点之间距离的平方和形成了这个集群的平方值之和。同时,当所有集群的平方值之和加起来的时候,就组成了集群方案的平方值之和。

我们知道,当集群的数量增加时,K 值会持续下降。但是,如果你将结果用图表来表示,你会看到距离的平方总和快速减少。到某个值 k 之后,减少的速度就大大下降了。在此,我们可以找到集群数量的最优值。如图 22-7 所示。

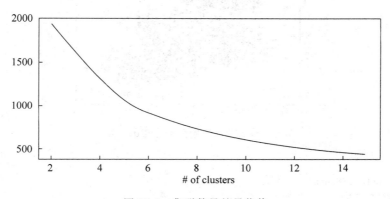

图 22-7 集群数量的最优值

K-均值算法的 Python 代码:

```
from sklearn.cluster import KMeans                # kmeans 聚类 #
module = KMeans(n_clusters = 3, random_state = 0)
module.fit(x, y)
module.predict(test)
```

实例：

```python
#!/usr/bin/env python3
# -*- coding: utf-8 -*-
import matplotlib.pyplot as plt
import sklearn.datasets as ds
import matplotlib.colors
# 造数据
N = 800
centers = 4
# 生成2000个(默认)2维样本点集合,中心点5个
data, y = ds.make_blobs(N, centers = centers, random_state = 0)
# 原始数据分布
# 在使用matplotlib画图的时候经常会遇见中文或者是负号无法显示的情况,我们会添加下面两句话：
# pylot使用rc配置文件来自定义图形的各种默认属性,称之为rc配置或rc参数.通过rc参数可以修改默认的属性,包括窗体大小、每英寸的点数、线条宽度、颜色、样式、坐标轴、坐标和网络属性、文本、字体等。
matplotlib.rcParams['font.sans-serif'] = [u'SimHei']
matplotlib.rcParams['axes.unicode_minus'] = False
cm = matplotlib.colors.ListedColormap(list('rgbm'))
plt.scatter(data[:,0], data[:,1], c = y, cmap = cm)
plt.title(u'原始数据分布')
plt.grid()
plt.show()
```

运行上述代码,得到如图22-8所示的结果。

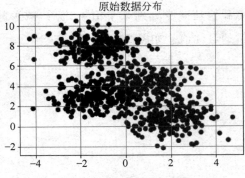

图22-8　原始数据分布图

```
'''
sklearn.cluster.KMeans(
    n_clusters = 8,
    init = 'k-means++',
    n_init = 10,
    max_iter = 300,
    tol = 0.0001,
    precompute_distances = 'auto',
    verbose = 0,
    random_state = None,
    copy_x = True,
    n_jobs = 1,
    algorithm = 'auto')
```

参数说明：

(1) n_clusters：簇的个数，即你想聚成几类。

(2) init：初始簇中心的获取方法。

(3) n_init：获取初始簇中心的更迭次数，为了弥补初始质心的影响，算法默认会初始10次质心，实现算法，然后返回最好的结果。

(4) max_iter：最大迭代次数(因为 kmeans 算法的实现需要迭代)。

(5) tol：容忍度，即 kmeans 运行准则收敛的条件。

(6) precompute_distances：是否需要提前计算距离，这个参数会在空间和时间之间做权衡，如果是 True 会把整个距离矩阵都放到内存中，auto 会默认在数据样本大于 featurs * samples 的数量大于 12e6 的时候 False，False 时核心实现的方法是利用 CPython 来实现的。

(7) verbose：冗长模式(不太懂是啥意思，反正一般不去改默认值)。

(8) random_state：随机生成簇中心的状态条件。

(9) copy_x：对是否修改数据的一个标记，如果 True，即复制了就不会修改数据。bool 在 scikit-learn 很多接口中都会有这个参数的，就是是否对输入数据继续 copy 操作，以便不修改用户的输入数据。这个要理解 Python 的内存机制才会比较清楚。

(10) n_jobs：并行设置。

(11) algorithm：kmeans 的实现算法，有：'auto'，'full'，'elkan'，其中 'full' 表示用 EM 方式实现。

```
'''
# K - Means
from sklearn.cluster import KMeans
# n_clusters = k
model = KMeans(n_clusters = 3, init = 'k - means++')
# model.fit_predict 相当于两个动作的合并：model.fit(data) + model.predict(data)，
# 可以一次性得到聚类预测之后的标签，免去了中间过程。
y_pre = model.fit_predict(data)
plt.scatter(data[:,0],data[:,1],c = y_pre,cmap = cm)
plt.title(u'K - Means 聚类')
plt.grid()
plt.show()
```

运行上述代码，得到如图 22-9 所示的结果。

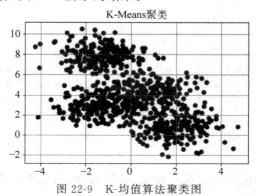

图 22-9　K-均值算法聚类图

22.3.8 随机森林算法

随机森林是表示决策树总体的一个专有名词。在随机森林算法中,我们有一系列的决策树(因此又名"森林")。为了根据一个新对象的属性将其分类,每一个决策树有一个分类,称之为这个决策树"投票"给该分类。这个森林选择获得森林里(在所有树中)获得票数最多的分类。

每棵树是像这样种植养成的:

(1) 如果训练集的案例数是 N,则从 N 个案例中用重置抽样法随机抽取样本。这个样本将作为"养育"树的训练集。

(2) 假如有 M 个输入变量,则定义一个数字 $m<<M$。m 表示,从 M 中随机选中 m 个变量,这 m 个变量中最好的切分会被用来切分该节点。在种植森林的过程中,m 的值保持不变。

(3) 尽可能大地种植每一棵树,全程不剪枝。

RandomForest 的 Python 代码:

```python
from sklearn.ensemble import RandomForestClassifier    #随机森林#
module = RandomForestClassifier()
module.fit(x, y)
module.predict(test)
```

实例:

```python
##数据准备 x_train, x_test, y_train, y_test
from sklearn.datasets import load_iris
from sklearn.model_selection import train_test_split
from sklearn.linear_model import LogisticRegression
from sklearn.metrics import accuracy_score, mean_squared_error, r2_score
iris_sample = load_iris()
x_train, x_test, y_train, y_test = train_test_split(
iris_sample.data, iris_sample.target, test_size = 0.25, random_state = 123)
from sklearn.ensemble import RandomForestClassifier  #随机森林#
module = RandomForestClassifier()
module.fit(x_train, y_train)
module.score(x_train, y_train)
print ('预测值:', module.predict(x_test))
print ('实际值:', y_test)
预测值: [1 2 2 1 0 2 1 0 0 1 2 0 1 2 2 2 0 0 1 0 0 1 0 2 0 0 2 2 0 2 1 0 0 1 1 2 0]
实际值: [1 2 2 1 0 2 1 0 0 1 2 0 1 2 2 2 0 0 1 0 0 2 0 2 0 0 2 2 0 2 2 0 0 1 1 2 0]
```

22.3.9 降维算法

近年来,信息捕捉都呈指数增长。公司、政府机构、研究组织在应对着新资源以外,还捕捉详尽的信息。

例如：电子商务公司更详细地捕捉关于顾客的资料：个人信息、网络浏览记录、他们的喜恶、购买记录、反馈以及别的许多信息，比你身边的杂货店售货员更加关注你。

作为一个数据科学家，我们提供的数据包含许多特点。这听起来给建立一个经得起考验的模型提供了很好材料，但有一个挑战：如何从 1000 或者 2000 里分辨出最重要的变量呢？在这种情况下，降维算法和别的一些算法（比如决策树、随机森林、PCA、因子分析）帮助我们根据相关矩阵，缺失的值的比例和别的要素来找出这些重要变量。

PCA 的 Python 代码：

```
from sklearn.decomposition import PCA                    #PCA 特征降维#
train_reduced = PCA.fit_transform(train)
test_reduced = PCA.transform(test)
```

实例：

```
from sklearn.decomposition import PCA
from pandas.core.frame import DataFrame
import pandas as pd
import numpy as np
import pandas as pd
# read csv file directly from a URL and save the results
data = pd.read_csv('F:/2glkx/data.csv')
# display the first 5 rows
data.head()
pca = PCA(n_components = 2)
newMat = pca.fit_transform(data)
pca.explained_variance_ratio_.sum()                      #总占比
```

22.3.10　Gradient Boosting 梯度提升和 AdaBoost 自适应提升算法

当我们要处理很多数据来做一个有高预测能力的预测时，我们会用到 GBM 和 AdaBoost 这两种 boosting 算法。boosting 算法是一种集成学习算法。它结合了建立在多个基础估计值基础上的预测结果，来增加单个估计值的可靠程度。

GBDT 的 Python 代码：

```
from sklearn.ensemble import GradientBoostingClassifier
#Gradient Boosting 和 AdaBoost 算法#
from sklearn.ensemble import GradientBoostingRegressor
module = GradientBoostingClassifier(n_estimators = 100, learning_rate = 0.1, max_depth = 1, random_state = 0)
module.fit(x, y)
module.predict(test)
```

实例：

```
from sklearn.ensemble import GradientBoostingClassifier
module = GradientBoostingClassifier(n_estimators = 100, learning_rate = 0.1, max_depth = 1,
random_state = 0)
##数据准备 x_train, x_test, y_train, y_test
from sklearn.datasets import load_iris
from sklearn.model_selection import train_test_split
iris_sample = load_iris()
x_train, x_test, y_train, y_test = train_test_split(
iris_sample.data, iris_sample.target, test_size = 0.25, random_state = 123)
module.fit(x_train,y_train)
module.score(x_train,y_train)
module.predict(x_test)
```

得到如下结果：

```
array([1, 2, 2, 1, 0, 1, 1, 0, 0, 1, 2, 0, 1, 2, 2, 2, 0, 0, 1, 0, 0, 1,
       0, 2, 0, 0, 0, 2, 2, 0, 2, 1, 0, 0, 1, 1, 2, 0])
```

y_test

得到如下结果：

```
array([1, 2, 2, 1, 0, 2, 1, 0, 0, 1, 2, 0, 1, 2, 2, 2, 0, 0, 1, 0, 0, 2,
       0, 2, 0, 0, 0, 2, 2, 0, 2, 2, 0, 0, 1, 1, 2, 0])
```

可见，预测的结果与实际的结果一致。

22.4 广义线性模型 Logistic 回归多分类及其 Python 应用

本节介绍 Logistic 回归多分类及其 Python 应用。

22.4.1 算法原理

1. 模型形式——利用 Sigmoid 函数

Logistic 回归适用于数值型或标称型（目标变量的结果只在有限目标集中取值，而且只存在'是'和'否'两种不同的结果）数据，因此就需要将数值型的数据转化为类别值，如二分类问题，最终是对输出的值 0 或者 1 进行分类，这就需要引入函数来对输入的数据进行处理。在数学中，Heaviside 阶跃函数（或称为单位阶跃函数）就具有这样的性质，即假设输入的值为 x，则

$$y = \begin{cases} 0, & x < 0; \\ 0.5, & x = 0; \\ 1, & x > 0 \end{cases}$$

从上面的表达式我们可以看到阶跃函数在定义域上是不连续的，这不利于我们处理连

续值并进行最优化,因此我们使用另一个数学性质更优越的函数——Sigmoid 函数:

$$\sigma(x) = \frac{1}{1+e^{-x}}$$

它也是一种阶跃函数,其不同坐标尺度下的函数图像如图 22-10 所示。

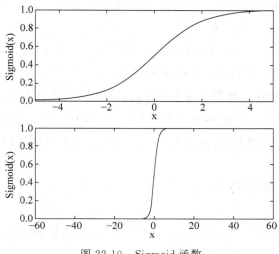

图 22-10　Sigmoid 函数

可以看到当 x 为 0 时,Sigmoid 函数值为 0.5。当 $x>0$ 时,随着 x 的增大,对应的 Sigmoid 值将逼近于 1;而随着 x 的减小,Sigmoid 值将逼近于 0。如果横坐标刻度足够大,如第二张坐标图所示,此时 Sigmoid 函数的形式就很接近单位阶跃函数的取值形式了。因此,假设我们现在面临二分类任务,类标签值为 0 和 1,那么按照线性回归的思想,我们能够得到模型

$$z = w_1 x_1 + \cdots + w_n x_n + b = \mathbf{w}^{\mathrm{T}} x + b$$

但此时我们得到的只是预测的数值而并非类标签,因此我们就要用到刚才介绍的 Sigmoid 函数,即 Logistic 模型的形式为

$$y = \frac{1}{1+e^{-(\mathbf{w}^{\mathrm{T}} x + b)}}$$

2. 模型的优化

在得到上面的模型后,我们可以对其变形为

$$\ln \frac{y}{1-y} = \mathbf{w}^{\mathrm{T}} x$$

y 和 $1-y$ 可分别看作是 y 取 1 和 0 时的后验概率,所以我们也将 Logistic 回归称为对数概率回归(简称对率回归),因此我们可以进一步得到

$$p(y=1 \mid x) = \frac{e^{(\mathbf{w}^{\mathrm{T}} x + b)}}{1+e^{(\mathbf{w}^{\mathrm{T}} x + b)}} = f(x)$$

$$p(y=0 \mid x) = \frac{1}{1+e^{(\mathbf{w}^{\mathrm{T}} x + b)}} = 1 - f(x)$$

所以对数似然函数为

$$\ln L(w) = \sum_{i=1}^{n}[y_i \ln f(x_i) + (1-y_i)\ln(1-f(x_i))]$$

这就是我们要进行优化的目标函数,一般我们会选择梯度下降法、牛顿法、拟牛顿法、梯度上升法等方法求解,具体的过程我们就不在这里介绍了,大家感兴趣可以自行查阅资料。

依据因变量类型,可分为二分类 Logistic 回归模型和多分类 Logistic 回归模型;根据多分类因变量是否有序,又可以分为多分类有序 Logistic 回归模型和多分类无序 Logistic 回归模型。在进行多分类时,相当于是多次 Logistic 回归,进行多次二分类,这就需要对数据集进行拆分,如 OvR("一对多"样本)、MvM("多对多"样本)的方式。当然 Logistic 回归模型可以直接推广到多类别分类,不必组合和训练多个二分类器,称为 Softmax 回归。

22.4.2 对象类参数介绍

我们这里使用的是 Sklearn.linear_model 中的 LogisticRegression() 来实现 Logistic 算法。首先,我们来看看这个类中的参数。

(1) solver 确定逻辑回归损失函数的优化方法,'liblinear'使用坐标轴下降法来迭代优化损失函数。'lbfgs'是拟牛顿法的一种,利用损失函数二阶导数矩阵即海森矩阵来迭代优化损失函数。'newton-cg'则是牛顿法的一种。'sag'为平均随机梯度下降算法。'saga'是 sag 的一类变体,它支持非平滑的 L1 正则选项 penalty='l1'。'lbfgs','sag'和'newton-cg'求解器只支持 L2 罚项及无罚项,对某些高维数据收敛更快。默认为'liblinear'。

(2) penalty 确定惩罚项,可为'l1' 或 'l2'。'newton-cg', 'sag', 'lbfgs'只支持'L2',即 L2 正则化。

(3) C 表示正则化系数的倒数,取值必须为正浮点数,默认为 1.0。

(4) multi_class 用来选择分类方式,默认为'one-vs-rest'即 OvR 方式,表示对于第 K 类的分类决策,我们把所有第 K 类的样本作为正例,除了第 K 类样本以外的所有样本都作为负例,然后在上面做二元逻辑回归,得到第 K 类的分类模型。也可以设置为'multinomial',即 MvM,此时若模型有 K 类,每次在所有的 K 类样本里面选择两类样本出来,把所有输出为这两类的样本进行二元 Logistic 回归得到模型参数,一共需要 $K(K-1)/2$ 次分类。

(5) class_weight 用来设定各类型样本的权重,默认为 None,此时所有类型权重均为 1,也可设为'balanced',此时按照输入样本的频率大小来调整权重。

(6) dual 选择目标函数为原始形式还是对偶形式,转化为原函数的对偶函数时更易于优化,默认为 False,对偶方法通常只用在正则化项为'liblinear'的 L2 惩罚项上。

(7) fit_intercept 表示模型中是否含常数项,默认为 True。

（8）intercept_scaling 仅在正则化项为'liblinear'且 fit_intercept 设置为 True 时有用，默认为 1。

（9）max_iter 表示算法收敛的最大迭代次数，默认为 100，仅在正则化优化算法为'newton-cg'、'sag'和'lbfgs'才有用。

（10）tol 用来设置优化算法终止的条件，当迭代前后的函数差值小于等于 tol 时就停止，默认为 0.0001。

（11）random_state 设定随机数种子。

（12）verbose 控制是否输出训练过程，默认为 0 表示不输出，取 1 时偶尔输出，大于 1 时对每个子模型都输出。

（13）warm_start 表示是否使用上次训练结果作为初始化参数，默认为 False。

（14）n_jobs 表示用 CPU 的几个内核运行程序，默认为 1，当为 -1 的时候表示用所有 CPU 的内核运行程序。

22.4.3　逻辑回归分类算法实例

我们这里使用的是鸢尾花的数据集，参数使用默认设置，程序如下：

```
from sklearn.datasets import load_iris
from sklearn.model_selection import train_test_split
from sklearn.linear_model import LogisticRegression
from sklearn.metrics import accuracy_score, mean_squared_error, r2_score
iris_sample = load_iris()
x_train, x_test, y_train, y_test = train_test_split(
    iris_sample.data, iris_sample.target, test_size = 0.25, random_state = 123)
logclf = LogisticRegression()
logclf.fit(x_train, y_train)
print('系数为:', logclf.coef_)
print('截距为:', logclf.intercept_)
y_pre = logclf.predict(x_test)
print(y_test)        # 输出测试集真实数据
print(y_pre)         # 输出测试集预测结果
print('均方误差为:', mean_squared_error(y_test, y_pre))
print('r2 为:', r2_score(y_test, y_pre))
print('测试集准确度为:', accuracy_score(y_test, y_pre))
```

结果如下：

```
系数为:[[ 0.3840724   1.34681774 -2.1373604  -0.95010544]
 [ 0.47664544 -1.45065988  0.48569735 -1.23844295]
 [-1.56167237 -1.52737972  2.28871946  2.26327865]]
截距为:[ 0.25296246  0.67072782 -0.92351098]
[1 2 2 1 0 2 1 0 0 1 2 0 1 2 2 2 0 0 1 0 0 1 0 2 2 0 0 1 1 2 0]
[1 2 2 1 0 2 1 0 0 1 2 0 1 2 2 2 0 0 1 0 0 1 0 2 2 0 0 1 1 2 0]
均方误差为: 0.02631578947368421
```

r2 为：0.9665492957746479
测试集准确度为：0.9736842105263158

可以看到准确度比较高。Logistic 回归作为被人们广泛使用的算法，具有高效且计算量小，又通俗易懂容易实现的优点，但同时也有容易欠拟合，分类精度可能不高的缺点。因此我们在选择方法时要注意自己数据的特点来选择合适的分类器。

22.5 支持向量机 SVM 在商业银行信用评级中的应用

本节选择我国上市商业银行信用评级来进行支持向量机的应用研究。根据联合、中诚信、大公国际等权威信用评级机构的评估报告，对商业银行进行信用评级一般要考虑如下指标：总资产、贷款总额、存款总额、所有者权益、营业收入、净利润、总资产收益率、净资产收益率、不良贷款率、拨备覆盖率、存贷比、流动性比例、资本充足率、一级资本充足率、核心一级资本充足率。

考虑到数据的获取尽可能完善和准确，只采用了信用评级为 AAA、AA＋、AA 这 3 个等级的国内商业银行。信用等级为 AA－的银行数据较少或者残缺较多。本节选择 2 个变量作为特征值，流动性比例和利润率，有如下原因：一是不同银行间的资产规模大小不一，为消除数据绝对值差异对研究带来的影响，宜使用财务比率；二是为方便后面画图更直观，故只取了两个特征值向量进行训练；三是流动性比例反映了银行偿债能力，利润率反映银行盈利能力，是信用评级的重要指标。

1. 获取数据

由于使用 Tushare 数据接口获取的银行财务数据残缺值太多，且银行个数太少。故改用优矿网站上的 API 功能获取。

数据营业收入和净利润：NIncome 和 revenue。

利润比率＝NIncome/revenue。

获取流动资产和流动负债数据：

流动资产＝

tradingFA＋loanToOthBankFi＋intReceiv＋purResaleFa＋CReserCB＋derivAssets＋deposInOthBfi＋preciMetals＋investAsReceiv；

流动负债＝

CBBorr＋depos＋loanFrOthBankFi＋tradingFL＋soldForRepura＋payrollPayable＋taxesPayable＋intPayable＋bondPayable＋deposFrOthBfi＋derivLiab；

流动比率＝流动资产/流动负债。

这些变量的具体含义参见优矿平台中的数据菜单。

除此之外，我们还通过查看银行年报以及信用评估机构发布的评级报告来收集数据。

2. 读入数据

导入 NumPy、Pandas、Sklearn、Matplotlib 模块以及 train_test_split、pyplot、svm 函数。

```
import numpy as np
import pandas as pd
import sklearn
from sklearn.model_selection import train_test_split
from sklearn import svm
import matplotlib as mpl
import matplotlib.pyplot as plt
#使用 loadtxt 读取数据可直接将文本数据转换成数组,便于操作
#为方便后面进行训练,将 AAA 设为 3,AA+ 设为 2.5,AA 设为 2
data = np.loadtxt('F:/2glkx/data/zonghe1.txt',delimiter = ',')
#将浮点型数据转换成字符串,便于之后操作
data = data.astype(str)
```

得到如下结果：

```
array([['0.413082764', '0.224234988', '3.0'],
       ['0.354402606', '0.367124091', '3.0'],
       ['0.154045689', '0.324129166', '2.5'],
       ['0.240095315', '0.338641572', '2.0'],
       ['0.363730812', '0.345774315', '3.0'],
       ['0.372511509', '0.278305064', '3.0'],
       ['0.394761666', '0.400397472', '3.0'],
       ['0.303854065', '0.352028033', '3.0'],
       ['0.305670594', '0.350498714', '2.5'],
       ['0.225589975', '0.352612408', '3.0'],
       ['0.565071591', '0.402613318', '3.0'],
       ['0.549613729', '0.397815951', '3.0'],
       ['0.287764165', '0.292715768', '2.5'],
……
```

3. 将数据分为训练集和测试集

```
x, y = np.split(data, (2,), axis = 1)
x_train, x_test, y_train, y_test = sklearn.model_selection.train_test_split(x, y, random_state = 1, train_size = 0.6)
```

(1) split(数据,分割位置,轴=1(水平分割) or 0(垂直分割));

(2) sklearn.model_selection.train_test_split 随机划分训练集与测试集。train_test_split(train_data,train_target,test_size=数字, random_state=0)。

参数解释：

train_data：所要划分的样本特征集。

train_target：所要划分的样本结果。

test_size：样本占比,如果是整数的话就是样本的数量。

random_state：是随机数的种子。

随机数种子：其实就是该组随机数的编号,在需要重复试验的时候,保证得到一组一样

的随机数。比如你每次都填1,其他参数一样的情况下你得到的随机数组是一样的。但填0或不填,每次都会不一样。随机数的产生取决于种子,随机数和种子之间的关系遵从以下两个规则:种子不同,产生不同的随机数;种子相同,即使实例不同也产生相同的随机数。

4. 训练分类器

```
# clf = svm.SVC(C = 0.1, kernel = 'linear', decision_function_shape = 'ovr')
clf = svm.SVC(C = 0.8, kernel = 'rbf', gamma = 100, decision_function_shape = 'ovr')
clf.fit(x_train, y_train.ravel())
```

其中:kernel='linear'时,为线性核,C越大分类效果越好,但有可能会过拟合(defaul C=1)。kernel='rbf'时(default),为高斯核,gamma值越小,分类界面越连续;gamma值越大,分类界面越"散",分类效果越好,但有可能会过拟合。

decision_function_shape='ovr'时,为 one v rest,即一个类别与其他类别进行划分,decision_function_shape='ovo'时,为 one v one,即将类别两两之间进行划分,用二分类的方法模拟多分类的结果。

得到如下结果:

```
SVC(C = 0.8, cache_size = 200, class_weight = None, coef0 = 0.0,
    decision_function_shape = 'ovr', degree = 3, gamma = 100, kernel = 'rbf',
    max_iter = -1, probability = False, random_state = None, shrinking = True,
    tol = 0.001, verbose = False)
```

经过几次尝试,取 gamma=100 效果能达到最好。

```
print (clf.score(x_train, y_train))
print (clf.score(x_test, y_test))
```

得到如下结果:

0.7962962962962963
0.5277777777777778

从上可见,计算 SVC 分类器精度,训练集精度为 0.80,测试集精度为 0.53。

5. 可视化图形

```
#确定坐标轴范围,x,y轴分别表示两个特征
x = x.astype(float)
y = y.astype(float)                                    #将 x,y 数据类型转换回来为后面操作
x1_min, x1_max = x[:, 0].min(), x[:, 0].max()          # 第 0 列的范围
x2_min, x2_max = x[:, 1].min(), x[:, 1].max()          # 第 1 列的范围
x1, x2 = np.mgrid[x1_min:x1_max:200j, x2_min:x2_max:200j]   # 生成网格采样点
grid_test = np.stack((x1.flat, x2.flat), axis = 1)     # 测试点
grid_hat = clf.predict(grid_test)
grid_hat = grid_hat.reshape(x1.shape)
# 预测分类值 grid_hat = grid_hat.reshape(x1.shape)      # 使之与输入的形状相同
#绘制可视化图形
cm_light = mpl.colors.ListedColormap(['#A0FFA0', '#FFA0A0', '#A0A0FF'])
```

```
cm_dark = mpl.colors.ListedColormap(['g', 'r', 'b'])
x1 = x1.astype(float)
x2 = x2.astype(float)
grid_hat = grid_hat.astype(float)
plt.pcolormesh(x1, x2, grid_hat, cmap = cm_light)
plt.scatter(x[:, 0], x[:, 1], c = 'b', edgecolors = 'k', s = 25, cmap = cm_dark)    # 样本
plt.xlabel(u'Current Ratio', fontsize = 13)
plt.ylabel(u'Profit Ratio', fontsize = 13)
plt.xlim(x1_min, x1_max)
plt.ylim(x2_min, x2_max)
plt.show()
```

得到如图 22-11 所示的图形。

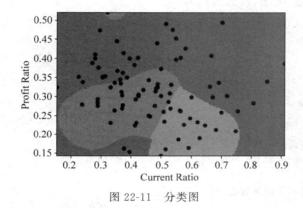

图 22-11　分类图

从图 22-11 中可以看到，根据样本集训练的分类器将散落的样本点分为 3 类，即 AAA、AA＋、AA，分别分布在三个颜色区域。上方紫色区域为 AAA 级商业银行，可以看到，其利润率水平最高，通过散点分布可看到流动性比率集中在 0.3～0.5 之间，但也有个别流动性比率十分高，超过了 0.5。红色区域为 AA＋商业银行，其利润率水平低于 AAA 级商业银行，高于 AA 级，流动性比率也大致介于 0.3～0.5 之间。绿色区域为 AA 级银行，AA 级银行利润率水平最低，但流动性比例较高，大部分在 0.5～0.8 之间。

由于数据样本数量受到实际情况（银行数量）的限制，以及数据不是全出自同一个来源（优矿、银行年报、评级评估报告），且最终使用进行训练的数据是通过再计算得出的（利润率＝净利润/营业收入，流动性比例＝流动资产/流动负债），具有较大误差，且只选择了两个特征变量（利润率、流动性比例）因此不能全面地充分地反映出评级系统和银行财务能力的关系。但通过图中可以看出，利润率是评估银行信用的一个重要指标，利润率反映了银行的盈利能力。信用级别越高的银行，其盈利能力越强。

练 习 题

对本章例题的数据，使用 Python 重新操作一遍。

第 23 章

Backtrader 量化交易软件介绍

本章介绍 Backtrader 的框架、数据预处理、策略编程、执行买入、执行卖出、经纪人与订单数量控制、均线策略、画图、回测等内容。

23.1 Backtrader 简单框架

```python
# 导入库
import backtrader as bt
#
print('\n#1,加载回测大脑')
cerebro = bt.Cerebro()                          # 回测大脑
#
print('\n#2,设置回测初始资金')
dmoney0 = 100000.0                              # 起始资金
cerebro.broker.setcash(dmoney0)                 # 向经理人模块传递初始资金
dcash0 = cerebro.broker.startingcash            # 抓取初始现金
#
print('\n#3,执行回测')
cerebro.run()                                   # 执行回测
#
print('\n#4,大脑处理完成.')
dval9 = cerebro.broker.getvalue()               # 获得最终的总资产
print('\t起始资金: %.2f' % dcash0)              # 初始资金额,格式化字符串保留两位小数
print('\t资产总值: %.2f' % dval9)               # 最终资金额,格式化字符串保留两位小数
#
print('\n 回测完毕')
```

23.2 Backtrader 数据预处理

本节添加了两个函数,一个是数据的获取函数,一个是数据的预处理函数。这两个函数就是我们这节课的重点。

注释已经十分详细,请读者着重阅读注释部分。

```python
# 导入库
import datetime  as dt
```

```python
import pandas as pd
import tushare as ts
import backtrader as bt
# 编写使用函数
# ----------------------
def data_obtain(key, code, start, end):
    '''
    获取相应股票的数据
    基础函数不做过多注释
    时间格式举例:20180101
    '''
    pro = ts.pro_api('ddcdb8fc6b4de07f1d7dddc4ef397b26647ff4e06ad2439f7577625b')
    df = pro.daily(ts_code = code,
                   start_date = start,
                   end_date = end,
                   fields = 'trade_date,open,high,low,close,vol')
    df.rename(columns = {'trade_date':'date',
                         'vol':'volume'}, inplace = True)
    df['date'] = pd.to_datetime(df['date'])
    df.set_index('date', inplace = True)
    code = code[:6]
    df.to_csv('E:/data/stock/' + code + '.csv')

def pools_get4fn(fnam,tim0str,tim9str,fgSort = True):
    '''
    数据读取函数,兼容 csv 标准 OHLC 数据格式文件
    '''
    df = pd.read_csv(fnam, index_col = 0, parse_dates = True)        # 读取数据
    df.sort_index(ascending = fgSort, inplace = True)                # 正序排列
    tim0 = None if tim0str == '' else dt.datetime.strptime(tim0str,'%Y-%m-%d')
                                                                     # 改变时间格式
    tim9 = None if tim9str == '' else dt.datetime.strptime(tim9str,'%Y-%m-%d')
                                                                     # 改变时间格式
    df['openinterest'] = 0
                                          # 目前没有作用,等到以后的课程解释
    data = bt.feeds.PandasData(dataname = df,fromdate = tim0,todate = tim9)# 转化为 bt 内部格式
    return data
# ----------------------
# 开始回测
# 加载 cerebro 大脑
cerebro = bt.Cerebro()
print('\n#1,回测大脑加载完成!')
# 设置初始资金
dmoney0 = 100000.0
cerebro.broker.setcash(dmoney0)
dcash0 = cerebro.broker.startingcash
print('\n#2,初始资金设置完成,载入大脑!')
# 用函数抓取数据
# data_obtain('',
#             '000001.SZ',
#             '20170101',
```

```
#                    '20190101')
# 读取数据
rs0 = 'E:/data/stock/'
xcod = '000001'
fdat = rs0 + xcod + '.csv'
print('\t 数据载入完成,数据路径为:',fdat)

# 数据切割并标准化
t0str,t9str = '2018 - 01 - 01','2018 - 12 - 31'
data = pools_get4fn(fdat,t0str,t9str)
print('\t 数据切割完毕,成功标准化.')

# 将数据加入大脑
cerebro.adddata(data)
print('\t 数据载入大脑.')

# 进行回测
print('\n#3,大脑正在分析数据.')
cerebro.run()

# 分析结果
dval9 = cerebro.broker.getvalue()
print('\n#4,大脑处理完成.')
print('\t 起始资金 : %.2f' % dcash0 + '元')
print('\t 资产总值 : %.2f' % dval9 + '元')

# 可视化
cerebro.plot()
print('\n#5,绘制处理结果.')

# 回测完成
print('\n 回测完毕.')
```

23.3 Backtrader 策略编程

本节介绍如何加载策略以及"策略类"的编写。

```
# 提供一个策略的空框架,以便在未来做详细的扩充
# 导入库
import datetime   as dt
import pandas as pd
import tushare as ts
import backtrader as bt
# 编写使用函数
# ---------------------
def data_obtain(key, code, start, end):
    '''
    获取相应股票的数据
```

```python
    基础函数不做过多注释
    时间格式举例:20180101
    '''
    pro = ts.pro_api(key)
    df = pro.daily(ts_code = code,
                   start_date = start,
                   end_date = end,
                   fields = 'trade_date,open,high,low,close,vol')
    df.rename(columns = {'trade_date':'date',
                         'vol':'volume'}, inplace = True)
    df['date'] = pd.to_datetime(df['date'])
    df.set_index('date', inplace = True)
    code = code[:6]
    df.to_csv('E:/data/stock/' + code + '.csv')

def pools_get4fn(fnam,tim0str,tim9str,fgSort = True):
    '''
    数据读取函数,兼容 csv 标准 OHLC 数据格式文件
    '''
    df = pd.read_csv(fnam, index_col = 0, parse_dates = True)      # 读取数据
    df.sort_index(ascending = fgSort, inplace = True)              # 正序排列
    tim0 = None if tim0str == '' else dt.datetime.strptime(tim0str,'%Y-%m-%d')
                                                                   # 改变时间格式
    tim9 = None if tim9str == '' else dt.datetime.strptime(tim9str,'%Y-%m-%d')
                                                                   # 改变时间格式
    df['openinterest'] = 0                      # 目前没有作用,等到以后的课程解释
    data = bt.feeds.PandasData(dataname = df,fromdate = tim0,todate = tim9)# 转化为 bt 内部格式
    return data
# ----------------------
# ----------------------
class TySta001(bt.Strategy):
    '''
    这是一个储存策略的框架
    '''
    def log(self, txt, dt = None):
        '''
        记录函数,打印一些交易记录
        '''
        dt = dt or self.datas[0].datetime.date(0)# dt 为空就运行或者后面的就获取当天日期
        print('\t%s, %s' % (dt.isoformat(), txt))        # 打印当天日期和 txt

    def __init__(self):
        '''
        初始化参数
        '''
        self.dataclose = self.datas[0].close               # 当天获取收盘价

    def next(self):
        '''
        核心策略
        本策略就是调用 log 打印收盘价
```

```
            '''
            self.log(txt = '收盘价为：%.2f' % self.dataclose[0] + '元')    # 调用 log 函数
# ---------------------

# 开始回测
# 加载 cerebro 大脑
cerebro = bt.Cerebro()                                      # 加载大脑
print('\n#1,回测大脑加载完成!')

# 设置初始资金
dmoney0 = 100000.0                                          # 初始资金设定
cerebro.broker.setcash(dmoney0)                             # 加载入大脑
dcash0 = cerebro.broker.startingcash                        # 获取初始资金
print('\n#2,初始资金设置完成,载入大脑!')

# 用函数抓取数据
# data_obtain('',
#              '000001.SZ',
#              '20170101',
#              '20190101')
# 读取数据
rs0 = 'E:/data/stock/'
xcod = '000001'
fdat = rs0 + xcod + '.csv'                                  # 数据完整路径
print('\t 数据载入完成,数据路径为:',fdat)

# 数据切割并标准化
t0str,t9str = '2018-01-01','2018-12-31'                     # 数据切割的时间
data = pools_get4fn(fdat,t0str,t9str)                       # 数据切割、标准化
print('\t 数据切割完毕,成功标准化.')

# 将数据加入大脑
cerebro.adddata(data)
print('\t 数据载入大脑。')

# 加载策略
cerebro.addstrategy(TySta001)                               # 添加策略
print('\t 策略添加完成。')

# 进行回测
print('\n#3,大脑正在分析数据。')
cerebro.run()                                               # 运行策略

# 分析结果
dval9 = cerebro.broker.getvalue()                           # 获得最后的资金数
print('\n#4,大脑处理完成.')
print('\t 起始资金 : %.2f' % dcash0 + '元')
print('\t 资产总值 : %.2f' % dval9 + '元')

# 可视化
cerebro.plot()                                              # 画图
```

```
print('\n#5,绘制处理结果.')

# 回测完成
print('\n回测完毕.')
```

23.4　Backtrader 执行买入

本节介绍如何编写一个连续跌三天执行买入的策略。

```
# 加入一个评估指标:投资回报率
# 导入库
import datetime as dt
import pandas as pd
import tushare as ts
import backtrader as bt
# 编写使用函数
# ----------------------
def data_obtain(key, code, start, end):
    '''
    获取相应股票的数据
    基础函数不做过多注释
    时间格式举例:20180101
    '''
    pro = ts.pro_api(key)
    df = pro.daily(ts_code = code,
                   start_date = start,
                   end_date = end,
                   fields = 'trade_date,open,high,low,close,vol')
    df.rename(columns = {'trade_date':'date',
                         'vol':'volume'}, inplace = True)
    df['date'] = pd.to_datetime(df['date'])
    df.set_index('date', inplace = True)
    code = code[:6]
    df.to_csv('E:/data/stock/' + code + '.csv')

def pools_get4fn(fnam, tim0str, tim9str, fgSort = True):
    '''
    数据读取函数,兼容 csv 标准 OHLC 数据格式文件
    '''
    df = pd.read_csv(fnam, index_col = 0, parse_dates = True)   # 读取数据
    df.sort_index(ascending = fgSort, inplace = True)            # 正序排列
    tim0 = None if tim0str == '' else dt.datetime.strptime(tim0str, '%Y-%m-%d')
                                                                # 改变时间格式
    tim9 = None if tim9str == '' else dt.datetime.strptime(tim9str, '%Y-%m-%d')
                                                                # 改变时间格式
    df['openinterest'] = 0                  # 目前没有作用,等到以后的课程解释
    data = bt.feeds.PandasData(dataname = df, fromdate = tim0, todate = tim9)
                                                                # 转化为 bt 内部格式
```

```python
    return data
# ----------------------
# ----------------------
class TySta001(bt.Strategy):
    '''
    这是一个储存策略的框架
    '''
    def log(self, txt, dt = None):
        '''
        记录函数,打印一些交易记录
        '''
        dt = dt or self.datas[0].datetime.date(0)  # dt 为空就运行或者后面的就获取当天日期
        print('\t%s, %s' % (dt.isoformat(), txt))              # 打印当天日期和 txt

    def __init__(self):
        '''
        初始化参数
        '''
        self.dataclose = self.datas[0].close                   # 当天获取收盘价

    def next(self):
        '''
        核心策略
        三连跌买入策略
        '''
        self.log(txt = '收盘价为:%.2f' % self.dataclose[0] + '元')  # 调用 log 函数
        if self.dataclose[-1] < self.dataclose[-2]:            # 昨天收盘价小于前天
            if self.dataclose[0] < self.dataclose[-1]:         # 今天收盘价小于昨天
                self.buy()                                     # 设置买单
                self.log(txt = '设置买单 BUY!:%.2f' % self.dataclose[0] + '元')# 调用 log,覆
盖前面的 log
# ----------------------
# 开始回测
# 加载 cerebro 大脑
cerebro = bt.Cerebro()                                         # 加载大脑
print('\n#1,回测大脑加载完成!')
# 设置初始资金
dmoney0 = 100000.0                                             # 初始资金设定
cerebro.broker.setcash(dmoney0)                                # 加载入大脑
dcash0 = cerebro.broker.startingcash                           # 获取初始资金
print('\n#2,初始资金设置完成,载入大脑!')
# 用函数抓取数据
# data_obtain('',
#             '000001.SZ',
#             '20170101',
#             '20190101')
# 读取数据
rs0 = 'E:/data/stock/'
xcod = '000001'
fdat = rs0 + xcod + '.csv'                                     # 数据完整路径
print('\t 数据载入完成,数据路径为:',fdat)
```

```
# 数据切割并标准化
t0str,t9str = '2018-01-01','2018-12-31'      # 数据切割的时间
data = pools_get4fn(fdat,t0str,t9str)         # 数据切割、标准化
print('\t 数据切割完毕,成功标准化.')

# 将数据加入大脑
cerebro.adddata(data)
print('\t 数据载入大脑.')

# 加载策略
cerebro.addstrategy(TySta001)                 # 添加策略
print('\t 策略添加完成.')

# 进行回测
print('\n#3,大脑正在分析数据.')
cerebro.run()                                 # 运行策略

# 分析结果
dval9 = cerebro.broker.getvalue()             # 获得最后的资金数
kret = (dval9 - dcash0) / dcash0 * 100        # 计算投资回报率
print('\n#4,大脑处理完成.\n    分析结果如下:')
print('\t 起始资金:%.2f' % dcash0 + '元')
print('\t 资产总值:%.2f' % dval9 + '元')
print('\t 投资回报率:%.2f %%' % kret)

# 可视化
cerebro.plot()                                # 画图
print('\n#5,绘制处理结果.')

# 回测完成
print('\nBacktrader 回测完毕.')
```

23.5　Backtrader 执行卖出

本节介绍 Backtrader 执行卖出。

```
# 本节增加了交易订单检查模块
# 展示卖出函数的使用方法
# 导入库
import datetime  as dt
import pandas as pd
import tushare as ts
import backtrader as bt
# 本案例用到的函数源码
# ----------------------
def data_obtain(key, code, start, end):
    '''
```

```python
    获取相应股票的数据
    基础函数不做过多注释
    时间格式举例:20180101
    '''
    pro = ts.pro_api(key)
    df = pro.daily(ts_code = code,
                   start_date = start,
                   end_date = end,
                   fields = 'trade_date,open,high,low,close,vol')
    df.rename(columns = {'trade_date':'date',
                         'vol':'volume'}, inplace = True)
    df['date'] = pd.to_datetime(df['date'])
    df.set_index('date', inplace = True)
    code = code[:6]
    df.to_csv('E:/data/stock/' + code + '.csv')


def pools_get4fn(fnam,tim0str,tim9str,fgSort = True):
    '''
    数据读取函数及标准化函数
    '''
    df = pd.read_csv(fnam, index_col = 0, parse_dates = True)     # 读取数据
    df.sort_index(ascending = fgSort, inplace = True)             # 正序排列
    tim0 = None if tim0str == '' else dt.datetime.strptime(tim0str,'%Y-%m-%d')
                                                                  # 改变时间格式
    tim9 = None if tim9str == '' else dt.datetime.strptime(tim9str,'%Y-%m-%d')
                                                                  # 改变时间格式
    df['openinterest'] = 0                          # 目前没有作用,等到以后的课程解释
    data = bt.feeds.PandasData(dataname = df,fromdate = tim0,todate = tim9)# 转化为bt内部格式
    return data
# -----------------------
# 策略加载
# -----------------------
class TySta001(bt.Strategy):
    '''
    这是一个储存策略框架的类
    '''
    def log(self, txt, dt = None):
        '''
        记录函数,打印一些交易记录
        '''
        dt = dt or self.datas[0].datetime.date(0)# dt 为空就运行 or 后面的,后面的为获取当天日期
        print('\t%s, %s' % (dt.isoformat(), txt))          # 打印当天日期和 txt


    def __init__(self):
        '''
        初始化参数
        '''
        self.dataclose = self.datas[0].close               # 当天获取收盘价
        self.order = None                                  # 为订单交易情况设置默认值
```

```python
    def notify_order(self, order):
        '''
        订单状态检查函数
        '''
        if order.status in [order.Submitted, order.Accepted]:    # 订单状态为提交或接受
            return                                                # 暂不做任何操作

        if order.status in [order.Completed]:                     # 订单完成
            if order.isbuy():                                     # 为买单
                self.log('买单执行成功,成交价为:%.2f' % order.executed.price + '元')
                self.bar_executed = len(self)                     # 完成订单持续的周期
            elif order.issell():                                  # 为卖单
                self.log('卖单设置成功,成交价为:%.2f' % order.executed.price + '元')


        elif order.status in [order.Canceled, order.Margin, order.Rejected]: # 订单状态为取消、保证金和拒绝
            self.log('订单状态异常:取消/保证金/拒绝.')

        self.order = None                                         # 订单检测完成,将订单状态设置回默认值

    def next(self):
        '''
        核心策略
        三连跌买入策略
        买入后5个交易日执行卖出
        '''
        self.log(txt = '收盘价为:%.2f' % self.dataclose[0] + '元')   # 调用log函数
        if not self.position:                                      # 没有持仓
            if self.dataclose[-1] < self.dataclose[-2]:            # 昨天收盘价小于前天
                if self.dataclose[0] < self.dataclose[-1]:         # 今天收盘价小于昨天
                    self.order = self.buy()                        # 设置买单
                    self.log(txt = '设置买单 BUY!:%.2f' % self.dataclose[0] + '元') # 调用log

        else:                                                      # 有持仓
            if len(self) >= (self.bar_executed + 5):               # 持有的时间超过5个周期
                self.order = self.sell()                           # 设置卖单
                self.log(txt = '设置卖单 SELL!:%.2f' % self.dataclose[0] + '元') # 调用log
# ---------------------
# 开始回测
# 加载cerebro大脑
cerebro = bt.Cerebro()                                            # 加载大脑
print('\n#1,回测大脑加载完成!')

# 设置初始资金
dmoney0 = 100000.0                                                # 初始资金设定
cerebro.broker.setcash(dmoney0)                                   # 加载入大脑
dcash0 = cerebro.broker.startingcash                              # 获取初始资金
print('\n#2,初始资金设置完成,载入大脑!')

# 用函数抓取数据
```

```python
# data_obtain('',
#             '000001.SZ',
#             '20180101',
#             '20190101')
# 读取数据
rs0 = 'E:/data/stock/'                                    # 数据存储地址
xcod = '000001'                                           # 需要处理的股票代码
fdat = rs0 + xcod + '.csv'                                # 数据完整路径
print('\t 数据载入完成,数据路径为:',fdat)

# 数据切割并标准化
t0str,t9str = '2018-01-01','2018-12-31'                   # 数据切割的时间
data = pools_get4fn(fdat,t0str,t9str)                     # 数据切割、标准化
print('\t 数据切割完毕,成功标准化.')

# 将数据加入大脑
cerebro.adddata(data)
print('\t 数据载入大脑.')

# 加载策略
cerebro.addstrategy(TySta001)                             # 添加策略
print('\t 策略添加完成.')

# 进行回测
print('\n#3,大脑正在分析数据.')
cerebro.run()                                             # 运行策略

# 分析结果
dval9 = cerebro.broker.getvalue()                         # 获得最后的资金数
kret = (dval9 - dcash0) / dcash0 * 100                    # 计算投资回报率
print('\n#4,大脑处理完成.\n    分析结果如下:')
print('\t 起始资金 : %.2f' % dcash0 + '元')
print('\t 资产总值 : %.2f' % dval9 + '元')
print('\t 投资回报率:%.2f %%' % kret)

# 可视化
cerebro.plot()                                            # 画图
print('\n#5,绘制处理结果.')

# 回测完成
print('\nBacktrader 回测完毕.')
```

23.6　Backtrader 经纪人与订单数量控制

本节增加了佣金数额设定。

```
# 加入了一个打印成交盈利的函数
# 加入交易数目控制器
```

```python
# 导入库
import datetime as dt
import pandas as pd
import tushare as ts
import backtrader as bt
# 本案例用到的函数源码
# ----------------------
def data_obtain(key, code, start, end):
    '''
    获取相应股票的数据
    基础函数不做过多注释
    时间格式举例：20180101
    '''
    pro = ts.pro_api(key)
    df = pro.daily(ts_code = code,
                   start_date = start,
                   end_date = end,
                   fields = 'trade_date,open,high,low,close,vol')
    df.rename(columns = {'trade_date':'date',
                         'vol':'volume'}, inplace = True)
    df['date'] = pd.to_datetime(df['date'])
    df.set_index('date', inplace = True)
    code = code[:6]
    df.to_csv('E:/data/stock/' + code + '.csv')
def pools_get4fn(fnam, tim0str, tim9str, fgSort = True):
    '''
    数据读取函数及标准化函数
    '''
    df = pd.read_csv(fnam, index_col = 0, parse_dates = True)    # 读取数据
    df.sort_index(ascending = fgSort, inplace = True)            # 正序排列
    tim0 = None if tim0str == '' else dt.datetime.strptime(tim0str,'%Y-%m-%d')
                                                                 # 改变时间格式
    tim9 = None if tim9str == '' else dt.datetime.strptime(tim9str,'%Y-%m-%d')
                                                                 # 改变时间格式
    df['openinterest'] = 0
                                          # 目前没有作用，等到以后的课程解释
    data = bt.feeds.PandasData(dataname = df, fromdate = tim0, todate = tim9)# 转化为bt内部格式
    return data
# ----------------------
# 策略加载
# ----------------------
class TySta001(bt.Strategy):
    '''
    这是一个储存策略框架的类
    '''
    params = (
        ('exitbars', 5),
    )                                                             # 定义参数

    def log(self, txt, dt = None):
        '''
```

```python
        记录函数,打印一些交易记录
        '''
        dt = dt or self.datas[0].datetime.date(0)    # dt 为空就运行 or 后面的,后面的为获取当天日期
        print('\t%s, %s' % (dt.isoformat(), txt))    # 打印当天日期和 txt

    def __init__(self):
        '''
        初始化参数
        '''
        self.dataclose = self.datas[0].close         # 当天获取收盘价
        self.order = None                             # 为订单交易情况设置默认值
        self.buyprice = None                          # 买入价格
        self.buycomm = None                           # 交易佣金

    def notify_order(self, order):
        '''
        订单状态检查函数
        '''
        if order.status in [order.Submitted, order.Accepted]:   # 订单状态为提交或接受
            return
                                                                # 暂不做任何操作

        if order.status in [order.Completed]:                   # 订单完成
            if order.isbuy():                                    # 为买单
                self.log('买单执行成功,成交价为:%.2f,小计:%.2f,佣金:%.2f'
                         % (order.executed.price, order.executed.value, order.executed.comm))
                self.bar_executed = len(self)                    # 完成订单持续的周期
                self.buyprice = order.executed.price             # 记录买入价格
                self.buycomm = order.executed.comm               # 记录佣金
            elif order.issell():                                 # 为卖单
                self.log('卖单设置成功,成交价为:%.2f,小计:%.2f,佣金:%.2f'
                         % (order.executed.price, order.executed.value, order.executed.comm))

        elif order.status in [order.Canceled, order.Margin, order.Rejected]:  # 订单状态为取消、保证金和拒绝
            self.log('订单状态异常:取消/保证金/拒绝.')

        self.order = None
                                                                # 订单检测完成,将订单状态设置回默认值

    def notify_trade(self, trade):
        '''
        检查订单是否关闭
        关闭则打印利润情况
        '''
        if not trade.isclosed:
            return
        else:                                                    # 订单关闭时统计盈利情况
            self.log('交易利润,毛利:%.2f,净利:%.2f' % (trade.pnl, trade.pnlcomm))
```

```python
    def next(self):
        '''
        核心策略
        三连跌买入策略
        买入后5个交易日执行卖出
        '''
        self.log(txt = '收盘价为:%.2f' % self.dataclose[0] + '元')        # 调用log函数
        if not self.position:                                              # 没有持仓
            if self.dataclose[-1] < self.dataclose[-2]:                    # 昨天收盘价小于前天
                if self.dataclose[0] < self.dataclose[-1]:                 # 今天收盘价小于昨天
                    self.order = self.buy()                                # 设置买单
                    self.log(txt = '设置买单 BUY!:%.2f' % self.dataclose[0] + '元')# 调用log

        else:                                                              # 有持仓
            if len(self) >= (self.bar_executed + 20):                      # 持有的时间超过5个周期
                self.order = self.sell()                                   # 设置卖单
                self.log(txt = '设置卖单 SELL!:%.2f' % self.dataclose[0] + '元')# 调用log
# ----------------------

# 开始回测
# 加载 cerebro 大脑
cerebro = bt.Cerebro()                                   # 加载大脑
print('\n#1,回测大脑加载完成!')

# 设置初始资金
dmoney0 = 100000.0
cerebro.broker.setcash(dmoney0)                          # 初始资金设定
dcash0 = cerebro.broker.startingcash                     # 加载入大脑
print('\n#2,初始资金设置完成,载入大脑!')                  # 获取初始资金

# 用函数抓取数据
# data_obtain('',
#              '000001.SZ',
#              '20170101',
#              '20200101')
# 读取数据
rs0 = 'E:/data/stock/'                                   # 数据存储地址
xcod = '000001'                                          # 需要处理的股票代码
fdat = rs0 + xcod + '.csv'                               # 数据完整路径
print('\t 数据载入完成,数据路径为:',fdat)

# 数据切割并标准化
t0str,t9str = '2019-01-01','2020-12-31'                  # 数据切割的时间
data = pools_get4fn(fdat,t0str,t9str)                    # 数据切割、标准化
print('\t 数据切割完毕,成功标准化..')

# 将数据加入大脑
cerebro.adddata(data)
print('\t 数据载入大脑.')

# 加载策略
```

```
cerebro.addstrategy(TySta001)                       # 添加策略
print('\t 策略添加完成.')

# 佣金设置
cerebro.broker.setcommission(commission = 0.01)     # 添加佣金
print('\t 交易费用设置完成.')

# 交易数量设置
cerebro.addsizer(bt.sizers.FixedSize, stake = 100)  # 使用固定的交易手数
print('\t 交易数目设置成功.')

# 进行回测
print('\n#3,大脑正在分析数据.')
cerebro.run()                                       # 运行策略

# 分析结果
dval9 = cerebro.broker.getvalue()                   # 获得最后的资金数
kret = (dval9 - dcash0) / dcash0 * 100              # 计算投资回报率
print('\n#4,大脑处理完成.\n    分析结果如下:')
print('\t 起始资金 : %.2f' % dcash0 + '元')
print('\t 资产总值 : %.2f' % dval9 + '元')
print('\t 投资回报率:%.2f %%' % kret)

# 可视化
cerebro.plot()                                      # 画图
print('\n#5,绘制处理结果.')

# 回测完成
print('\nBacktrader 回测完毕.')
```

得到如下结果:

```
#4,大脑处理完成.
    分析结果如下:
        起始资金 : 100000.00 元
        资产总值 : 100642.93 元
        投资回报率:0.64 %
<IPython.core.display.Javascript object>
<IPython.core.display.HTML object>
#5,绘制处理结果.
Backtrader 回测完毕.
```

23.7　Backtrader 简单均线策略

本节介绍 Backtrader 简单均线策略。

```
# 添加数据至大脑时,增加了一个新的变量 name.
# 添加了一个内置 MA 策略
```

```python
# 给买单、卖单的日志添加了名字
# 导入库
import datetime as dt
import pandas as pd
import tushare as ts
import backtrader as bt
# 本节用到的函数源码
# ----------------------
def data_obtain(key, code, start, end):
    '''
    获取相应股票的数据
    基础函数不做过多注释
    时间格式举例:20180101
    '''
    pro = ts.pro_api(key)
    df = pro.daily(ts_code = code,
                   start_date = start,
                   end_date = end,
                   fields = 'trade_date,open,high,low,close,vol')
    df.rename(columns = {'trade_date':'date',
                         'vol':'volume'}, inplace = True)
    df['date'] = pd.to_datetime(df['date'])
    df.set_index('date', inplace = True)
    code = code[:6]
    df.to_csv('E:/data/stock/' + code + '.csv')

def pools_get4fn(fnam,tim0str,tim9str,fgSort = True):
    '''
    数据读取函数及标准化函数
    '''
    df = pd.read_csv(fnam, index_col = 0, parse_dates = True)   # 读取数据
    df.sort_index(ascending = fgSort, inplace = True)            # 正序排列
    tim0 = None if tim0str == '' else dt.datetime.strptime(tim0str,'%Y-%m-%d')
                                                                # 改变时间格式
    tim9 = None if tim9str == '' else dt.datetime.strptime(tim9str,'%Y-%m-%d')
                                                                # 改变时间格式
    df['openinterest'] = 0                      # 目前没有作用,等到以后的课程解释
    data = bt.feeds.PandasData(dataname = df,fromdate = tim0,todate = tim9) # 转化为 bt 内部格式
    return data
# ----------------------
# 策略加载
# ----------------------
class TySta001(bt.Strategy):
    '''
    这是一个储存策略框架的类
    '''
    params = (
        ('maperiod', 20),
    )                                                  # 定义策略使用的参数

    def log(self, txt, dt = None):
```

```python
        '''
        记录函数,打印一些交易记录
        '''
        dt = dt or self.datas[0].datetime.date(0)
                                                  # dt 为空就运行 or 后面的,后面的为获取当天日期
        print('\t%s, %s' % (dt.isoformat(), txt))      # 打印当天日期和 txt

    def __init__(self):
        '''
        初始化参数
        运行频率:与数据周期一致
        '''
        self.dataclose = self.datas[0].close            # 当天获取收盘价
        self.order = None                               # 订单交易情况清零
        self.buyprice = None                            # 买入价格清零
        self.buycomm = None                             # 交易佣金额清零
        self.sma = bt.indicators.SimpleMovingAverage(self.datas[0],
                                   period=self.params.maperiod)# 加载指标

    def notify_order(self, order):
        '''
        订单状态检查函数
        '''
        if order.status in [order.Submitted, order.Accepted]:  # 订单状态为提交或接受
            return                                              # 暂不做任何操作

        if order.status in [order.Completed]:           # 订单完成
            if order.isbuy():                            # 为买单
                self.log('买单执行成功,成交价为:%.2f,小计:%.2f,佣金:%.2f'
                        % (order.executed.price, order.executed.value, order.executed.comm))
                self.bar_executed = len(self)           # 完成订单持续的周期
                self.buyprice = order.executed.price    # 记录买入价格
                self.buycomm = order.executed.comm      # 记录佣金
            elif order.issell():                        # 为卖单
                self.log('卖单设置成功,成交价为:%.2f,小计:%.2f,佣金:%.2f'
                        % (order.executed.price, order.executed.value, order.executed.comm))

        elif order.status in [order.Canceled, order.Margin, order.Rejected]:# 订单状态为取消、保证金和拒绝
            self.log('订单状态异常:取消/保证金/拒绝.')

        self.order = None                               # 订单检测完成,将订单状态清零

    def notify_trade(self, trade):
        '''
        检查订单是否关闭
        关闭则打印利润情况
        '''
        if not trade.isclosed:
            return
        else:                                           # 订单关闭时统计盈利情况
```

```python
                self.log('交易利润,毛利:%.2f,净利:%.2f' % (trade.pnl, trade.pnlcomm))

    def next(self):
        '''
        核心策略
        移动平均线策略
        '''
        self.log(txt = '收盘价为:%.2f' % self.dataclose[0] + '元')# 调用 log 函数
        if not self.position:                                   # 没有持仓
            if self.dataclose[0] > self.sma[0]:                 # 收盘价大于均线
                self.order = self.buy()                         # 设置买单
                self.log(txt = '设置买单 BUY!:%.2f, 代码为:%s' %
                        (self.dataclose[0], self.datas[0]._name)) # 调用 log 函数

        else:                                                   # 有持仓
            if self.dataclose[0] < self.sma[0]:                 # 收盘价小于均线
                self.order = self.sell()                        # 设置卖单
                self.log(txt = '设置卖单 SELL!:%.2f, 代码为:%s' %
                        (self.dataclose[0], self.datas[0]._name)) # 调用 log 函数
# ----------------------

# 开始回测
# 加载 cerebro 大脑
cerebro = bt.Cerebro()                                          # 加载大脑
print('\n#1,回测大脑加载完成!')

# 设置初始资金
dmoney0 = 100000.0                                              # 初始资金设定
cerebro.broker.setcash(dmoney0)                                 # 加载入大脑
dcash0 = cerebro.broker.startingcash                            # 获取初始资金
print('\n#2,初始资金设置完成,载入大脑!')

# 用函数抓取数据
# data_obtain('',
#             '000001.SZ',
#             '20170101',
#             '20200101')

# 读取数据
rs0 = 'E:/data/stock/'                                          # 数据存储地址
xcod = '000001'                                                 # 需要处理的股票代码
fdat = rs0 + xcod + '.csv'                                      # 数据完整路径
print('\t 数据载入完成,数据路径为:',fdat)

# 数据切割并标准化
t0str,t9str = '2019-01-01','2020-12-31'                         # 数据切割的时间
data = pools_get4fn(fdat,t0str,t9str)                           # 数据切割、标准化
print('\t 数据切割完毕,成功标准化.')

# 将数据加入大脑
cerebro.adddata(data, name = xcod)                              # 数据载入大脑
```

```python
        print('\t 数据载入大脑.')

    # 加载策略
    cerebro.addstrategy(TySta001)                               # 添加策略
    print('\t 策略添加完成.')

    # 佣金设置
    cerebro.broker.setcommission(commission = 0.001)            # 添加佣金
    print('\t 交易费用设置完成.')

    # 交易数量设置
    cerebro.addsizer(bt.sizers.FixedSize, stake = 800)          # 使用固定的交易手数
    print('\t 交易数目设置成功.')

    # 进行回测
    print('\n# 3,大脑正在分析数据.')
    cerebro.run()                                               # 运行策略

    # 分析结果
    dval9 = cerebro.broker.getvalue()                           # 获得最后的资金数
    kret = (dval9 - dcash0) / dcash0 * 100                      # 计算投资回报率
    print('\n# 4,大脑处理完成.\n    分析结果如下:')
    print('\t 起始资金 : %.2f' % dcash0 + '元')
    print('\t 资产总值 : %.2f' % dval9 + '元')
    print('\t 投资回报率:%.2f %%' % kret)

    # 可视化
    cerebro.plot()                                              # 画图
    print('\n# 5,绘制处理结果.')

    # 回测完成
    print('\nBacktrader 回测完毕.')
```

得到结果如下:

```
#4,大脑处理完成.
    分析结果如下:
        起始资金 : 100000.00 元
        资产总值 : 102275.59 元
        投资回报率:2.28 %
< IPython.core.display.Javascript object >
< IPython.core.display.HTML object >
#5,绘制处理结果.
Backtrader 回测完毕.
```

23.8 Backtrader 画图函数

本节介绍 Backtrader 画图函数。

```
# 增加了 K 线图的不同风格
```

```python
# 增加了打印开关
# 增加策略完成函数 stop
# 增加了颜色配置字典
# 增加了多样的买卖符号
# 丰富画图参数
# 加入平均K线图(以过滤器实现)(可以改造成策略的平均K线)
# 增加了一系列的指标图
# 导入库
import datetime as dt
import pandas as pd
import tushare as ts
import backtrader as bt
# 本案例用到的函数源码
# ----------------------
def data_obtain(key, code, start, end):
    '''
    获取相应股票的数据
    基础函数不做过多注释
    时间格式举例:20180101
    '''
    pro = ts.pro_api(key)
    df = pro.daily(ts_code = code,
                   start_date = start,
                   end_date = end,
                   fields = 'trade_date,open,high,low,close,vol')
    df.rename(columns = {'trade_date':'date',
                         'vol':'volume'}, inplace = True)
    df['date'] = pd.to_datetime(df['date'])
    df.set_index('date', inplace = True)
    code = code[:6]
    df.to_csv('E:/data/stock/' + code + '.csv')

def pools_get4fn(fnam,tim0str,tim9str,fgSort = True):
    '''
    数据读取函数及标准化函数
    '''
    df = pd.read_csv(fnam, index_col = 0, parse_dates = True)      # 读取数据
    df.sort_index(ascending = fgSort, inplace = True)              # 正序排列
    tim0 = None if tim0str == '' else dt.datetime.strptime(tim0str,'%Y-%m-%d')
                                                                   # 改变时间格式
    tim9 = None if tim9str == '' else dt.datetime.strptime(tim9str,'%Y-%m-%d')
                                                                   # 改变时间格式
    df['openinterest'] = 0                     # 目前没有作用,等到以后的课程解释
    data = bt.feeds.PandasData(dataname = df, fromdate = tim0, todate = tim9) # 转化为bt内部格式
    return data
# ----------------------
# 策略加载
# ----------------------
class TySta001(bt.Strategy):
    '''
    这是一个储存策略框架的类
```

```python
    '''
    params = (
        ('maperiod', 20),
        ('fgprint', True),
    )                                                               # 定义策略使用的参数

    def log(self, txt, dt = None, fgprint = False):
        '''
        记录函数,打印一些交易记录
        '''
        if self.params.fgprint or fgprint:                          # 打印开关
            dt = dt or self.datas[0].datetime.date(0)               # dt 为空就运行 or 后面的,后面的为获取当天日期
            print('\t%s, %s' % (dt.isoformat(), txt))               # 打印当天日期和 txt

    def __init__(self):
        '''
        初始化参数
        运行频率:与数据周期一致
        '''
        self.dataclose = self.datas[0].close                        # 当天获取收盘价
        self.order = None                                           # 订单交易情况清零
        self.buyprice = None                                        # 买入价格清零
        self.buycomm = None                                         # 交易佣金额清零
        self.sma = bt.indicators.SimpleMovingAverage(self.datas[0],
                            period = self.params.maperiod)          # 加载 SMA 指标
        self.macd = bt.indicators.MACDHisto(self.datas[0], subplot = True) # 加载 MACD 指标
        self.em = bt.indicators.ExponentialMovingAverage(self.datas[0],
                            subplot = True)                         # 加载滑动平均
        self.rsi = bt.indicators.RSI(self.datas[0], subplot = True) # 加载 RSI 指标
        self.atr = bt.indicators.ATR(self.datas[0], plot = True)    # 加载 ATR 指标,注意默认 plot = False

    def notify_order(self, order):
        '''
        订单状态检查函数
        运行频率:与数据周期一致
        '''
        if order.status in [order.Submitted, order.Accepted]:       # 订单状态为提交或接受
            return                                                  # 暂不做任何操作

        if order.status in [order.Completed]:                       # 订单完成
            if order.isbuy():                                       # 为买单
                self.log('买单执行成功,成交价为:%.2f,小计:%.2f,佣金:%.2f'
                        % (order.executed.price, order.executed.value, order.executed.comm))
                self.bar_executed = len(self)                       # 完成订单持续的周期
                self.buyprice = order.executed.price                # 记录买入价格
                self.buycomm = order.executed.comm                  # 记录佣金
            elif order.issell():                                    # 为卖单
                self.log('卖单设置成功,成交价为:%.2f,小计:%.2f,佣金:%.2f'
                        % (order.executed.price, order.executed.value, order.executed.comm))
```

```python
            elif order.status in [order.Canceled, order.Margin, order.Rejected]:  # 订单状态为取消、保证金和拒绝
                self.log('订单状态异常:取消/保证金/拒绝.')

        self.order = None                                                        # 订单检测完成,将订单状态清零

    def notify_trade(self, trade):
        '''
        检查订单是否关闭
        若订单关闭,则打印利润情况
        运行频率:与数据周期一致
        '''
        if not trade.isclosed:
            return
        else:                                                                    # 订单关闭时统计盈利情况
            self.log('交易利润,毛利:%.2f,净利:%.2f' % (trade.pnl, trade.pnlcomm))

    def next(self):
        '''
        核心策略
        移动平均线策略
        运行频率:与数据周期一致
        '''
        self.log(txt = '收盘价为:%.2f' % self.dataclose[0] + '元')  # 调用 log 函数
        if not self.position:                                      # 没有持仓
            if self.dataclose[0] > self.sma[0]:                    # 收盘价大于均线
                self.order = self.buy()                            # 设置买单
                self.log(txt = '设置买单 BUY!:%.2f,代码为:%s' %
                    (self.dataclose[0], self.datas[0]._name))      # 调用 log 函数

        else:                                                      # 有持仓
            if self.dataclose[0] < self.sma[0]:                    # 收盘价小于均线
                self.order = self.sell()                           # 设置卖单
                self.log(txt = '设置卖单 SELL!:%.2f,代码为:%s' %
                    (self.dataclose[0], self.datas[0]._name))      # 调用 log 函数

    def stop(self):
        '''
        在策略执行完毕后输出参数周期以及最终的
        运行频率:只有在最后的回测期输出
        '''
        self.log('MA 均线周期 = %2d, 最终资产总值:%.2f' %
            (self.params.maperiod, self.broker.getvalue()),
            fgprint = True)                                        # 打印结束状态
# ---------------------
# 颜色图形配置库
# ---------------------
# K 线和量能 bar
tq10_corUp, tq10_corDown = ['#7F7F7F', '#17BECF']
tq09_corUp, tq09_corDown = ['#B61000', '#0061B3']
```

```python
tq08_corUp,tq08_corDown = ['#FB3320','#020AF0']
tq07_corUp,tq07_corDown = ['#B0F76D','#E1440F']
tq06_corUp,tq06_corDown = ['#FF3333','#47D8D8']
tq05_corUp,tq05_corDown = ['#FB0200','#007E00']
tq04_corUp,tq04_corDown = ['#18DEF5','#E38323']
tq03_corUp,tq03_corDown = ['black','blue']
tq02_corUp,tq02_corDown = ['red','blue']
tq01_corUp,tq01_corDown = ['red','lime']
tq_ksty01 = dict(volup = tq01_corUp, voldown = tq01_corDown, barup = tq01_corUp, bardown = tq01_corDown)
tq_ksty02 = dict(volup = tq02_corUp, voldown = tq02_corDown, barup = tq02_corUp, bardown = tq02_corDown)
tq_ksty03 = dict(volup = tq03_corUp, voldown = tq03_corDown, barup = tq03_corUp, bardown = tq03_corDown)
tq_ksty04 = dict(volup = tq04_corUp, voldown = tq04_corDown, barup = tq04_corUp, bardown = tq04_corDown)
tq_ksty05 = dict(volup = tq05_corUp, voldown = tq05_corDown, barup = tq05_corUp, bardown = tq05_corDown)
tq_ksty06 = dict(volup = tq06_corUp, voldown = tq06_corDown, barup = tq06_corUp, bardown = tq06_corDown)
tq_ksty07 = dict(volup = tq07_corUp, voldown = tq07_corDown, barup = tq07_corUp, bardown = tq07_corDown)
tq_ksty08 = dict(volup = tq08_corUp, voldown = tq08_corDown, barup = tq08_corUp, bardown = tq08_corDown)
tq_ksty09 = dict(volup = tq09_corUp, voldown = tq09_corDown, barup = tq09_corUp, bardown = tq09_corDown)
tq_ksty10 = dict(volup = tq10_corUp, voldown = tq10_corDown, barup = tq10_corUp, bardown = tq10_corDown)

# 买卖符号
class MyBuySell(bt.observers.BuySell):
    '''
    从三个里面选一个
    屏蔽其他两个
    '''
    # plotlines = dict(buy = dict(marker = '$ \u21E7 $', markersize = 12.0),
    #                  sell = dict(marker = '$ \u21E9 $', markersize = 12.0))

    # plotlines = dict(buy = dict(marker = '$ ++ $', markersize = 12.0),
    #                  sell = dict(marker = '$ -- $', markersize = 12.0))

    plotlines = dict(buy = dict(marker = '$ √ $', markersize = 12.0),
                     sell = dict(marker = '$ × $', markersize = 12.0))
# ----------------------
# 开始回测
# 加载 cerebro 大脑
cerebro = bt.Cerebro()                                          # 加载大脑
print('\n#1,回测大脑加载完成!')

# 设置初始资金
dmoney0 = 100000.0                                              # 初始资金设定
```

```python
cerebro.broker.setcash(dmoney0)                              # 加载入大脑
dcash0 = cerebro.broker.startingcash                         # 获取初始资金
print('\n#2,初始资金设置完成,载入大脑!')

# 用函数抓取数据
# data_obtain('',
#             '000001.SZ',
#             '20170101',
#             '20200101')
# 读取数据
rs0 = 'E:/data/stock/'                                       # 数据存储地址
xcod = '000001'                                              # 需要处理的股票代码
fdat = rs0 + xcod + '.csv'                                   # 数据完整路径
print('\t 数据载入完成,数据路径为:',fdat)

# 数据切割并标准化
t0str,t9str = '2019-01-01','2019-04-15'                      # 数据切割的时间
data = pools_get4fn(fdat,t0str,t9str)                        # 数据切割、标准化
print('\t 数据切割完毕,成功标准化.')

# 平均 K 线图
# data.addfilter(bt.filters.HeikinAshi)                      # 添加一个过滤器

# 将数据加入大脑
cerebro.adddata(data, name = xcod)                           # 数据载入大脑
print('\t 数据载入大脑.')

# 加载策略
cerebro.addstrategy(TySta001)                                # 添加策略
print('\t 策略添加完成.')

# 佣金设置
cerebro.broker.setcommission(commission = 0.001)             # 添加佣金
print('\t 交易费用设置完成.')

# 交易数量设置
cerebro.addsizer(bt.sizers.FixedSize, stake = 800)           # 使用固定的交易手数
print('\t 交易数目设置成功.')

# 买卖符号设定
bt.observers.BuySell = MyBuySell                             # 加载预设符号

# 进行回测
print('\n#3,大脑正在分析数据.')
cerebro.run()                                                # 运行策略

# 分析结果
dval9 = cerebro.broker.getvalue()                            # 获得最后的资金数
kret = (dval9 - dcash0) / dcash0 * 100                       # 计算投资回报率
print('\n#4,大脑处理完成.\n    分析结果如下:')
print('\t 起始资金 : %.2f' % dcash0 + '元')
```

```
print('\t 资产总值：%.2f' % dval9 + '元')
print('\t 投资回报率:%.2f %%' % kret)

# 可视化
# style 为 K 线风格参数,支持 line candle bar ohlc. ** tq_ksty 为 K 线与成交量颜色设定(01～10)
cerebro.plot(style = 'candle', ** tq_ksty08)
# volume 成交量参数开关,voloverlay 子图开关
cerebro.plot(volume = True, voloverlay = True)
# numfigs 切分 K 线图
cerebro.plot(numfigs = 1)
print('\n#5,绘制处理结果.')
# 回测完成
print('\nBacktrader 回测完毕.')
```

得到如下结果：

```
#4,大脑处理完成.
    分析结果如下：
        起始资金：100000.00 元
        资产总值：100537.78 元
        投资回报率:0.54 %
<IPython.core.display.Javascript object>
<IPython.core.display.HTML object>
#5,绘制处理结果.
```

23.9　Backtrader 回测结果

本节介绍 Backtrader 回测结果。

```
# 添加了回测指标如:夏普、最大回撤等
# 输出了利润总额
# 添加了大量策略评估数据的输出
# 将 cerebro.run()赋值给 results
# 添加时间周期的选择
# 添加美化参数
# 导入库
import datetime    as dt
import pandas as pd
import tushare as ts
import backtrader as bt
import seaborn as sns
sns.set()
# 本案例用到的函数源码
# -----------------------
def data_obtain(key, code, start, end):
    '''
    获取相应股票的数据
```

```python
    基础函数不做过多注释
    时间格式举例:20180101
    '''
    pro = ts.pro_api(key)
    df = pro.daily(ts_code = code,
                   start_date = start,
                   end_date = end,
                   fields = 'trade_date,open,high,low,close,vol')
    df.rename(columns = {'trade_date':'date',
                         'vol':'volume'}, inplace = True)
    df['date'] = pd.to_datetime(df['date'])
    df.set_index('date', inplace = True)
    code = code[:6]
    df.to_csv('E:/data/stock/' + code + '.csv')

def pools_get4fn(fnam,tim0str,tim9str,fgSort = True):
    '''
    数据读取函数及标准化函数
    '''
    df = pd.read_csv(fnam, index_col = 0, parse_dates = True)    # 读取数据
    df.sort_index(ascending = fgSort, inplace = True)            # 正序排列
    tim0 = None if tim0str == '' else dt.datetime.strptime(tim0str,'%Y-%m-%d')
                                                                # 改变时间格式
    tim9 = None if tim9str == '' else dt.datetime.strptime(tim9str,'%Y-%m-%d')
                                                                # 改变时间格式
    df['openinterest'] = 0                                      # 目前没有作用,等到以后的课程解释
    data = bt.feeds.PandasData(dataname = df,fromdate = tim0,todate = tim9)  # 转化为bt内部格式
    return data
# ----------------------
# 策略加载
# ----------------------
class TySta001(bt.Strategy):
    '''
    这是一个储存策略框架的类
    '''
    params = (
        ('maperiod', 20),
        ('fgprint', True),
        )                                                       # 定义策略使用的参数

    def log(self, txt, dt = None, fgprint = False):
        '''
        记录函数,打印一些交易记录
        '''
        if self.params.fgprint or fgprint:                      # 打印开关
            dt = dt or self.datas[0].datetime.date(0)           # dt为空就运行or后面的,
                                                                #   后面的为获取当天日期
            print('\t%s, %s' % (dt.isoformat(), txt))           # 打印当天日期和txt

    def __init__(self):
        '''
```

```python
        初始化参数
        运行频率:与数据周期一致
        '''
        self.dataclose = self.datas[0].close              # 当天获取收盘价
        self.order = None                                  # 订单交易情况清零
        self.buyprice = None                               # 买入价格清零
        self.buycomm = None                                # 交易佣金额清零
        self.sma = bt.indicators.SimpleMovingAverage(self.datas[0],
                                period = self.params.maperiod)
                                                           # 加载 SMA 指标
        self.macd = bt.indicators.MACDHisto(self.datas[0], subplot = True)
                                                           # 加载 MACD 指标
        self.em = bt.indicators.ExponentialMovingAverage(self.datas[0], subplot = True)
                                                           # 加载滑动平均
        self.rsi = bt.indicators.RSI(self.datas[0], subplot = True)# 加载 RSI 指标
        self.atr = bt.indicators.ATR(self.datas[0], plot = True)   # 加载 ATR 指标,注意默认
plot = False

    def notify_order(self, order):
        '''
        订单状态检查函数
        运行频率:与数据周期一致
        '''
        if order.status in [order.Submitted, order.Accepted]:    # 订单状态为提交或接受
            return                                                # 暂不做任何操作

        if order.status in [order.Completed]:                     # 订单完成
            if order.isbuy():                                     # 为买单
                self.log('买单执行成功,成交价为:%.2f,小计:%.2f,佣金:%.2f'
                        % (order.executed.price, order.executed.value, order.executed.comm))
                self.bar_executed = len(self)                     # 完成订单持续的周期
                self.buyprice = order.executed.price              # 记录买入价格
                self.buycomm = order.executed.comm                # 记录佣金
            elif order.issell():                                  # 为卖单
                self.log('卖单设置成功,成交价为:%.2f,小计:%.2f,佣金:%.2f'
                        % (order.executed.price, order.executed.value, order.executed.comm))

        elif order.status in [order.Canceled, order.Margin, order.Rejected]:# 订单状态为取
消、保证金和拒绝
            self.log('订单状态异常:取消/保证金/拒绝.')

        self.order = None                                         # 订单检测完成,将订单状态清零

    def notify_trade(self, trade):
        '''
        检查订单是否关闭
        若订单关闭,则打印利润情况
        运行频率:与数据周期一致
        '''
        if not trade.isclosed:
            return
```

```python
        else:                                                           # 订单关闭时统计盈利情况
            self.log('交易利润,毛利:%.2f,净利:%.2f' % (trade.pnl, trade.pnlcomm))

    def next(self):
        '''
        核心策略
        移动平均线策略
        运行频率:与数据周期一致
        '''
        self.log(txt = '收盘价为:%.2f' % self.dataclose[0] + '元')# 调用 log 函数
        if not self.position:                                            # 没有持仓
            if self.dataclose[0] > self.sma[0]:                          # 收盘价大于均线
                self.order = self.buy()                                  # 设置买单
                self.log(txt = '设置买单 BUY!:%.2f, 代码为:%s' %
                        (self.dataclose[0], self.datas[0]._name))        # 调用 log 函数

        else:                                                            # 有持仓
            if self.dataclose[0] < self.sma[0]:                          # 收盘价小于均线
                self.order = self.sell()                                 # 设置卖单
                self.log(txt = '设置卖单 SELL!:%.2f, 代码为:%s' %
                        (self.dataclose[0], self.datas[0]._name))        # 调用 log 函数
    def stop(self):
        '''
        在策略执行完毕后输出参数周期以及最终的
        运行频率:只有在最后的回测期输出
        '''
        self.log('MA 均线周期 = %2d, 最终资产总值:%.2f' %
                (self.params.maperiod, self.broker.getvalue()),
                fgprint = True)                                          # 打印结束状态
# ---------------------
# 颜色形状配置库
# ---------------------
# K 线和量能 bar
tq10_corUp,tq10_corDown = ['#7F7F7F','#17BECF']
tq09_corUp,tq09_corDown = ['#B61000','#0061B3']
tq08_corUp,tq08_corDown = ['#FB3320','#020AF0']
tq07_corUp,tq07_corDown = ['#B0F76D','#E1440F']
tq06_corUp,tq06_corDown = ['#FF3333','#47D8D8']
tq05_corUp,tq05_corDown = ['#FB0200','#007E00']
tq04_corUp,tq04_corDown = ['#18DEF5','#E38323']
tq03_corUp,tq03_corDown = ['black','blue']
tq02_corUp,tq02_corDown = ['red','blue']
tq01_corUp,tq01_corDown = ['red','lime']
tq_ksty01 = dict(volup = tq01_corUp, voldown = tq01_corDown, barup = tq01_corUp, bardown = tq01_corDown)
tq_ksty02 = dict(volup = tq02_corUp, voldown = tq02_corDown, barup = tq02_corUp, bardown = tq02_corDown)
tq_ksty03 = dict(volup = tq03_corUp, voldown = tq03_corDown, barup = tq03_corUp, bardown = tq03_corDown)
tq_ksty04 = dict(volup = tq04_corUp, voldown = tq04_corDown, barup = tq04_corUp, bardown = tq04_corDown)
```

```python
tq_ksty05 = dict(volup = tq05_corUp, voldown = tq05_corDown, barup = tq05_corUp, bardown = tq05_corDown)
tq_ksty06 = dict(volup = tq06_corUp, voldown = tq06_corDown, barup = tq06_corUp, bardown = tq06_corDown)
tq_ksty07 = dict(volup = tq07_corUp, voldown = tq07_corDown, barup = tq07_corUp, bardown = tq07_corDown)
tq_ksty08 = dict(volup = tq08_corUp, voldown = tq08_corDown, barup = tq08_corUp, bardown = tq08_corDown)
tq_ksty09 = dict(volup = tq09_corUp, voldown = tq09_corDown, barup = tq09_corUp, bardown = tq09_corDown)
tq_ksty10 = dict(volup = tq10_corUp, voldown = tq10_corDown, barup = tq10_corUp, bardown = tq10_corDown)
# 买卖符号
class MyBuySell(bt.observers.BuySell):
    '''
    从三个里面选一个
    屏蔽其他两个
    '''
    # plotlines = dict(buy = dict(marker = '$ \u21E7 $', markersize = 12.0),
    #                  sell = dict(marker = '$ \u21E9 $', markersize = 12.0))

    # plotlines = dict(buy = dict(marker = '$ ++ $', markersize = 12.0),
    #                  sell = dict(marker = '$ -- $', markersize = 12.0))

    plotlines = dict(buy = dict(marker = '$ √ $', markersize = 12.0),
                     sell = dict(marker = '$ × $', markersize = 12.0))
# ----------------------
# 开始回测
# 加载 cerebro 大脑
cerebro = bt.Cerebro()                                          # 加载大脑
print('\n#1,回测大脑加载完成!')

# 设置初始资金
dmoney0 = 100000.0                                              # 初始资金设定
cerebro.broker.setcash(dmoney0)                                 # 加载入大脑
dcash0 = cerebro.broker.startingcash                            # 获取初始资金
print('\n#2,初始资金设置完成,载入大脑!')

# 用函数抓取数据
# data_obtain('',
#              '000001.SZ',
#              '20170101',
#              '20200101')

# 读取数据
rs0 = 'E:/data/stock/'                                          # 数据存储地址
xcod = '000001'                                                 # 需要处理的股票代码
fdat = rs0 + xcod + '.csv'                                      # 数据完整路径
print('\t 数据载入完成,数据路径为:',fdat)

# 数据切割并标准化
```

```python
t0str,t9str = '2017-01-01','2019-12-15'                          # 数据切割的时间
data = pools_get4fn(fdat,t0str,t9str)                            # 数据切割、标准化
print('\t 数据切割完毕,成功标准化.')

# 平均 K 线图
# data.addfilter(bt.filters.HeikinAshi)                          # 添加一个过滤器

# 将数据加入大脑
cerebro.adddata(data, name = xcod)                               # 数据载入大脑
print('\t 数据载入大脑.')

# 加载策略
cerebro.addstrategy(TySta001)                                    # 添加策略
print('\t 策略添加完成.')

# 佣金设置
cerebro.broker.setcommission(commission = 0.001)                 # 添加佣金
print('\t 交易费用设置完成.')

# 交易数量设置
cerebro.addsizer(bt.sizers.FixedSize, stake = 800)               # 使用固定的交易手数
print('\t 交易数目设置成功.')

# 加载策略分析指标
# SQN
cerebro.addanalyzer(bt.analyzers.SQN, _name = 'SqnAnz')
# TimeReturn
tframes = dict(days = bt.TimeFrame.Days,
               weeks = bt.TimeFrame.Weeks,
               months = bt.TimeFrame.Months,
               years = bt.TimeFrame.Years)                       # 时间周期字典
cerebro.addanalyzer(bt.analyzers.TimeReturn,
               timeframe = tframes['years'],
               _name = 'TimeAnz')                                # timeframe 时间周期选择
# sharpe
cerebro.addanalyzer(bt.analyzers.SharpeRatio,
               _name = 'SharpeRatio', legacyannual = True)
# AnnualReturn
cerebro.addanalyzer(bt.analyzers.AnnualReturn, _name = 'AnnualReturn')   # 投资回报率
# TradeAnalyzer
cerebro.addanalyzer(bt.analyzers.TradeAnalyzer, _name = 'TradeAnalyzer')
# DrawDown
cerebro.addanalyzer(bt.analyzers.DrawDown, _name = 'DW')
# VWR
cerebro.addanalyzer(bt.analyzers.VWR, _name = 'VWR')

# 买卖符号设定
bt.observers.BuySell = MyBuySell                                 # 加载预设符号

# 进行回测
print('\n#3,大脑正在分析数据.')
```

```python
results = cerebro.run()                                              # 运行策略

# 分析结果
dcash0 = 5000
dval9 = cerebro.broker.getvalue()                                    # 获得最后的资金数
dget = dval9 - dcash0
kret = dget / dcash0 * 100                                           # 计算投资回报率
print('\n#4,大脑处理完成.\n    分析结果如下:')
print('\t起始资金：%.2f' % dcash0 + '元')
print('\t资产总值：%.2f' % dval9 + '元')
print('\t利润总额：%.2f' % dget + '元')
print('\t投资回报率:%.2f %%' % kret)

# 评估策略质量
print('\n#5,大脑正在评估策略质量.')
strat = results[0]                                                   # 获取第一个策略的测试结果
anzs = strat.analyzers                                               # 获取实例
dsharp = anzs.SharpeRatio.get_analysis()['sharperatio']              # 获得夏普比率结果
trade_info = anzs.TradeAnalyzer.get_analysis()                       # 交易统计信息
dw = anzs.DW.get_analysis()                                          # 获得回撤数据
max_drowdown_len = dw['max']['len']                                  # 最大周期
max_drowdown = dw['max']['drawdown']                                 # 最大回撤
max_drowdown_money = dw['max']['moneydown']                          # 最大回撤金额
print('\t夏普指数为:', dsharp)
print('\t最大回撤周期为:', max_drowdown)
print('\t最大回测金额为:', max_drowdown_money)
# 加载所有加载的评估指标
for alyzer in strat.analyzers:
    alyzer.print()

# 可视化
# style 为 K 线风格参数,支持 line candle bar ohlc. ** tq_ksty 为 K 线与成交量颜色设定(01～
10)
cerebro.plot(style = 'candle', ** tq_ksty08)
# volume 成交量参数开关,voloverlay 子图开关
cerebro.plot(volume = True, voloverlay = True)
# numfigs 切分 K 线图
cerebro.plot(numfigs = 1)
print('\n#6,绘制处理结果.')

# 回测完成
print('\nBacktrader 回测完毕.')
```

得到如下结果：

……
#4,大脑处理完成.
　　分析结果如下:
　　　　起始资金：5000.00 元
　　　　资产总值：102201.80 元
　　　　利润总额：97201.80 元

　　　　投资回报率:1944.04 %
♯5,大脑正在评估策略质量.
　　　　夏普指数为: -0.12271401343930004
　　　　最大回撤周期为: 3.7209729427217884
　　　　最大回测金额为: 3838.208000000028
♯6,绘制处理结果.
Backtrader 回测完毕.

练 习 题

对本章中的代码,使用 Backtrader 交易软件运行一遍。

附录　数据资源

数据资源使用说明

为帮助读者更好地学习本书，我们将书中实例的数据文件、部分代码和其他数据资源打包收录，请扫描二维码获取（详见码内使用说明）。

教师服务

感谢您选用清华大学出版社的教材！为了更好地服务教学，我们为授课教师提供本书的教学辅助资源，以及本学科重点教材信息。请您扫码获取。

》 教辅获取

本书教辅资源，授课教师扫码获取

》 样书赠送

财政金融类重点教材，教师扫码获取样书

 清华大学出版社

E-mail：tupfuwu@163.com
电话：010-83470332 / 83470142
地址：北京市海淀区双清路学研大厦 B 座 509
网址：https://www.tup.com.cn/
传真：8610-83470107
邮编：100084